U0895467

公共图书馆促进国家公共文化服务体系示范区建设研究

刘　宇　著

中国财富出版社有限公司

图书在版编目（CIP）数据

公共图书馆促进国家公共文化服务体系示范区建设研究/刘宇著．—北京：中国财富出版社有限公司，2023.4

ISBN 978－7－5047－7541－2

Ⅰ.①公…　Ⅱ.①刘…　Ⅲ.①公共管理—文化工作—研究—中国　Ⅳ.①G123

中国版本图书馆 CIP 数据核字（2021）第 200336 号

策划编辑	尹培培	**责任编辑**	王桂敏	**版权编辑**	李　洋
责任印制	尚立业	**责任校对**	张营营	**责任发行**	黄旭亮

出版发行	中国财富出版社有限公司		
社　　址	北京市丰台区南四环西路 188 号 5 区 20 楼	**邮政编码**	100070
电　　话	010－52227588 转 2098（发行部）		010－52227588 转 321（总编室）
	010－52227566（24 小时读者服务）		010－52227588 转 305（质检部）
网　　址	http：//www. cfpress. com. cn	**排　　版**	宝蕾元
经　　销	新华书店	**印　　刷**	北京九州迅驰传媒文化有限公司
书　　号	ISBN 978－7－5047－7541－2/G·0763		
开　　本	710mm×1000mm　1/16	**版　　次**	2023 年 5 月第 1 版
印　　张	14. 5	**印　　次**	2023 年 5 月第 1 次印刷
字　　数	253 千字	**定　　价**	68. 00 元

版权所有·侵权必究·印装差错·负责调换

目　录

1 导 论

习近平总书记在党的十九大报告中指出：“中国特色社会主义进入新时代，我国社会主要矛盾已经转化为人民日益增长的美好生活需要和不平衡不充分的发展之间的矛盾。”深刻认识我国社会主要矛盾变化的现实依据，准确把握我国社会主要矛盾变化的重大意义，是深入理解新时代中国特色社会主义的关键所在，也是决胜全面建成小康社会、全面建设社会主义现代化国家的战略基石。近年来，随着社会主义市场经济的发展和综合国力的提升，广大人民群众的文化需求不断增长，对公共文化服务体系建设的需求越来越迫切。2011 年，文化部、财政部启动了“国家公共文化服务体系示范区（项目）创建工作”，为我国公共文化服务体系建设探索路径、积累经验、提供示范，同时推动国家公共文化服务体系建设科学发展。经过全国各级各部门的共同努力，覆盖城乡的公共文化服务体系正在形成，公共文化服务的公益性、基本性、均等性和便利性，使文化浸润到每一个中国人心中，使广大群众真正享受到文化发展带来的福祉。公共图书馆是公共文化服务体系的重要组成部分，创建公共文化服务体系示范区和示范项目是推动公共图书馆事业发展的重大机遇和挑战，在示范区建设公共图书馆，树立典型，提高公共图书馆整体服务水平，可以为国家公共文化服务体系建设作出新的贡献。

1.1 公共文化服务体系示范区（项目）创建的含义及建设现状

国家公共文化服务体系示范区（项目）创建是文化部、财政部共同开展的一项战略性文化惠民项目，是国家立足于保障群众文化权益、丰富群众文化生活做出的重大决策部署①，是建设社会主义文化强国的重大战略任务，也是文化小康建设的重要内容，对满足人民群众的精神文化需求具有重要作用②。国家公共文化服务体系示范区创建主要是按照公益性、均等性、基本性、便利性的要求，在全国创建一批网络健全、结构合理、发展均衡、运行有效的公共文化服务体系示范区，承载了“率先实现公共文化服务体系建设发展目标”的领路者、探索者使命③。由此，我们不难看出，创建公共文化服务体系示范区的根本目的是推动各地研究和解决公共文化服务体系建设所面临的突出矛盾和问题，探索建立公共文化服务体系可持续发展的长效保障机制，为同类地区提供借鉴和示范，为国家制定相关政策提供科学依据和实践经验。

国家公共文化服务体系示范区（项目）创建工作于2011年启动，起初计划用6年时间，分3个创建周期，以地级市为单位，在全国东、中、西部地区创建约90个惠及全民的公共文化服务体系示范区。截至2019年2月，全国共有93个城市（区）被列入国家公共文化服务体系示范区名单并获授牌，代表了我国公共文化服务的最高水平。基于前三批示范区取得了很好的示范引领效果，2017年8月，文化部和财政部决定开展第四批国家公共文化服务体系示范区（项目）创建工作④，且在2018年4月12日于官网公布了27座城市的创建资格名单。2021年5月31日，国家公共文化服务体系示范区（项目）创建工作领导小组办公室对第四批国家公共文化服务体系示范区（项目）名单进行了公示。

---

① 张爱英．公共图书馆在创建国家公共文化服务体系示范区中的作用——以山西省长治市为例［J］．晋图学刊，2016（1）．

② 余国政，王载册，范绪枝．国家公共文化服务体系示范区后续建设问题研究［J］．湖北理工学院学报（人文社会科学版），2019（6）．

③ 刘洋，唐任伍，隋吉林．国家公共文化服务体系示范区研究［J］．中国名城，2014（1）．

④ 杨俊．国家公共文化服务体系示范区建设之文化站建设探讨——以贵州省六盘水市为例［J］．贵图学苑，2019（3）．

1.2 公共图书馆在公共文化服务体系示范区建设中的重要作用

《全国公共图书馆事业发展“十二五”规划》中明确指出：公共图书馆是保障人民基本文化权益的重要阵地，是开展社会教育活动的终身课堂，是国家公共文化服务体系的重要组成部分，是城市文明进步的标志。① 公共图书馆是政府保障人民基本阅读、信息获取、文化活动等基本权利的有效载体，在建立覆盖全社会的比较完备的公共文化服务体系，为人民群众提供普遍均等的公共文化服务中发挥着主阵地作用②。

一是公共图书馆服务的公益性能够充分保障公共文化服务体系建设要求的公益性和均等性。公共文化服务体系建设是以人民群众基本文化需求为导向，通过人民群众收看电视节目、收听广播、阅读书籍和报刊，以及参加公共文化活动等形式而展开。特别是公共图书馆面向全社会公民免费开放的公益属性，与公共文化服务体系的性质和目的相一致。③

二是公共图书馆是社会基础文化设施，是开展公共文化服务的重要场所。从所承担的社会职能来看，公共图书馆承担着保存人类文化遗产、开展社会教育、传递科学信息、开发智力资源等职能。而这些职能无一例外都是为读者提供公共文化服务的，因此，建设公共文化服务体系示范区就必然要建设完备的综合性公共图书馆。

具体来说，公共图书馆在建设公共文化服务体系示范区中的优势主要体现在以下几个方面：

第一，公共图书馆拥有覆盖示范区全体社会成员的馆藏力量，而且在当前数字化技术日渐成熟和完善的情况下，公共图书馆既可以提供传统纸质文

---

① 来源：文化部2013年1月印发的《全国公共图书馆事业发展“十二五”规划》。

② 庄琦玲，陈萍．公共图书馆创建公共文化服务体系示范区的实例研究——以常州市公共图书馆建设为例［J］．公共图书馆，2015（2）．

③ 王丽荣．助推国家公共文化服务体系示范区创建——以廊坊图书馆为例［J］．产业与科技论坛，2015（20）．

献，也可以提供数字化的信息资源，在资源的载体形式上可以满足各类社会人员的阅读需求。

第二，公共图书馆可以提供更具人性化的文化服务。这主要体现在，公共图书馆更加照顾特殊人群的需要，比如，不少示范区的公共图书馆开设了视障读者阅览室、老年阅读区、少儿阅览区等，为特定人群提供更具专指性和更周到细致的阅读服务。这些服务与《国家公共文化服务体系示范区创建标准（东部）》中所提及的“弱势群体和特殊人群的基本文化服务权益得到有效保障”是完全吻合的。

第三，当前不少地区的公共图书馆开设了地方文献阅览室，其对于本地域的文献收集是最为齐全的，这无疑给研究本地区的社会文化提供了便利条件。同时也有利于贯彻公共文化服务体系示范区建设所提出的导向性原则，即具有地方特色和较强的典型性。

第四，公共图书馆在近些年的阅读推广工作中，积累了很多好的做法和实践经验，而这些做法和经验可以直接服务于公共文化服务体系示范区建设，积极发挥公共图书馆在示范区建设中的带动作用。阅读推广做得越好，吸纳的社会公众就会越多，群众基础自然也就越好，越有利于保证公共文化服务体系示范区内社会大众对各项活动的参与热情及活动效果。

总之，公共图书馆的公益属性、所承担的社会职能，以及多年来积累的优势条件，决定了其在公共文化服务体系示范区建设中可以并且应当发挥出强有力的带动作用。而且，在公共文化服务体系示范区大力建设的时代背景下，公共图书馆更应当把握住机遇，以此彰显自己在示范区建设中的重要性。但是，公共文化服务体系示范区的建设并不仅仅局限在面向社会公众提供的各类资源和服务上，面对示范区建设的高标准和严要求，公共图书馆势必要重新检视自身存在的问题，并予以及时修正。

1.3 公共文化服务体系示范区建设中公共图书馆发展存在的问题

1. 管理体制有待改善

目前，不同级别的公共图书馆既遵循地方文化主管单位的行政领导模式，也受到上一级公共图书馆的业务指导，管理体制相对混乱。而管理体制上的不完善，不仅体现在高沟通成本和低工作效率这两方面，也会对后续的工作产生一定程度的负面影响。公共文化服务体系示范区建设是一项牵一发而动全身的工程，作为其主力成员的公共图书馆绝不是独立存在的，其管理体制上存在疏漏，势必会增加示范区建设的难度，特别是在示范区后续的推进过程中，难免受到诸多阻碍。

2. 建设经费还需进一步保障

文化支出是精神层面的支出，既不直接促进国家经济的发展，也不直接增加国民的收入，更不像安全、医疗等具有现实迫切需要。因此，政府对文化的保障一直居于次要地位。公共图书馆作为文化服务的一个方面，其经费保障是政府公共服务的次要部分①，这意味着政府对公共图书馆的财政支持是有限度的。经费不足势必导致公共图书馆发展速度缓慢，特别是对基层图书馆来说，这个问题显得更为突出。因此，图书馆馆藏书籍的更新、馆内系统和设备的维护、文化活动的开展等，都难以得到切实有力的支持和保障，而这些问题也将导致公共图书馆的服务效果和自身形象大打折扣，最终直接影响公共文化服务体系示范区的建设成效。

3. 人才队伍建设亟须加强

基层图书馆受其所能提供的工资待遇、发展空间等条件的限制，对高校图书情报专业毕业生的吸引力明显不足，专业人才未能及时被吸纳进馆，这是图书馆在人才构成比例上的一大遗憾。虽然目前其他专业背景的年轻人进入图书馆工作在一定程度上缓解了图书馆工作人员短缺的问题，但是在涉及文献采访、Marc 编目及审校、文献分类、参考咨询、阅读推广等专业核心业务时，难免会因为员工专业短板的问题而造成其工作积极性不高，使图书馆工作效率无法得到应有的保证。除工作人员的非专业化问题之外，不少示范区的公共图书馆还存在另一个比较棘手的问题，就是工作人员呈现出明显的老龄化趋势，有些地方图书馆的工作人员的平均年龄已经接近五十岁②。受年

---

① 罗兆英．公共图书馆经费财政保障限度的法律分析［J］．图书馆建设，2018（11）．

② 李晟东．河北省公共文化服务体系示范区建设中公共图书馆发展研究［D］．保定：河北大学，2019.

龄和身体条件的限制，员工工作热情不可避免地日渐减弱。新鲜血液的短缺，导致公共图书馆的工作创新动力不足，严重影响公共图书馆在公共文化服务体系示范区建设中所应发挥的重要作用。

4. 与其他机构合作不够紧密

从目前公共文化服务体系示范区建设的实际情况来看，建立社会力量参与机制的公共图书馆并不多。此外，示范区内的公共图书馆与其他类型图书馆之间的合作程度不高，应当引起关注。公共文化服务体系示范区内，不少公共图书馆与高校图书馆、行业图书馆的合作程度远未达到预期，尚未实现信息资源共建共享，这将直接影响其提供的信息资源的全面性和专指性。而且，这对建设经费的高效使用绝无益处。

1.4 加强公共文化服务体系示范区公共图书馆建设的对策建议

1. 构建基于公共文化服务体系示范区的公共图书馆“直管模式”

“直管模式”是总馆对分馆进行全方位直接管理服务模式的简称①。在这一管理模式下，公共图书馆将呈现出以下几个特点：第一，分馆工作人员由总馆进行人才整合后，实行统一调配，并保证各分馆工作人员在待遇、福利、晋升渠道等方面与总馆工作人员保持一致，以实现各分馆工作人员在业务素质和人才比例构成上的逐步完善；第二，在馆藏建设上，由该示范区内的总馆负责统一采购、统一 Marc 编目标准，以及后续图书加工流程的统一操作与安排，以此来保证示范区内的公共图书馆在藏书及流通方面通借通还的最终实现，以及在馆藏数字资源上最大限度地共建共享；第三，在阅读推广活动方面，由总馆牵头进行分工和调度，依靠基层图书馆所能发挥的最直接的强大号召力，提高公共图书馆在示范区内开展阅读推广活动的影响力和知名度，进一步提升图书馆的服务能力和水平。

值得一提的是，在“直管模式”下，公共文化服务体系示范区内的总馆

① 赵刚．中西部地区县域公共图书馆总分馆制建设及模式探析［J］．四川图书馆学报，2017（1）．

将承担起更多的责任，面临更高的要求。因此，加大对总馆建设的投入力度，是创建国家公共文化服务体系示范区的重要内容，也是保证示范区内公共图书馆系统能够提供高质量服务与优质资源的关键一环。

2. 拓宽经费来源渠道，完善预算、监督、决算机制

在公共文化服务体系示范区建设中，面对更明确的验收标准和更全面的建设要求，公共图书馆必须重点关注“开源”和“节流”两个问题，以此来确保示范区内公共图书馆的可持续发展，并最大限度地保证对所划拨的经费进行更充分的、更高效的利用。具体做法有以下两点：

（1）拓宽示范区内公共图书馆经费来源渠道

在经费来源上，除财政拨款以外，示范区内的公共图书馆应当通过服务内容与服务方式上的创新，开拓更多合理的经费来源渠道。比如，在筹备论坛、项目、读者活动时，公共图书馆可以与企业展开合作，由企业赞助经费，公共图书馆在活动中为其进行适度的宣传，以达到公共图书馆和企业双赢的效果。另外，面对经费不足的问题，应该更加关注社会捐赠这一经费来源渠道。示范区内的公共图书馆可以尝试建立常规的募款部门，如设立公共关系部，依托公共文化服务体系示范区建设的政策优势，开展募款活动，接受个人和社会的捐赠。

（2）构建示范区内公共图书馆的预算、监督和决算机制

在经费的具体使用上，一方面，公共图书馆要做好预算，保证经费的使用有理可依、有据可循，并尽可能地避免浪费。由于预算编制相对复杂，财务部门应适当给予相关部门充裕的编制与调研时间，从而根据实际情况，有效提高预算编制的质量，避免流于形式。另一方面，公共图书馆应建立经费监督机制来保证经费的及时到位与合理利用。此外，当地主管部门也应建立相应的经费监督机制，保证经费及时、完整地落实到位，从而确保示范区内的公共文化服务更科学地、可持续地发展。

此外，公共图书馆还需建立并完善决算机制，为下一年度的经费使用提供参考。示范区内的公共图书馆在面临更高水平的建设要求时，势必要争取更加持续有力的经费支持，认真做好决算编审各个环节的工作，包括年终清理、报表填报、数据审查与核对、编写财务决算分析报告等。另外，编制年度决算报表是公共图书馆经费管理的最后一个环节，通过决算可以为当年的经费管理和使用提供权威的数据资料，为下一年度的预算编制提供有效的参

考信息①，使管理者可以更加明确如何才能将经费真正用在刀刃上。因此，示范区内的公共图书馆应该借助公共文化服务体系示范区建设的契机，构建适合本区域发展水平、本馆具体建设情况的决算机制。

3. 组建适合示范区发展要求的专业化、有活力的人才队伍

首先，示范区内的公共图书馆需要对本馆工作人员进行详细摸底，在清楚了解工作人员专业背景、工作经验、年龄结构等情况的基础上，结合示范区建设的需要，制定符合本馆长远发展的人才队伍建设规划，引进专业人才，特别是对当前公共文化服务体系示范区建设所急需的、专业能力突出的、在业界有一定知名度和影响力的高精尖人才予以特殊引进。

其次，示范区内的公共图书馆需要鼓励本馆工作人员积极参加图书馆专业素养和业务技能培训，以弥补非本专业工作人员在认知方面和专业能力方面的不足，帮助他们及时掌握图书馆学界的专业热点问题和前沿技术等，进而指导其在示范区内公共图书馆的业务工作实践。与此同时，对教育培训后仍不适应图书馆变化、不能更新图书馆管理思想和服务的人员坚决淘汰，壮大精干力量，不断提高图书馆服务团队的专业水平②。

再次，为了保证人才队伍的活力，示范区内的公共图书馆应在激励机制上下功夫。在条件允许的前提下，采取恰当的措施来激发员工的工作活力，有助于示范区内的公共图书馆树立良好的社会形象，从而有利于其在公共文化服务体系示范区建设中更充分地发挥作用。

最后，示范区内的公共图书馆可以尝试引进志愿者队伍，建立面向志愿者的选拔机制，以及志愿者注册系统、电子档案和数据库，实现志愿者、服务对象、活动项目的有效衔接，同时还要完善激励机制，吸引更多人参与文化志愿活动。吸纳对文化事业感兴趣、有热情的志愿者参与示范区内的公共图书馆建设，既有利于公共图书馆资源和服务的宣传，也可以有效节约人力成本和经费支出，这种做法对图书馆的长远发展和示范区的建设而言，无疑是十分有利的。

---

① 张晓珍. 浅谈图书馆经费管理［J］. 农业图书情报学刊，2010（5）.

② 李继存，李文玥. 基于沧州公共文化服务体系建设的图书馆人才培训研究［J］. 科技风，2018（32）.

4. 注重与其他机构开展合作

（1）积极引导和支持社会力量的参与

社会力量参与为公众提供阅读服务方面的竞争，是其在社会主义市场经济体制下被赋予的基本权利。在公共文化服务体系示范区建设中，政府引入竞争机制，向社会购买公共阅读服务，可以在客观上倒逼公共图书馆更加注重自身机制的创新和服务效能的提高。对此，公共图书馆应当以正确的、积极的态度应对：一方面深化自身改革，根据时代要求主动做出适应性调整；另一方面利用自身的优势，积极引导和支持社会力量参与，在竞争中不断提高自身服务效能①，更好地发挥在公共文化服务体系示范区建设中的作用。

（2）开展示范区内公共图书馆与各类型图书馆间的信息资源共建共享

开展信息资源共建共享是在当前网络环境下，公共图书馆为节约馆藏建设成本和提高服务效率必须要重视的问题。公共文化服务体系示范区内所提供的文化资源与服务绝不是不计成本的重复建设与劳动，因此，示范区内的各类型图书馆的共建共享，势必要成为建设过程中重点研究的内容之一。

以入选首批国家公共文化服务体系示范区名单的苏州市为例，为推进设施服务效能的提升，苏州市启动了总分馆体系建设工程②，构建覆盖全市的公共图书馆共建共享模式，整合各市区及乡镇（街道）图书馆资源，采用市辖区图书统一管理、农村图书定期更新的方法，盘活了城乡图书资源，为居民日常借阅提供便利③。

除公共图书馆之间的共建共享模式外，示范区内的公共图书馆还应该积极吸纳其他各类型图书馆参与到共建共享中来。例如，入选第二批国家公共文化服务体系示范区名单的河北省廊坊市，便采用了“总分馆 + 联盟馆”纵横结合的图书馆网络服务模式，即以市级中心馆向县、镇、村（社区）图书馆的延伸服务为纵轴，以学校、行业图书馆的联合服务为横轴，打造纵横交

① 巫志南，冯佳．现代公共文化服务体系中的公共图书馆［J］．中国图书馆学报，2015（3）．

② 邱冠华．示范区创建中深化“苏州模式”的制度设计研究［J］．中国图书馆学报，2012（3）．

③ 任贵州．城乡公共文化服务设施共建共享机制及路径——以苏州市创建国家公共文化服务体系示范区为例［J］．新世纪图书馆，2016（2）．

错、覆盖全市的公共文化服务体系。这种服务模式打破了高校、行业围墙，实现了资源共建共享，通借通还①。这种模式整合了示范区内公共图书馆的文献信息资源，提高了各馆文献的利用率，达到 1 + 1 > 2 的效果，同时，高校、行业图书馆被纳入公共图书馆服务体系，有利于为读者提供更为全面的文献信息服务，也有利于进一步挖掘图书馆服务的深度。此外，公共图书馆与高校、行业图书馆联盟，从建设目标及成果来看，与公共文化服务体系示范区建设所追求的公平性和均等性相吻合。因此，在公共文化服务体系示范区建设中，公共图书馆不妨借鉴这些成果和经验，并结合地方特色，开发出更具时代价值的建设模式。

（3）拓展国际交流合作渠道

在具备现实条件的示范区内，应鼓励公共图书馆积极参与国际图书馆界的学术交流活动，争取获得国际图书馆协会联合会（以下简称“国际图联”，IFLA）等国际组织常设基金对示范区内公共图书馆项目在资源、资金和技术等方面的资助；同时还要鼓励公共图书馆尽可能地深化目前已经参与的本专业内国际合作项目，并在条件允许的前提下，尝试策划新的国际交流合作项目。

① 王丽荣．助推国家公共文化服务体系示范区创建——以廊坊图书馆为例［J］．产业与科技论坛，2015（20）．

2 公共文化服务基本理论

2.1 公共文化服务的基本概念

清晰的基本概念及其界定、命名是任何一种理论得以建立的基石。研究国家公共文化服务体系建设，分析公共文化服务体系面临的问题，提出加强公共文化服务体系建设的对策建议，首先必须对公共文化服务体系的相关内涵和发展路径进行深入分析，厘清相关概念及其界定，为下一步研究打下基础。

2.1.1 公共文化

1. 文化

据专家考证，“文化”是古已有之的词汇。“文”的本义，指各色交错的纹理。《周易·系辞下》载：“物相杂，故曰文。”《礼记·乐记》称：“五色成文而不乱。”《说文解字》称：“文，错画也，象交文。”以上均指此义。在此基础上，“文”又有若干引申义。其一，指包括语言文字在内的各种象征符号，进而具体化为文物典籍、礼乐制度。《尚书·序》所载伏羲画八卦，造书契，“由是文籍生焉”；《论语·子罕》所载孔子曰“文王既没，文不在兹乎”，是其实例。其二，由伦理之说导出彩画、装饰、人为修养之义，与“质”“实”对称，所以《论语·雍也》称“质胜文则野，文胜质则史，文质彬彬，然后君子”。其三，在前两层意义之上，导出美、善、德行之义，这便是《礼记·乐记》所谓“礼减而进，以进为文”，郑玄注“文犹美也，善也”，《尚书·大禹谟》所谓“文命敷于四海，祗承于帝”。

“化”，本义为改易、生成、造化，如《庄子·逍遥游》：“北冥有鱼，其名为鲲。鲲之大，不知其几千里也。化而为鸟，其名为鹏。鹏之背，不知其几千里也。”《周易·系辞下》：“男女构精，万物化生。”《黄帝内经·素问》：“化不可代，时不可违。”《礼记·中庸》：“可以赞天地之化育。”归纳以上诸说，“化”指事物形态或性质的改变，又引申为教行迁善之义。

“文”与“化”并联使用，较早见于《周易》：“观乎天文，以察时变；观乎人文，以化成天下。”意思是通过观察天象，来了解时序的变化；通过观察人类社会的各种现象，用教育感化的手段来治理天下。这句话里的“文”，即从纹理之义演化而来。日月往来交错文饰于天，即“天文”，亦即天道自然规律。同样，“人文”指人伦社会规律，即社会生活中人与人之间纵横交错的关系，如君臣、父子、夫妇、兄弟、朋友构成的复杂网络，具有纹理表象。这句话告诉人们这样一个道理：治国者须观察天文，以明了时序之变化；又须观察人文，使天下之人均能遵从文明礼仪，行为止其所当止。在这里，“人文”与“化成天下”紧密相连，“以文教化”的思想已十分明确。

西汉刘向将“文”与“化”二字联为一词，在《说苑·指武》中写道：“圣人之治天下也，先文德而后武力。凡武之兴，为不服也，文化不改，然后加诛。”《文选·补亡诗》中有：“文化内辑，武功外悠。”这两句话中的“文化”，或与天造地设的自然对举，或与无教化的“质朴”“野蛮”对举。因此，在汉语系统中，“文化”的本义就是“以文教化”，它表示对人的性情的陶冶，本属精神领域之范畴。随着时间的流转，“文化”逐渐成为一个内涵丰富、外延宽广的多维概念，成为众多学科探究、阐发、争鸣的对象。

“文化”，是一个内涵和外延都相当丰富的大概念，通常会随着语境的变化而出现较大变化。古今中外，对“文化”概念的争议一直没有中断，从某种意义上说，很难简单地用一句话给“文化”下定义。中国学者冯天瑜在《中国文化史纲》中，对“文化”的概念进行过系统的总结和梳理。他指出，“文化是人的价值观念在社会实践中对象化的过程与结果。人类实现‘自然的人化’，包括外在文化产品的创制和内在主体心智的塑造，因此，文化分为技术体系和价值体系两大部类。技术体系表现为文化的器用层面，它是人类物质生产方式和产品的总和，是整个文化大厦的物质基石；价值体系表现为文化的观念层面，即人类在社会实践和意识活动中形成的价值取向、审美情趣、思维方式，凝聚为文化的精神内核；介乎上述二者之间的，是文化的制度层面，即人类在社会实践中建构的各种社会规范、典章制度；还有文化的行为层面，即人类在交往中约定俗成的习惯定式，以礼俗、民俗、风俗形态出现的行为模式”。

1982 年，联合国教科文组织在首次世界文化政策会议上，将“文化”界定为一套体系，其涵盖精神、物质、知识和情绪特征，使一个社会或者社群得以自我认同。文化不仅包括文学艺术，也包括生活方式、基本人权观念、价值观念、传统和信仰。2001 年，联合国教科文组织在《世界文化多样性宣言》中将“文化”表述为，应当把文化看作某一社会或社会群体所具有的一整套独特的精神、物质、智力和情感特征，除艺术和文学以外，它还包括生活方式、聚居方式、价值体系、传统和信仰，这应该是从文化人类学角度对文化所作的权威定义。从世界各国范围看，尽管文明类型不同，但学者们普遍认为，“文化”的核心内涵在于价值观念，是一种回答人生价值、生活意义等，关系道德理想、审美体验等精神领域的思想、观念、态度和情感的心理系统。

随着文化在人们日常生活和国际交流中的作用越来越重要，文化领域已经成为重要的政府施政领域。为了方便文化管理，人们开始逐步从职权划分、数据统计的角度，对文化进行一种新的定义。联合国教科文组织最早在 1986 年开始拟定文化统计框架，对“文化”给出了一个可供操纵的定义。同年联合国教科文组织推出了文化统计框架，将文化统计的范围划分为 10 类，即文化遗产、出版印刷业和著作文献、音乐、表演艺术、视觉艺术、音频媒体、视听媒体、社会文化活动、体育和游戏、环境和自然。2009 年，联合国教科文组织再次推出一个新的文化统计框架，认为文化应当包括 6 个关键领域，即文化与自然遗产、艺术表演与节日、可视艺术和工艺品、设计和创造性服务、书籍出版、视听与互动媒体，以及体育与休闲、旅游这两个可扩展领域。2012 年 7 月，国家统计局发布的《文化及相关产业分类（2012)》，对“文化及相关产业”作出了一个操作性定义：本分类规定的文化及相关产业是指为社会公众提供文化产品和文化相关产品的生产活动的集合。其范围包括：①以文化为核心内容，为直接满足人们的精神需要而进行的创作、制造、传播、展示等文化产品（包括货物和服务）的生产活动；②为实现文化产品生产所必需的辅助生产活动；③作为文化产品实物载体或制作（使用、传播、展示）工具的文化用品的生产活动（包括制造和销售）；④为实现文化产品生产所需专用设备的生产活动（包括制造和销售）。

联合国教科文组织将“文化产业”定义为结合创造、生产与商品化等方式，运用本质是无形的文化内容。这些内容基本上受到著作权的保护，其形式可以是货币或服务。并在1980年召开的蒙特利尔会议上对文化产业产生的条件进行了说明：一般来说，文化产业形成的条件是，文化产品和服务在产业和商业流水线上被生产、再生产、储存或者分销，也就是说，规模庞大并同时配合着基于经济考虑而非任何文化发展考虑的策略。以上述定义为基础，联合国教科文组织认为文化产业包括以下内容：印刷、出版和多媒体，视听、唱片和电影的生产，以及工艺和设计。此外，在一些国家，文化产业还包括建筑、视觉和表演艺术、体育、乐器的制作、广告和文化旅游。上述联合国教科文组织的文化分类框架，同样表明了这一情况。因此，在很多论述中，国际上所谓的"文化产业""文化创意产业"也包括公共图书馆等公益性文化事业，这是尤其需要注意的一点。

2. 公共

根据《辞海》的解释，"公"的主要含义为公共、共同，与"私"相对。《礼记·礼运》所说的"大道之行也，天下为公"就是这个意思。自古以来，汉语中"公共"强调的都是共同的、共有的、公有的。"公共性"在汉语中是一个相对较新的词汇，简单来说就是具备公共的性质或特性的意思。英语中的"public（公共）"来源于古法语词汇 publique，或者是拉丁文 pūblicus，指的是作为整体的人民或社群。① 也有人认为 public 来源于古希腊词汇，一是 pubes or maturity，强调个人能够超越自身利益去理解和考虑他人的利益，具备公共精神和意识，是一个人成熟并可以参加公共事务的标志；二是 koinon，即英文 common（共同）的意思，指的是人与人之间互相照顾关心的状态。② 国内很多学者认为，古希腊社会中"公共"的概念与古希腊早期的民主相关，这一点是古代中国社会"公共"概念不具备的含义，这也是英语"public"与汉语"公共"在词源上的一个区别。

不管是东方还是西方，"公共"或"公共性"都是与"个人"或"私人性"相对应的概念。简单来说，所谓"公共"也就是"非私人的、非个人的"，由此可推演出"比个人更大范围的""个人之间共通的""超越个人的

---

① 任剑涛．公共与公共性：一个概念辨析［J］．马克思主义与现实，2011（6）．

② 王乐夫，陈干全．公共性：公共管理研究的基础与核心［J］．社会科学，2003（4）．

全体共有的”“公开的或开放的”种种含义。“公共之为公共，是在与私人相对而言的角度获得它的规定性”，“研究公共或公共性问题主要有两个角度，一个是关乎与公共相对的私人的角度；另一个则是关于公共或公共性自身”①。

无论公私概念如何界定，其本身很早就得以作用于世界各国、各种文明形态中，涉及典章制度建立、社会事务管理、产品生产分配等诸多方面。随着时代的发展，“公共”“公共性”的概念也在不断发生着变化，因而在不同的时代背景下有着不同的内涵。总的来说，现代社会中“公共”的概念与过去相比，有着很大差异。在中国古代社会“君权神授”的背景下，“普天之下，莫非王土，率土之滨，莫非王臣”，“公”意味着“最高统治者”，整个国家，包括所有臣民都是最高统治者的私有财产。同样，西方社会中的“公共”在旧的时代中也常常用来代表国家，是统治阶级维护自身统治利益、获取统治阶级私利的重要手段。

现代意义上的、代表多数人利益的“公共”概念大约形成于17世纪、18世纪的英、法、德等欧洲发达国家。德国哲学家哈贝马斯的公共领域理论最具代表性。他指出，所谓“公共领域”首先意指我们社会生活中的一个领域，在这个领域中，像公共意见这样的事务能够形成。公共领域原则上向所有公民开放。公共领域的一部分由各种对话构成，在这些对话中，作为私人的人们聚到一起形成了公众。② 他认为有了真正（受法律保护）的“私”才有真正（同样受法律保护）的“公”。只有在市场经济及清晰的产权制度下，在“私人领域”中才能够区分出现代意义上的“公共领域”，同时划分公共事务和私人事务，最终诞生了公共领域和真正意义上的“公共性”。③ 之后，管理公共事务成为一种公共需求。在这种情况下，现代社会的公共管理部门才得以创建，并被赋予了管理公共事务、提供公共服务的职能。

王乐夫、陈干全对“公共”“公共性”的内涵变化进行梳理后认为，公共性的本源及演变离不开整个社会环境的变化背景，这一背景包括社会的、

① 任剑涛．公共与公共性：一个概念辨析［J］．马克思主义与现实，2011（6）．

② 汪晖，陈燕谷．文化与公共性［M］．北京：生活·读书·新知三联书店，1998．

③ 〔德〕哈贝马斯．公共领域的结构转型［M］．曹卫东，王晓珏，刘北城，等，译．上海：学林出版社，1999．

经济的和政治的因素。首先，最早意义上所产生的“公共性”代表一种朴素的全民性，如古希腊民主制。其次，在古代社会，由于没有明确的公/私领域划分，在政治领域，代表国家权力的“公”吞没了“私”；在经济领域，表现为国家对经济生活的全面控制，因而公共性等同于国家权力。再次，按照哈贝马斯的看法，直到近代，“公”与“私”才截然分离，各有自己的独有领域……“公共性”对公共管理行为具有决定性作用，其决定了管理主题的合法性、管理的基本价值取向和管理的范围方式。①

综上所述，现代意义上的“公共”“公共性”概念，主要是从政治哲学的角度来界定的，是建立在社会公私二元对立基础之上的独特概念，其基础是清晰的产权制度和市场经济体制，“公共性”涉及公众、公共需求、公共领域、公共精神、公共选择等诸多问题。公共部门通过提供公共服务满足或实现公共需求，进而保证公民权利的实现。

3. 公共文化

基于上述分析，可以认为，公共文化指的就是那些具有“公共性”的文化领域、设施、空间、行为、活动、产品与服务。大体上包括：公共文化设施、公共文化活动、公共文化空间等。因此，公共部门应当秉持公共利益至上的价值观，为人们做好公共文化服务。

2.1.2 公共服务与公共文化服务

1. 公共服务

现代社会通常可以分为三大部门：第一部门（公共部门）——政府，是照顾大众利益的公共治理部门；第二部门（非公共部门）——企业，是利用社会资源创造经济价值的部门；第三部门（准公共部门），凡不属于政府、企业以外的团体组织，如事业单位、社会团体、公益机构、民间组织等非政府、非营利性组织都可称为第三部门。按照这个标准，公共服务指的是公共部门与准公共部门为满足社会公共需求，共同提供公共产品的服务行为的总称。

公共服务可以根据内容和形式分为基础公共服务、经济公共服务、公共安全服务、社会公共服务。基础公共服务是指那些通过国家权力介入或公共

① 王乐夫，陈干全. 公共性：公共管理研究的基础与核心［J］. 社会科学，2003（4）.

资源投入，为公民及其组织从事生产、生活、发展和娱乐等所提供的基础性服务，如提供水、电、气，交通与通信基础设施，邮电与气象服务等。经济公共服务是指通过国家权力介入或公共资源投入，为公民及其组织即企业从事经济发展活动所提供的各种服务，如科技推广、咨询服务以及政策性信贷等。公共安全服务是指通过国家权力介入或公共资源投入为公民提供的安全服务，如军队、警察和消防等方面的服务。社会公共服务则是指通过国家权力介入或公共资源投入，为满足公民的社会发展活动的需求所提供的服务。社会发展领域包括教育、科学普及、医疗卫生、社会保障以及环境保护等领域。社会公共服务是为满足公民的生存、生活、发展等社会性直接需求而提供的服务，如公办教育、公办医疗、公办社会福利等。按照大的专业属性，还可以分为：国防建设、国内与国际公共救助与灾害援助、法律法规政策规范、文化经济产业开发建设、精神文明和物质文明建设、信息化建设、标准化建设、工业化建设、城镇化建设、特色产业建设、金融保险与消费建设、职业化和专业化建设等。

2. 公共文化服务与公共文化服务体系

从历史的角度看，文化服务在人类发展历程中很早就已经出现了。比如，《周礼》记载有“大司乐”；汉朝有专门的机构，称为“乐府”；古希腊很早就出现了平民和贵族都参与的戏剧比赛等。现代意义上的“公共领域”大约是在 17 世纪、18 世纪才逐步建立起来的，因此，现代意义上的公共文化服务也是比较晚才诞生的。国际上一般认为，1959 年法国成立文化部，是现代社会政府把文化领域纳入公共管理范围的标志，意味着公共文化服务正式进入现代社会。因此，公共文化服务是“现代服务”，是人类社会进入现代社会之后才催生出的产物。

一般认为，公共文化服务是指由政府公共部门或准公共部门共同生产或提供，以满足全体社会成员基本文化需求为目的，以提高全体民众文化生活水准和文化素养为着眼点，既向公众提供基本精神文化享受，也向公众提供社会发展所必需的文化环境和条件的公共文化产品和服务的总称。具体包括图书馆服务、博物馆服务、文化馆服务、社会文化服务、公共文化信息平台服务、扶持发展文化艺术的各类政策措施等。从公共管理学视角来看，公共文化服务与教育、科技、医疗卫生服务等一样，属于公共服务领域中的社会公共服务，是公共服务体系的有机组成部分。

我国关于公共文化服务体系的表述，是根据历史背景和国情条件以及经济社会发展历程不断调整和完善的。2007 年 8 月，在中共中央办公厅、国务院办公厅发布的《关于加强公共文化服务体系建设的若干意见》中，基于我国特殊的历史背景和国情条件对公共文化服务体系内涵进行了表述，即建设“与中国特色社会主义事业和全面建设小康社会的历史进程相适应，按照结构合理、发展均衡、网络健全、运行有效、惠及全民的原则，以政府为主导、以公益性文化单位为骨干、鼓励全社会积极参与，努力建设以公共文化产品生产供给、设施网络、资金人才技术保障、组织支撑和运行评估为基本框架的覆盖全社会的公共文化服务体系，切实保障人民群众看电视、听广播、读书看报、进行公共文化鉴赏、参加大众文化活动等基本文化权益”。2013 年 1 月，文化部颁布了《文化部“十二五”时期公共文化服务体系建设实施纲要》，将我国公共文化服务体系定义为：以公共财政为支撑，以公益性文化单位为骨干，以全体人民为服务对象，现阶段以保障人民群众看电视、听广播、读书看报、进行公共文化鉴赏、参与公共文化活动等基本文化权益为主要内容，向社会提供的公共文化设施、产品、服务及制度体系的总称。2015 年 1 月，中共中央办公厅、国务院办公厅印发了《关于加快构建现代公共文化服务体系的意见》，将建设现代公共文化服务体系的目标表述为：到 2020 年，基本建成覆盖城乡、便捷高效、保基本、促公平的现代公共文化服务体系。公共文化设施网络全面覆盖、互联互通，公共文化服务的内容和手段更加丰富，服务质量显著提升，公共文化管理、运行和保障机制进一步完善，政府、市场、社会共同参与公共文化服务体系建设的格局逐步形成，人民群众基本文化权益得到更好保障，基本公共文化服务均等化水平稳步提高。

关于公共文化服务体系的构成，不同的专家、学者从各自的工作领域和视角维度出发，提出了许多不同意见和看法。如以国家公共文化服务体系建设专家委员会委员毛少莹为代表的部分学者认为，公共文化服务体系应包括：公共文化产品和服务、文化政策法规及管理体系、公共文化服务提供主体、公共资源配置、绩效考核制度五个部分。① 苏峰等学者认为，公共文化服务体系应当包括公共文化政策和理论体系、公共文化基础设施体系、公共文化生

① 陈威．公共文化服务体系研究［M］．深圳：深圳报业集团出版社，2006.

产和运营体系、公共文化信息体系、公共文化资金保障体系、公共文化人才体系、公共文化创新体系、公共文化指标体系以及公共文化评估、监督体系九大系统。韩军认为公共文化服务体系的基本框架应包括政策法规体系、基础设施体系、产品供给体系、人力资源体系、资金投入体系、评价监督体系六个方面。① 综合当前主流专家、学者意见，结合中央文件要求，我们认为公共文化服务体系应当至少包括六个部分：公共文化服务的服务主体；公共文化服务的提供主体；公共文化服务的政策法规与制度安排；公共文化产品、服务及供给；公共文化服务的技术支撑；公共文化服务的绩效管理。

2.2 公共文化服务的需求侧理论

按照经济学的一般原理，有需求才会有供给，需求决定供给。公共文化服务同样如此，要想使公共文化服务能够满足公民的文化需求，就必须先研究公共文化需求。

2.2.1 公共文化需求

按照美国人本主义心理学家马斯洛提出的需求层次理论，可以把人类需求分为：生理需求、安全需求、社交需求、尊重需求、自我实现需求。很明显，文化需求是人类的基本需求之一，包括日常休闲娱乐、读书看报、唱歌跳舞、吟诗作对等，是人类个体社交需求、尊重需求、自我实现需求的综合体现。总之，文化需求就是涉及人类精神、心理等方面的需求，既可以表现为个体的需求，也可以表现为族群、国家的需求。

文化需求同样也分为个人文化需求和公共文化需求。现代社会中，公共文化需求大体包括以下内容：基本文化娱乐需求，包括对学习文化知识、了解文化信息、参与各类休闲娱乐活动等的需求；经济或产业性质的公共文化需求，包括对文化产业的公共技术平台、文化产业的公共信息平台、文化产业的公共投融资平台、文化产业的人才交流平台、良好的文化市场秩序的需

① 韩军．论公共文化服务体系的构建［J］．党政干部论坛，2008（1）．

求；文化创造的需求，包括对发展文学（诗歌、小说、散文等多种形式）、高雅艺术（音乐、舞蹈、戏剧等专业性表演艺术及绘画、雕塑、装置艺术等专业性视觉艺术）的需求；价值观、文化身份认同、族群凝聚力等方面的需求，包括对构建和形成支撑社会形成良好精神状态的主流价值观，促进民族文化身份的认知和认同，提高民族自信心、自豪感的需求。

随着经济社会的迅猛发展，人类的公共文化需求是不断发展变化的。在人类社会早期，生产能力低下，温饱问题是人类的主要需求，文化需求并不重要。随着经济发展和社会文明程度的提升，以及政府公共财力的不断增长，公共文化需求日益上升。在不同国家、不同社会发展阶段，甚至同一国家不同民族之间，公共文化需求的高低、种类、范围等都是不同的。文化需求的差异，使得人类社会呈现出丰富多彩的内容。

2.2.2 公民文化权益

近年来，我国政府高度重视开展公共文化服务体系建设，保障公民文化权益，学术界对公民文化权益也进行了大量研究。其中主流学者认为，公共文化权益是指公民在社会文化生活中应该享有的、不容侵犯的权利和利益。结合我国公共文化服务体系建设要求，将公共文化权益的内涵概括为以下几点：

（1）享受文化成果。这是公民文化权益中最基本的权益，每一个公民不论民族、年龄、性别，都有权分享经济社会发展带来的优质文化产品和服务。因此各级政府需要建设必要文化载体，加大对图书馆、文化馆、影剧院、群艺馆等文化基础设施的建设力度，丰富文学、戏剧、广播影视、文艺演出、网络、动漫等文化产品的生产与供给，保障每一个公民都能享受到文化发展成果。

（2）参与文化活动。公民参与文化活动，从被动的享受者变成了主动的参与者。公民可以根据个人爱好，选择喜欢的文化活动内容并参与其中，这个过程也是促进个人全面发展的过程。这对现代政府提出要求，即政府可以通过开展不同形式的文化活动，让广大民众在活动中完成自我管理、自我组织、自我发展。政府有责任根据不同地域、不同民族、不同社会群体的特点，为不同形式的文化活动提供基础设施与组织保障，最大限度地创造社会公众参与文化活动的条件与环境。

（3）开展文化创造。公民开展文化创造的权利主要包括学术研究权、文学艺术创作权和文化产业创业权。公民既是公共文化的消费者、文化活动的参与者，又是公共文化的创造者。政府应增强公民主体意识，为其提供自由的文化创作空间，让公民有文化创作的条件，进而造就具有强大文化创造力的公民群体，才能推动社会进步、文化发展、文明前进。只有这样，才能整合全社会的资源，切实实现文化大发展、大繁荣。

（4）保护文化创造成果。对公民文化创造成果的保护，是现代社会将智力资源作为生产第一要素进行资源配置的必要条件，也是知识经济实现资产投入无形化的基础。因此，应加强对公民文化创作成果的保护，建立完备的尊重和保护公民研究发明和创作成果的法律体系、工作机制，严厉打击各种侵权行为，保障公民创造的文化成果不被侵犯，并在全社会形成尊重知识产权、保护文化成果的良好氛围。

2.2.3 公共文化服务体系有效保障公民文化权益

党的十七届六中全会通过的《中共中央关于深化文化体制改革 推动社会主义文化大发展大繁荣若干重大问题的决定》（以下简称《决定》）中指出：加强公共文化服务是实现人民基本文化权益的主要途径。要以公共财政为支撑，以公益性文化单位为骨干，以全体人民为服务对象，以保障人民群众看电视、听广播、读书看报、进行公共文化鉴赏、参与公共文化活动等基本文化权益为主要内容，完善覆盖城乡、结构合理、功能健全、实用高效的公共文化服务体系。可以得出结论：公共文化服务体系是保障公民文化权益的主要途径和实现方式，公共文化权益是公共文化服务体系的终极目标。公共文化服务体系保障公民文化权益，主要表现在以下四个方面：

（1）公共文化服务体系能够有效保障公民享受文化成果的公民权益。公民享受文化成果的前提，是公共文化产品的供给相对充足和服务体系的完善。建设公共文化服务体系的核心目标之一，就是要培育优质高效、灵活多元的公共文化服务主体，形成包括公共图书馆、美术馆、文化馆、博物馆、群艺馆、广播电视网等载体在内的覆盖全社会的便捷服务网络，最大限度地向全体公众提供种类齐全、质量稳定、满足不同群体需求的公共文化产品，不断满足人民群众日益增长的公共文化需求，让文化发展成果惠及全体公民。

（2）公共文化服务体系能够保障公民参与文化活动的公民权益。公共文化服务体系建设包括各种形式的公民参与公共文化活动的建设，比如推动公益文化活动的社会化运作；举办丰富多彩的、参与性强的艺术节庆活动；推动公共文化服务设施网点化，兴建便于公民参与的公共文化活动场所。尤其是在公共文化服务决策的各个重要环节，通过建立公示、咨询、听证等制度，建立公民参与公共文化管理的制度平台，真正实现公民对公共文化的参与。

（3）公共文化服务体系通过创造宽松环境来保障公民开展文化创造的公民权益。人民是社会发展的主体，也是文化创造的主体，蕴含着文化发展和创造的动力。应建设公共文化服务体系，制定科学合理的文化政策，构建文化管理运行机制，改变以往单纯依靠政府力量办文化、管文化的现状，同时在以政府为主导力量的作用下，拓宽社会力量的参与渠道，充分发挥民间社会组织的积极作用，为广大公民进行文化创造提供宽松自由的社会环境，以及必要资金、设施、设备投入，使蕴藏在社会公众中的文化创造活力得以充分释放，保障公民开展文化创造的权益。

（4）公共文化服务体系能够保障公民创造的文化成果和合法权益不受侵害。建设公共文化服务体系其中一项重要任务，就是建立知识产权公共服务平台，创新版权公共服务形式，促进公民文化创造成果的广泛运用，建立完善的、系统化的知识产权保护体系。同时，还要在社会公众中广泛开展知识产权保护的宣传教育活动，在全社会营造尊重知识产权、保护创新成果的良好风尚，加大对盗版侵权行为的打击惩罚力度。总之，公共文化服务体系的构建，将从制度层面和法律层面对公民的文化创造成果进行行之有效的保护。

2.3 公共文化服务的供给侧理论

公共文化服务供给侧理论大体上包括公共文化服务的政策制定、制度安排、价值导向、产品供给、结果评估等诸多方面。公共文化服务事业与经营性文化产业相比，最大的区别就是前者着眼于社会效益，着力为全社会提供非营利性的公共文化产品与服务。根据公共文化服务体系的基本原理，笔者认为，政府是公共文化服务体系的供给责任主体。而供给侧改革的核心内容是确保供给与实际需求相匹配，借助于结构优化与调整，确保公共文化服务供给的质量能够得到有效提升。在提升公共文化服务质量的过程中，从供给侧角度开展研究工作，并不是不重视公众的实际文化需求，而是建立在文化需求基础上进行供给侧改革，依照公众自身的文化需求情况确保供给服务改革更有针对性，使供给服务效率得到提升，同时进一步减少资源配置过程中的成本投入。从供给侧改革角度对公共文化服务体系进行分析与研究，是未来公共文化服务发展的重要方向，对我国公共文化体系建设有着极大的促进作用。

2.3.1　公共文化服务的供给模式

公共文化服务的供给渠道主要包括社会、市场、政府三个领域。从世界范围看，不同国家对三个领域的作用有着显著区别，分别对应不同的供给模式。具体分为三种供给模式：

（1）社会主导型

这种公共文化服务供给模式以社会为主导，政府仅发挥引导作用。在市场型供给模式下，政府对文化市场秩序进行规划时采用的是法律方式，而不是行政方式。这一模式以美国政府最具代表性。美国奉行自由主义价值观，认为政府不应对社会事务过多干预，对文化事业实行间接管理，同时政府没有专门管理文化事务的机构，中介组织代表政府行使部分职能。美国对文化事业的资助，主要通过法律法规和政策杠杆来引导和鼓励社会中介组织对文化事业进行投资。根据法律，美国政府不直接对文化机构拨款，而是通过国家艺术基金会等社会中介组织对文化机构进行赞助；拨款对象也是那些非营利性文化艺术团体，而商业性团体无法获得赞助。此外，美国政府提供的拨款数额也是有限的，一般不会超过项目总额的50%，其余部分必须通过政府以外的机构获得。

（2）伙伴关系型

这种公共文化服务供给模式主要是利用相应的中介组织和机构等向公众提供公共文化服务，对各种文化资源进行分配，开展各项事务的管理工作。政府的文化投入主要通过政府委托的非政府组织（或是准官方机构）来进行，政府文化主管部门对非政府组织不存在行政隶属关系，奉行“一臂之距”的原则，独立运作。一般情况下，中介组织或机构等均属于半官方性质，具有较强的专业性，能够自主开展服务工作。这种供给模式以文化服务资源得以合理供给为基础，在对公共文化服务工作进行管理的过程中由政府及社会组织共同参与。一方面减少了政府机构的行政事务，保证了工作的高效运转；另一方面政府不直接与文艺团体发生联系，降低了管理风险。这一模式以英国政府最为典型。英国也建立统管文化事业的行政部门——文化、新闻和体育部，负责全国的公共文化事业。

（3）政府主导型

这种公共文化服务供给模式是指政府历年来对文化事业提供充足的资金保障，对一些国家文化机构、艺术团体每年给予固定补贴。政府对公共文化的投入采取直接拨款的方式，同时也对一些重要文化活动给予直接资助，其中公益性文化单位的经费完全由政府承担。在这种供给模式下，中央政府以及各级公共部门在公共文化服务供给体系中占据主导地位；相对而言，私人机构或是一些公益性组织则属于从属单位。政府主导下的供给模式的最大特征就是在中央政府及各级政府中均设立了文化主管部门，并且设置了相应的行政管理机构，中央所设立的文化部和各级政府所设立的文化行政机构在行政方面存在隶属关系。这一模式以法国政府为代表。法国在中央政府设立了文化和通讯部来统管全国公共文化事业。

2.3.2　公共文化服务的政府供给

公共文化服务的政府供给主要体现在资金、设施、人才的供给上，即通常所说的人、财、物三个方面的保障。

（1）财政资金供给

政府对公共文化事业进行财政投入，一定程度上解决了市场失灵的问题，但也存在效率低下、政府部门自我扩张、提供的产品和服务与社会公众需求脱节等问题。要想解决好财政资金投入问题，应着力从这几个方面入手：一是建立现代公共财政模式，创新财政投入方式和管理方式，将公共财政对公共文化事业的资助模式逐步从直接拨款向项目投资、购买服务方向转变，根据对公众提供服务的质量和数量确定财政补贴的数额，逐步提高具有激励性质的经费投入比例；二是借鉴“一臂之距”的管理模式，探索建立公共文化基金，以规范的方式通过项目申报、专家评审和社会公示等制度，面向全社会文化机构和个人进行资助，提高和扩大资金使用的透明度和覆盖面；三是建立公共文化财政投入的绩效管理制度，通过强化成本核算，使资金投入、资源配置、权力赋予与服务绩效挂钩，同时引入第三方评估机构和公众满意度调查机构，提高绩效管理的公信力，推动公共文化服务机构不断提升服务的质量和效能。

（2）基础设施供给

公共文化基础设施建设是公共文化服务体系的基础。评价基础设施的主要指标，不是基础设施的数量，而是公共文化服务设施的覆盖率。第一，要加大投入力度，加快文化设施建设。在群艺馆、文化馆、图书馆等建设的基础上，加强社区和居民小区配套文化设施建设，发展文化广场等活动场所。努力实现县县有图书馆、文化馆的目标，农村地区要因地制宜建设乡镇文化站和图书室；地广人稀的偏远地区和农牧区要积极发展流动文化大篷车、流动图书馆、流动文化剧场等。第二，要加强城乡规划和设施用地管理。文化设施用地除了具有一般城市土地属性，还具有公共性和社会性。为此，政府文化部门要和城乡规划部门搞好协调，在城市建设中统筹公共文化设施用地建设。对现有的基层文化设施用地，不得随意改变用途。特别是在公共图书馆、文化馆的规划建设中，要严格落实相关法律法规有关服务半径、覆盖面积、建设规模等方面的政策规定。第三，要认真做好公共文化基础设施的设计、建造。首先，各级规划部门要加强指导和监督，使公共文化基础设施建设与城镇整体风格相适应，更好地满足社会公众的公共文化需要。其次，在公共文化基础设施建设施工过程中，相关部门要严格落实勘察、设计、施工、监理、招标代理工作标准，加强对工程质量的全过程监管，把好工程质量关。最后，研究制定配套的政策措施，鼓励并支持社会力量参与公共文化基础设施建设，进一步推动公共文化基础设施建设的快速发展。

（3）人才队伍供给

公共文化服务人才主要包括公共文化服务管理人员、公益性文化机构服务人员、基层业余文化工作者和志愿者，这是公共文化服务的重要人力资本。做好人才队伍供给工作主要有四点：一是要落实相关编制政策，加强公共文化服务机构的队伍建设，配齐配强基层公共文化服务专业工作人员队伍，切实保障基层人员的工资待遇，动员和鼓励各方面人才特别是大中专毕业生投身于基层公共文化事业，从而引导优秀人才向基层流动。二是深化文化事业单位体制改革，建立权责清晰、分类科学、监管有力、符合文化事业单位特点的人事管理制度。在深化文化事业单位体制改革的过程中，相关部门要克服文化事业单位人才管理的“官本位”思想和官僚主义，不断健全人才开发、评价发现、选拔任用、激励保障等各项工作机制，构建科学、开放、灵活、高效的人才发展机制。三是加强人才引进，制定人才引进优惠政策，优化公共文化服务队伍的人员结构。加大对文化人才的培养力度，一方面与高等院校合作培养专业人才；另一方面建立定期培训制度，加强基层文化从业人员的轮训，不断提高综合素质和服务技能。四是建立并用好志愿者队伍。文化志愿者在从事文化艺术辅助服务中发挥了重要作用，是公共文化专业人才队伍的有益补充。通过发展志愿者队伍，带动和影响更多的人参与到基层公共文化服务事业中来。这样既能弥补专职人员的不足，也能发现和培养有志于从事公共文化服务事业的人员，还能提高全社会参与公共文化事业的积极性。

2.3.3 公共文化服务的社会化供给

公共文化服务的公共属性，决定了政府是其主要的供给主体。但由于政府的职能和资源有限，决定了政府在公共文化服务的供给过程中不可能“包打天下”，所以必须鼓励和引导社会力量，形成政府和社会化供给的良性互动，使两者互为补充，最终形成良性循环。政府作为责任主体，不仅表现在直接对公共文化服务资金投入方面，动员、引导、管理社会力量参与公共文化服务事业也是另一种形式的供给责任。在依托政府公共服务机构的基础上，积极引导社会组织和市场组织进入公共文化服务领域，推动公共文化服务社会化发展，将极大地促进公共文化服务体制机制创新，形成公共文化服务体系的多元共建格局。那么，政府如何做好公共文化服务的社会化供给呢？具体有以下几个方面：

（1）促进服务供给主体多元化发展

其一，要加快推动政府职能的转变，改变传统公共文化服务模式，调节因垄断公共服务导致的市场失灵，将原本由政府机构行使的部分公共管理职能和公共服务职能，转移给非政府、非营利性组织等社会力量承担，探索公共文化服务的多元互补模式，以减轻政府负担，提高公共文化服务供给的多元化、多层次需求。其二，要根据不同属性的公共文化服务配置不同的服务主体。比如，图书馆等基本公共文化服务单位，由于其具有非排他性和非营利性，市场主体不愿意或者难以提供服务，这就使得政府组织或社会组织更适合作为其服务主体；对一些高端文化艺术消费等非基本文化服务，则可采取市场化方式，如采取用者付费、特许经营、合同外包等市场化运作模式，形成公共文化服务多元并存、竞争发展的格局。

（2）推动文化事业单位改革

图书馆、博物馆、文化馆等文化事业单位作为政府提供公共文化服务的主体，在发挥供给作用的同时，不可避免地会出现行政化倾向明显、工作效率偏低、灵活性不足等问题，严重抑制了社会公共文化服务的活力。因此，要加大文化事业单位市场化改革力度，推进文化艺术、新闻出版、广播电视等领域的事业单位转企改制，解决效率低下、活力不足的问题；还要加快推进文化事业单位的社会化改革，推动民办非企业单位的快速发展；进一步加强制度建设，制定可行的产权、人事、组织、管理运行等配套政策，按照“提供公共产品、组合社会资源、享受优惠政策、吸收志愿人员、构筑法律支持、实行科学管理”的发展思路，积极推动文化事业单位向社会组织转化，以达到社会力量成为举办非营利性机构的主体、非营利性机构的收入主要来自社会、非营利性机构成为社会服务的主要创新源泉的目标。

（3）促进社会文化组织发展壮大

推进社会管理体制创新，深化社会组织登记管理制度改革，修订相关法律法规，简化手续、降低门槛、规范管理、提升质量，建立社会组织登记管理长效机制，为社会文化组织的发展提供制度保障；加快转变政府职能，重视发挥社会文化组织服务、管理、自律作用，积极扩展社会文化组织的发展空间；探索建立社会文化组织孵化基地，通过完善政府购买服务体制机制，明确购买服务的范围、标准和方式，加大政府对社会文化组织的政策扶持力度；推动社会文化组织以章程为核心的制度建设，完善内部管理制度，积极承接政府转移职能项目，准确把握社会需求和市场发展动向，扩大社会合作范围，提高获取社会资源的能力和自我发展水平。

（4）强化全流程监管，确保公共利益得以实现

为避免在公共文化服务社会化过程中出现市场失灵、志愿失灵等现象，公共文化服务无效供给，以及损害公共利益的情况，在推动公共文化服务社会化过程中，政府一定要加强社会化运作的监管。首先，要从保障公民基本文化权益入手，以维护公共利益为公共文化服务的价值准则，即以党的十七届六中全会提出的坚持政府主导，按照公益性、基本性、均等性、便利性的要求，加强文化基础设施建设，完善公共文化服务网络，让群众广泛享有免费或优惠的基本公共文化服务，确立公共文化服务的内涵、范围和标准；其

次，由政府相关部门牵头成立社会化运作监管委员会，通过中期考核、需求调查、满意度调查等形式对服务项目进行评估检查；最后，探索建立科学合理的社会化运作信息发布机制、项目运作机制、服务绩效评价机制、结算支付机制，对相关社会化组织开展定期评估，以提高社会化运作的规范监管水平，促进公共文化服务社会化健康发展。

3　我国公共文化服务体系的发展

从国家层面看，我国公共文化服务体系建设经历了一个逐步推动、逐步完善的过程。2006 年 3 月，第十届全国人民代表大会第四次会议表决通过《中华人民共和国国民经济和社会发展第十一个五年规划纲要》，提出“加大政府对文化事业的投入，逐步形成覆盖全社会的比较完备的公共文化服务体系”。2006 年 10 月，党的十六届六中全会明确提出要更加完备基本公共服务体系。2007 年 8 月，中共中央办公厅、国务院办公厅下发《关于加强公共文化服务体系建设的若干意见》。党的十八大以来，党中央把加快构建现代公共文化服务体系纳入全面深化改革全局来谋划部署，并相继出台一系列政策文件。随着公共文化服务体系建设被纳入党和国家重要决策，在相关政策和配套措施的支持下，我国公共文化服务体系建设进入快速发展时期，并取得了重要成就。

3.1　我国公共文化服务体系建设成就

建设公共文化服务体系，是全面建成小康社会的重要内容，也是建设社会主义文化强国的基础性工程。近年来，在党中央、国务院的重视下，各级政府对公共文化服务体系的认识逐步提高，从政策、措施、资源、创新等各个方面加大建设力度，公共文化服务体系建设进入大发展时期，各个方面的建设逐步健全和完善，人民群众基本文化权益的保障程度得到较大幅度提高。我国公共文化服务体系建设取得的主要成就体现在以下几个方面：

1. 公共文化服务体系的战略地位大幅提升

近年来，由于国家明确将公共文化服务作为政府应当提供的公共产品以及必须履行的政府职责，所以公共文化服务体系建设在我国文化建设中的战略地位获得大幅提升。同时国家层面相继出台一系列促进公共文化体系建设的相关规划和具体政策，形成了政策层面的顶层设计，现代公共文化服务体系的制度框架基本完成。根据国家文化发展纲要和中央关于构建公共文化服务体系的要求，全国各级地方党委和政府高度重视，积极跟进，纷纷出台本地区实施意见和建设规划。特别是自 2011 年国家公共文化服务体系示范区（项目）创建工作在全国范围内启动，很多城市纷纷推出自己的公共文化服务体系建设规划，并积极参与示范区（项目）创建工作，使得公共文化服务在各地文化建设中的战略地位大幅提升。此外，全国各地公共文化服务体系建设中的一个亮点工作就是对公共文化服务实行重大项目建设，比如近年来国家开展了“广播电视村村通”工程、“农家书屋”工程等。各个地方根据本地区实际情况，推出了自己的公共文化建设项目，公共文化服务体系建设越来越受到地方各级政府的重视。

2. 公共文化服务经费投入稳步增长，服务设施建设力度不断加大

财政经费保障是公共文化服务体系建设最为关键的保障因素，公共财政的支持力度，往往决定了公共文化服务建设的水平和质量。近年来，国家对公共文化服务的经费投入逐年增长，各项支出明显上升。2021 年 7 月 5 日，国家文化和旅游部发布的《中华人民共和国文化和旅游部 2020 年文化和旅游发展统计公报》显示，2020 年，全国文化和旅游事业费 1088.26 亿元，比 2019 年增加 23.51 亿元，增长 2.1%；全国人均文化和旅游事业费 77.08 元，比 2019 年增加 1.01 元，增长 1.3%（如图 1 所示）。

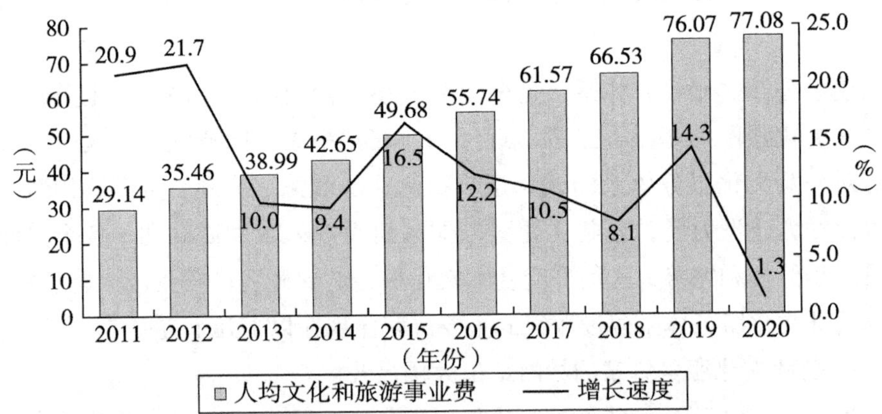

图 1　2011—2020 年全国人均文化和旅游事业费及增速情况

2020 年在全国文化和旅游事业费中，县以上文化和旅游事业费 501.0 亿元，占 46.0%，比 2019 年下降 2.5 个百分点；县及县以下文化和旅游事业费 587.3 亿元，占 54.0%，比 2019 年提高了 2.5 个百分点（如表 1 所示）。

表 1　　全国文化和旅游事业费按城乡和区域分布情况

项目		1995	2000	2005	2010	2015	2018	2019	2020
全国		33.4	63.2	133.8	323.1	686.0	928.3	1065.0	1088.3
总量（亿元）	#县以上	24.4	46.3	98.1	206.7	352.8	425.0	516.9	501.0
	县及县以下	9.0	16.9	35.7	116.4	330.1	503.4	548.1	587.3
	#东部地区	13.4	28.9	64.4	143.4	287.9	416.2	478.2	491.6
	中部地区	9.5	15.1	30.6	78.7	164.3	232.7	265.3	269.8
	西部地区	8.3	13.7	27.6	85.8	193.9	242.9	278.0	301.6
全国		100	100	100	100	100	100	100	100
所占比重（%）	#县以上	73.2	73.4	73.3	64.0	51.7	45.8	48.5	46.0
	县及县以下	26.8	26.7	26.7	36.0	48.3	54.2	51.5	54.0
	#东部地区	40.2	45.7	48.1	44.4	42.1	44.8	44.9	45.1
	中部地区	28.6	23.8	22.9	24.3	24.1	25.1	24.9	24.8
	西部地区	24.9	21.7	20.6	26.6	28.4	26.2	26.1	27.7

全国文化设施建设的投入力度不断加大，全国公共文化设施建设成效显著。公共图书馆、文化馆、博物馆等各类文化设施的数量不断增加，环境设施不断改善，人均使用面积逐年增长。文化和旅游部数据显示，截至 2020 年年底，全国共有公共图书馆 3212 个，比 2019 年年底增加 16 个；全国公共图书馆实际使用房屋建筑面积 1785.77 万平方米，比 2019 年年底增长 12.2%；全国平均每万人公共图书馆建筑面积 126.49 平方米，比 2019 年年底增加 5.09 平方米；全国人均公共图书馆藏量 0.84 册，比 2019 年年底增加 0.05 册。如图 2 所示。

截至 2020 年年底，全国共有群众文化机构 43687 个；实际使用房屋建筑面积 4677.45 万平方米，比 2019 年年底增长 3.5%；业务用房面积 3387.89 万平方米，比 2019 年年底增长 2.8%；全国平均每万人群众文化设施建筑面积 331.32 平方米，比 2019 年年底增长 2.66%（如图 3 所示）。

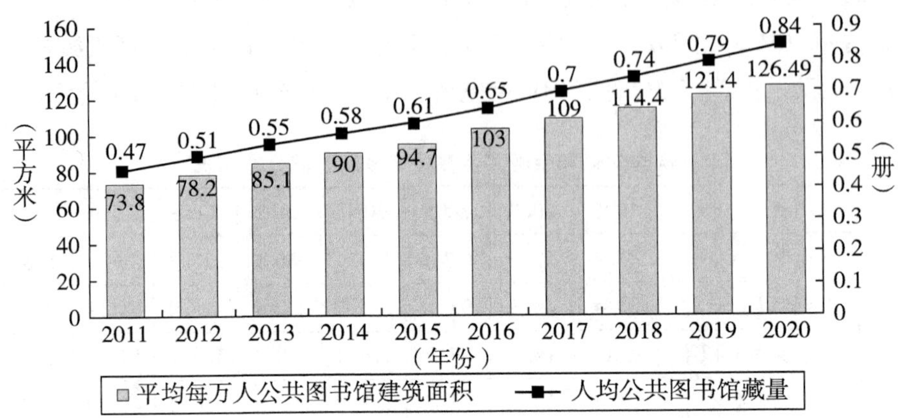

图 2　2011—2020 年全国公共图书馆人均资源情况

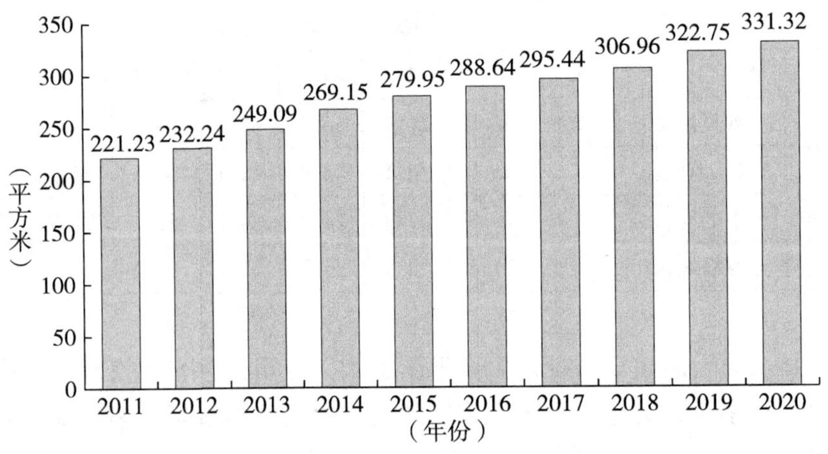

图 3　2011—2020 年全国平均每万人群众文化设施建筑面积

3. 公共文化服务体系建设标准和服务标准不断健全完善

标准化是规范公共文化服务体系建设的重要手段，具体来说就是对公共文化服务的具体内容进行目标管理和量化管理。近年来，从中央到地方，公共文化服务标准化建设取得可喜成绩，中央有关部门连续出台《公共图书馆建设标准》《公共图书馆建设用地指标》《文化馆建设用地指标》《文化馆建设标准》《乡镇综合文化站管理办法》等一系列规范性文件。2012 年 5 月 1 日，《公共图书馆服务规范》（GB/T 28220—2011）正式实施，公共文化机构设施建设标准体系日益完善，服务运作日益规范。

地方各级政府在公共文化服务标准化建设上也相继出台了很多系统性政策规范，公共文化服务体系建设标准框架逐步形成。例如，上海市出台了《上海市社区文化活动中心基本配置要求》等；山西省实施的文化系统公共文化服务标准，涵盖公共图书馆、文化馆、农村公益电影、非物质文化遗产保护、传统文化节目活动五大类；浙江省推出全国首个农村公共文化服务评估指标体系，包括政府投入、设施建设、队伍规模、公共服务、社会参与和文化惠民创新等7个方面23个指标。

4. 公共文化设施全面实现免费开放

公共文化设施免费开放是公共文化服务公益性的基本要求。2011年年初，文化部、财政部联合出台了《关于推进全国美术馆、公共图书馆、文化馆（站）免费开放工作的意见》，推动全国各级“三馆一站”免费向公众开放。中央财政按照地市级馆每年50万元、县级馆每年20万元、乡镇（街道）综合文化站（中心）每年5万元的基本服务经费补助标准，向西部地区补助80%，中部地区补助50%，东部地区“以奖代补”，2011年共落实免费开放保障经费18.22亿元。截至2011年年底，全国各级文化文物部门归口管理的公共博物馆、纪念馆有2115座陆续向社会免费开放，全国2952个公共图书馆、3285个文化馆、34139个乡镇综合文化站实现无障碍、零门槛进入，公共空间设施场所全部免费开放，所提供的基本服务项目全部免费。此外，文化部还会同财政部、教育部、中华全国总工会、共青团中央、全国妇联、中国科学技术协会等相关部门，共同推进科技馆、工人文化宫、青少年宫、妇女儿童活动中心免费开放工作。

按照中央有关部门统一部署，各级文化行政部门和公共文化机构迅速行动，加快推进公共文化设施免费开放工作：一方面，制定免费开放时间表，根据本地区实际情况，逐步推进场馆开放工作；另一方面，进一步提高服务质量和服务水平，确保费用减免、服务不减。比如，江苏省要求场馆免费开放后，各级图书馆、文化馆提供的服务项目不少于10项，乡镇（街道）综合文化站（中心）提供的服务项目不少于6项；重庆市对公共文化场所免费开放的设施和免费服务项目均作出明确规定。有的地方政府对免费开放经费保障进行专门规定。比如，安徽省明确省级公共文化场所免费开放的经费全部由省级财政负担；湖南省、山东省、内蒙古自治区等地要求对公共文化场所的对外出租场地进行限期收回。

5. 重大公共文化工程实施成果显著

为了推动公共文化服务体系建设深入开展，国家确定了一批涉及国计民生的重大文化项目，由中央有关部门牵头、各地有关部门协作配合，在全国范围内统一部署实施。近年来，国家先后开展了全国农村“广播电视村村通”工程，着力解决广大农村地区听广播看电视的问题；开展“全国文化信息资源共享”工程，着力推动全国数字化信息资源共建共享；开展“乡镇综合文化站和基层文化阵地建设”工程，着力满足广大农村和城市社区等基层公共文化需求；开展“农家书屋”工程，着力解决全国广大农村地区看书读报难的问题；开展“农村电影放映”工程，通过数字化设备解决农村地区看电影难的问题；还有适应科技发展的公共数字文化工程等。一系列重大文化工程的顺利推进，极大地促进了全国公共文化体系建设的深入开展。

6. 城乡公共文化服务一体化逐步形成

农村文化是我国公共文化服务体系建设的重点。在中央层面，国家制定出台了《关于进一步加强农村文化建设的意见》，全国各地根据本地区实际相继出台实施意见和推进细则。在中央统一推动下，各地有关部门通力合作，以促进城乡基本公共文化服务标准化均等化为抓手，把农村文化建设摆在优先位置，繁荣兴盛农村文化，推动城乡文化发展一体化，取得了显著成绩。农村文化和城乡文化一体化建设成果具体表现在三个方面：一是持续加大农村文化的投入力度。中央财政设立了中央补助地方公共文化服务体系建设专项资金，统筹支持地方提升公共文化服务水平。据文化和旅游部统计，“十三五”期间，中央财政为乡镇（街道）综合文化站（中心）安排免费开放补助资金达58.54亿元；安排公共数字文化建设项目补助资金28.11亿元，使得公共数字文化工程取得长足进步，其中仅数字资源总量高达1274TB。组织实施贫困地区村文化活动室设备购置项目，中央财政安排补助资金22.63亿元，按照每村2万元的标准，为贫困地区839个县的村文化活动室购置音响、乐器等设备。拓展渠道，鼓励社会力量参与公共文化服务，加大各级政府购买公共文化服务的力度，各地购买资金投入持续加大，购买内容日益丰富。积极探索农村地区公共文化设施社会化运营，从全国范围看，由社会力量运营的乡镇文化站达700个，村（社区）文化中心达9216个。① 二是农村文化活动方式越来越多样化。文化和旅游部牵头组织开展为老百姓服务、为基层服务的文艺活动。举办中国农民丰收节庆祝、广场舞展演和“全国乡村春晚百县万村网络联动”等丰富多彩的全国性活动。特别是近年来开展的“乡村春晚”活动，在全国各地影响深远，极大地丰富了基层群众精神文化生活，起到了传承年俗文化和培育乡村文化新风尚的巨大作用。三是城乡一体化进展顺利，公共文化服务向均衡、均等方向发展。比如，广东省专门出台了相关文件，对文化体育均等化作出明确要求；四川省成都市等地专门出台基层文化建设的文件，构建基层文化阵地全覆盖，人民群众基本文化权益全保障的公共文化服务体系。

7. 公共文化服务均等化程度显著提高

从中央层面看，国家不断加大推进公共文化服务均等化政策支持力度。2017年3月1日，《中华人民共和国公共文化服务保障法》（以下简称《公共文化服务保障法》）正式实施，作为公共文化服务的专门保障法律，该法重点提出了增加农村地区公共文化产品供给，促进城乡公共文化服务均等化的具体规定，为促进公共文化服务均等化提供了强有力的法治保障。中共中央办公厅、国务院办公厅先后印发了《关于加快构建现代公共文化服务体系的意见》《国家“十三五”时期文化发展改革规划纲要》等文件，对促进公共文化服务均等化提出了明确要求。文化和旅游部联合中央有关部门先后制定出台了《农家书屋深化改革创新 提升服务效能实施方案》《关于提高基层文化惠民工程覆盖面和实效性的意见》等政策文件，对加强农村文化建设，促进公共文化服务均等化作出具体安排。按照中央推动基本公共文化服务均等化的要求，各地文化部门以农民、进城务工人员、老年人、未成年人、下岗失业人员、低收入群体、残障人群等特殊群体为对象，积极推动公共文化资源向特殊群体倾斜，通过政府采购、专项补助、发放文化消费券等方式，全面推动公共文化服务均等化，进一步提高公共文化供给能力。

8. 公共文化服务体制机制创新取得重要成果

公共文化服务体制机制创新是推进公共文化服务质量提升的重要途径和

---

① 来源：中华人民共和国文化和旅游部发布的《文化和旅游部关于政协十三届全国委员会第三次会议第2120号（文化宣传类099号）提案答复的函》。

有效抓手。各级公共文化主管部门积极作为，勇于探索，在推动公共文化服务体制机制改革和公共产品创新方面取得了重要成果。文化和旅游部为了鼓励全民文化创新，专门设立了文化部创新奖，在全国范围内开展评选活动，并由此带动全国公共文化服务创新活动的开展。公共图书馆领域创新的最大成果就是实施了总分馆模式，全国范围内出现了上海中心图书馆模式、嘉兴模式、深圳模式、东莞模式等不同类型的总分馆实践模式。这种实践模式最大的特点就是秉持共同建设的理念，即努力实现公共图书馆布点区域平衡，所有公共图书馆共享资源。其间，还出现了跨系统的辽宁模式和跨区域的杭州－嘉兴－宁波模式，将公共图书馆服务延伸到教育、科技等领域，实现了城际服务对接，拓展了公共图书馆的服务范围。

9. 新技术在公共文化服务领域得到广泛应用

随着科技日新月异的发展，互联网、新媒体等一批新技术在公共文化服务领域得到了广泛应用。《公共文化服务保障法》中专门就科技在公共文化服务中的作用做出规定，提出要推动运用现代信息技术和现代传播技术，以提升公众的科学素养，进一步提高政府的公共文化服务水平。近年来，移动互联网飞速发展，微博、微信、抖音等新媒体不断成为年青一代的主要社交工具，因此公共文化服务要善于借助这些新技术、新媒体，不断加大网络基础设施建设力度，实现繁荣公共文化、满足民众文化需求的目标。特别是随着5G时代的到来，我国5G网络建设走在世界前列，我们可以看到随着核心技术在未来各领域的广泛应用，公共文化服务将再上新台阶。此外，AI、AR、OR等技术，也会为公共文化服务方式带来革命性影响。公共文化服务要充分利用互联网相关技术，不断抓住公共文化服务领域的新机遇，优化人民群众在公共文化服务领域的体验。

3.2 我国公共文化服务体系建设存在的主要问题

我国公共文化服务体系建设虽然取得了一些成绩，但总体来看，由于文化建设底子薄、基础差、欠账多，公共文化服务体系建设还存在诸多问题。随着我国经济社会发展进入新时代，人民对美好生活的需求不断增多，享有更高品位文化生活的呼声日益高涨，这使得当前文化需求和文化供给之间的结构性矛盾越来越突出。从现实情况看，目前我们基本解决了“缺不缺、够不够”的问题，但“好不好、精不精”的问题则越来越突出，我们能够提供的高品质公共文化服务还比较缺乏。

1. 基础薄弱，文化投入与公共文化需求存在较大差距

总体来看，我国的公共文化服务体系建设虽然取得了长足进步，但还是属于偿还“历史欠账”“补课”的补偿性发展。从国家财政投入情况看，尽管国家对公共文化的投入逐年加大，但由于文化建设经费底子薄、基数低，财政投入的增长与文化发展的需求之间仍有不小差距。从近年全国财政支出情况看，尽管国家不断加大公共文化方面的支出，但文化旅游体育与传媒支出占比长期保持在1.8%左右，与发达国家相比仍有很大差距。据财政部发布的消息，2020年全国文化旅游体育与传媒支出为4233亿元，占全国财政总支出（245588亿元）的1.72%，同比增长3.6%。由于财政投入总量不高、增幅不足，群众能够享受到的公共文化资源相对不高。从公共文化设施看，经过多年持续建设，我国省、市、县、乡各级实现了公共文化设施的“全覆盖”，但越往基层尤其是在一些城乡接合部、相对贫困地区、部分少数民族地区和个别边疆地区，覆盖效果往往不尽如人意。据统计，截至2019年年底，全国仍有405个县级公共图书馆建筑面积小于800平方米，占县级公共图书馆总数的14.6%；全国有4800多个乡镇（街道）综合文化站建筑面积小于300平方米，占文化站总数的14.2%。从公共文化服务人员队伍看，尽管人员总量近年来不断增加，但结构性问题依然突出，特别是基层专职人员数量严重不足，一些地方由于待遇偏低，人员流失严重，限制了公共文化整体服务质量的提升。

2. 发展不平衡，均等化程度不高，公共文化服务体系结构性失衡

我国公共文化服务的不平衡首先表现为区域性发展不平衡，东西部差距较大，城乡差别明显。一直以来，受地方经济发展水平影响，东部地区文化旅游体育与传媒支出一直遥遥领先于中西部地区。2020年，全国文化和旅游事业费为1088.26亿元。其中，东部地区文化和旅游事业费为491.62亿元，占45.1%；中部地区文化和旅游事业费为269.78亿元，占24.8%；西部地区文化和旅游事业费为301.64亿元，仅占27.7%。[①] 与投入相关联，地区之间

① 来源：中华人民共和国文化和旅游部发布的《中华人民共和国文化和旅游部2020年文化和旅游发展统计公报》。

的文化资源拥有量也有较大差距。特别是在基层文化单位，一些县级公共图书馆甚至全年都没有购书经费支出。除此之外，不同受众群体享受的公共文化资源也存在差距，如一些地方缺乏专门面向老人、少年儿童、残障人士、农民工等弱势群体和边疆少数民族地区群众的公共文化体育资源，一些地方没有把农民工、新市民等群体纳入城市公共文化服务体系，国家现有的公共文化服务政策在个别地方尚未全部得到落实。

3. 公共文化服务质量不高，文化资源效益发挥不充分

近年来由于经济发展迅速，广大人民群众的物质生活水平不断提高，精神文化需求也在快速增长，人们对公共文化产品和公共文化服务的需求呈现多样化趋势。但现实情况是一些地方公共文化产品种类数量少、文化资源效益发挥不充分、公共文化服务质量不高。具体表现在三个方面：一是服务内容单一。对于公共文化服务应该向群众提供哪些文化产品，各级政府部门和文化单位都没有明确标准。当前在城市社区开展的文化进社区活动，在农村地区开展的送戏、送书、送电影下乡等活动，由于内容单一，很难满足群众需求。二是服务方式陈旧。大多数公共文化服务机构还是延续过去多年的服务形式和手段向群众提供服务。比如大多数文化场馆还是停留在开馆、闭馆，等待群众上门的层面，没有主动迎合贴近群众需求，没有提高场馆利用率。三是服务效益低下。由于经费和人员的双重不足，公共文化场馆的服务效益不高。“重设施建设，轻管理使用”的问题在不少地方普遍存在，导致一些公共文化体育设施闲置，公共资源没有实现社会效益最大化。

4. 文化体制改革仍需深化，政府提供的公共文化服务绩效不高

尽管自2003年以来公益性文化事业单位改革取得了显著成效，但与改革的目标相比还存在较大差距，特别是在涉及人事及分配制度上，遇到的阻力较大，推进较慢，公益性文化服务没有出现根本性改观。此外，一些地方对文化事业单位改革认识不到位，导致个别改革走入误区，出现了将公益性文化单位转企、撤销机构、减少编制等做法，削弱了公益文化服务力量。一些基层文艺院团转企后，由于市场开拓能力较弱，运营机制落后，没有及时建立盈利模式，生存和发展受到很大压力。

5. 社会组织培育不够，社会资源利用率有待提高

目前，我国文化类社会组织规模整体偏小。民政部的统计数据表明，截至2017年年底，全国共有在册文化类社会组织3.9万个，体育类社会组织

3.0 万个，分别占全国社会组织总数 76.2 万个的 5.1%、3.9%；文化类民办非企业单位 2.1 万个，占全国总数的 5.3%。由于目前国家相关鼓励政策配套措施不到位，一些民办文化组织自身造血功能不足等因素，一些地方的民办文化组织发展前景堪忧。此外，从全国范围看，尽管国家相关部委相继出台过鼓励社会资金进入公益性文化领域的相关规定，但配套政策尚不健全，实际效果并不乐观，民间资金支持公共文化服务的规模效应和持续效应尚未得到有效发挥。

3.3 我国公共文化服务体系建设面临的机遇与挑战

在全面建成小康社会、实现第一个百年奋斗目标之后，我国经济社会发展进入新时代。在新的历史起点，公共文化服务体系建设面临新的形势、新的环境、新的需求，有了新的机遇与挑战。

1. 经济发展方式转变、产业结构调整优化带来的机遇与挑战

公共文化服务体系建设要始终围绕国家经济社会发展的宏观背景，立足于经济社会发展现实。面对新时代，我国经济发展要坚持稳中求进工作总基调，立足新发展阶段，贯彻新发展理念，构建新发展格局，以推动高质量发展为主题，以深化供给侧结构性改革为主线，以改革创新为根本动力，以满足人民日益增长的美好生活需要为根本目的。在此背景下，转变经济发展方式为我国公共文化服务体系建设提出了新的机遇和挑战。一方面，经济发展方式的转变，特别是以文化创意产业等为主体的战略性支柱产业，为公共文化服务提供了更多更好的文化产品，通过政府采购向广大人民群众提供了更加满意的公共文化服务产品；另一方面，公共文化服务水平的提升激发了人们对高品质文化生活的追求，全面提升了人们的综合素质，从而使其具备适应新发展理念和发展方式所要求的科学文化素质、现代技术技能等。

2. 树立文化自信、弘扬社会主义核心价值观带来的机遇与挑战

价值观作为文化的灵魂，涉及人们对生活的意义、目的等终极关怀的理解，也决定着人们的道德理想、思维方式、生活态度乃至审美取向。不同的国家与民族，由于历史传统、国家制度等因素，形成了不同的文化价值体系。一个国家和民族的价值观是文化塑造心灵、引领风尚、服务大众、推动社会健康发展的重要力量，也是国家和民族力量凝聚的源泉，更是一个民族共有的精神家园。党的十八大以来，党中央高度重视培育和践行社会主义核心价值观，为此中共中央办公厅印发了《关于培育和践行社会主义核心价值观的意见》。此举深刻揭示了社会主义核心价值观在文化建设中的重要作用，体现了人们对文化建设规律以及当代意识形态领域错综复杂的博弈与发展状况的深刻认识。构建社会主义核心价值体系，为公共文化服务体系建设提出了重大挑战，也创造了新的发展机遇。公共文化服务不仅满足于提供休闲娱乐，而且要在文化活动的内容设计、文化产品创造生产、文化服务的提供利用方面，始终围绕社会主义核心价值观的构建和民族共有精神家园的营造开展，这是公共文化服务体系建设服务于社会主义文化强国建设的关键。

3. 人民群众基本文化服务需求的快速增长带来的机遇与挑战

随着近年来我国经济的快速发展，城市化进程也在不断加快。自 2011 年开始，我国城镇人口比重首次超过 50%，这意味着我国城市人口结构发生了重大转变，整个社会开始进入以城市社会为主的新阶段。这种转变带来了社会各个方面的深刻变化，特别是生产方式、生活方式、消费方式、价值观念等方面的变化。从公共文化服务角度来看，城市化进程的加快意味着更多的人口居住在城市，人们的文化需求与居住在乡村的时候相比发生了巨大变化。这就要求我国公共文化服务体系建设要主动适应城市化发展需要，着眼于人们文化需求多元化、多样化的实际，进一步丰富服务内容，提升服务品质，创新服务形式，改善服务手段，不断加强公共文化服务的水平和质量，不断加强公共文化产品和服务供给，保障公共文化服务的公平性和均衡性，这是未来公共文化服务体系建设需要着力解决的方向性问题。

4. 加快建设服务型政府带来的机遇与挑战

2010 年我国经济总量已经超过日本，跃居世界第二位，成为全球最具活力和影响力的发展中经济体。在这种经济形势下，公共文化服务体系建设也有了更加雄厚的财力保障。近年来，我国各级政府对公共文化服务的投入不断加大，建设公共文化服务型政府的步伐越来越快。显而易见，经济实力的增强对公共文化服务体系的建设也带来了机遇与挑战，主要表现在两个方面。一是要努力提高文化投入的效益。多年来，我国公共文化服务投入一直存在效益不高的问题，这也是当前各级政府开展公共文化服务投入积极性不高的重要原因之一。随着投入规模越来越大，如何进一步提高财政投入的综合效益，让全国纳税人的钱花得更值得、更有针对性，即“把钱花到刀刃上”，这是当前各级政府面临的一个重要挑战。二是合理划分中央和地方各级政府的事权和责任。根据我国实际情况，中央政府和地方各级政府在不同公共事务上有着不同的事权和财权，也有着不同的职能与任务。在建设公共文化服务体系过程中，中央政府和地方各级政府要进一步处理好各级政府的层级关系，区分好不同层级政府在建设公共文化服务体系中的职责和作用，并做到事权、财权相匹配，共同建设好公共文化服务体系。

5. 缩小城乡差距、促进区域平衡发展带来的机遇与挑战

由于我国各地经济发展水平不尽相同，南北方、东西部地区经济社会发展存在一定差距，因此在推动区域均衡发展、实现城乡公共文化服务均等化方面还有很多工作要做，这也给做好公共文化服务体系建设带来新的机遇和挑战。一是国家在制定出台涉及重大公共文化政策措施的时候，要充分考虑城乡差距、地区差距的现实情况，特别是涉及文化类转移支付项目、重大文化政策时，要避免不切实际的“一刀切”；二是全国各地在制定发展目标时，要根据当地的财政收入状况，以及自身能够提供的公共文化服务水准和基本公共文化服务品类等方面的实际情况，合理、适当地确定本地区的发展目标，不能好高骛远，脱离实际；三是全国各地公共文化服务体系建设要因地制宜，统筹考虑文化传统、人口差异、风俗习惯等诸多因素，特别是要结合本地区公共文化需求，生产适合本地区的公共文化产品，采用适合本地区的公共文化服务模式，从而形成具有本地特色的公共文化服务体系。

6. 新技术、新媒体迅猛发展带来的机遇与挑战

近年来，网络技术、数字技术和新媒体技术日新月异，为公共文化产品的生产、组织、提供、传播和消费各个环节提供了技术支撑和技术创新空间，也给公共文化服务体系建设带来新的机遇和挑战。国家从战略发展角度已经多次对信息化建设发展做出部署，要求改善文化信息服务，加快文化信息资源整合，加强公益性文化信息基础设施建设，完善公共文化信息服务体系，将文化产品送到千家万户。公共文化服务体系建设不仅要有固定的设施体系、流动服务体系，还要有数字服务体系；公共文化机构不仅要有传统的服务方式和手段，还要有数字资源提供能力和远程服务能力。在公共文化服务体系建设中如何实现文化和科技的结合，如何利用新技术、新媒体突破公共文化服务的时间、空间限制，为广大人民群众提供更加便利、更加丰富的公共文化服务，是当前公共文化服务体系建设面临的一项紧迫任务。

3.4 我国公共文化服务体系建设方向

当前，我国已经进入国民经济和社会发展第十四个五年规划时期，经济和社会发展进入新的历史阶段。公共文化服务体系建设在国家“五位一体”总体布局和“四个全面”战略布局中占有重要地位，是中国特色社会主义文化建设的重要内容，也是建设社会主义文化强国的必然目标之一。为进一步推进公共文化服务体系建设，根据《中华人民共和国国民经济和社会发展第十四个五年规划和2035年远景目标纲要》和《“十四五”文化和旅游发展规划》，2021年6月10日，文化和旅游部下发了《“十四五”公共文化服务体系建设规划》①（以下简称《规划》）。《规划》推出8个专栏，详细规划了22个工程项目，进一步确定了“十四五”公共文化服务体系建设的切入点，并从加强组织领导、完善经费保障、加强队伍建设、健全监督管理四个方面，提出了《规划》实施的保障措施，确保各项任务措施落到实处。

按照《规划》的要求，到“十四五”末，国家公共文化服务体系建设要实现的主要目标是：

——公共文化服务布局更加均衡。城乡公共文化服务体系一体建设取得重大突破，城乡协同发展机制逐步健全，城乡公共文化服务差距进一步缩小。公共文化服务在保障人民基本文化权益，促进城乡经济社会发展中的重要作用更加凸显。

——公共文化服务水平显著提高。城乡公共文化服务供给能力进一步增强，基本公共文化服务水平与经济社会发展水平同步提升。公共文化服务质量明显改善。公共文化服务知晓度、参与度、满意度不断提高。

——公共文化服务供给方式更加多元。政府主导、社会力量广泛参与的公共文化服务供给机制更加成熟，来自基层群众的文化创造更加活跃，政府、市场、社会共同参与公共文化服务体系建设的格局更加健全。

---

① 来源：中华人民共和国文化和旅游部发布的《“十四五”公共文化服务体系建设规划》。

——公共文化数字化网络化智能化发展取得新突破。公共数字文化资源更加丰富，国家公共文化云等平台互联互通体系更加完善，智慧图书馆体系建设取得明显进展，公共文化数字服务更加便捷、应用场景更加丰富。

《规划》就进一步抓好公共文化服务体系建设，在七个方面提出了具体任务，并分别明确了具体项目。

1. 推进城乡公共文化服务体系一体建设

（1）深入推进城乡公共文化服务标准化建设。全面落实国家基本公共服务标准，进一步明确现阶段基本公共文化服务范围和标准，强化保障能力。完善和提升省、市、县三级公共文化服务实施标准（服务目录），发挥标准引领作用，进一步完善公共图书馆、文化馆（站）和基层综合性文化服务中心等公共文化机构建设、管理、服务和评价标准规范，健全城乡公共文化服务标准体系。强化标准实施，开展标准实施情况监督检查和评估，提升公共文化服务质量。建立标准动态调整机制，适时调整相关标准。

（2）完善城乡公共文化服务协同发展机制。推进图书馆、文化馆总分馆制建设，提升县级公共图书馆、文化馆统筹协调、组织指导、服务援助能力。积极推动公共图书馆实现免注册借阅，面向全民开展服务。推进城乡“结对子、种文化”，加强城市对农村文化建设的对口帮扶，形成常态化工作机制。创新实施文化惠民工程，引导优质文化资源和文化服务更多地向农村倾斜。积极开展流动文化服务，通过流动舞台车、流动图书车、文艺小分队等形式，把慰问演出、文艺辅导、展览讲座等文化活动内容送到百姓身边。持续实施“戏曲进乡村”活动。实施城乡示范性文化和旅游志愿服务活动，促进城乡志愿服务人员的交流互动和共同提升。

（3）以文化繁荣助力乡村振兴。全面落实乡村振兴战略，健全乡村公共文化服务体系。强化文明实践功能，推动与新时代文明实践中心融合发展。深入开展乡镇综合文化站专项治理，完善效能建设长效机制。因地制宜建设文化礼堂、文化广场、乡村戏台、非遗传习所等主题功能空间。保护利用乡村传统文化。加强“中国民间文化艺术之乡”建设管理，开展“艺术乡村”建设试点，使艺术融入乡土，提升乡村文化建设品质。鼓励开展乡村节日民俗活动，举办“村晚”等群众广泛参与的文化活动。紧密结合美丽乡村建设，培育乡村网红，开展民族民俗文化旅游示范区建设试点，规划打造一批兼具教育性、艺术性、体验性的乡村旅游线路，推进乡村文化和旅游融合发展。

（4）创新培育城市公共文化空间。坚持“人民城市”建设理念，提升城市文化治理能力，营造良好的城市人文环境。推动将公共文化设施建设纳入城市建设总体规划。新建公共文化设施适当向城乡接合部和远郊区县倾斜，补齐薄弱地区建设短板。落实新建改建扩建居民住宅区配套建设公共文化设施要求，编实织密基层公共文化设施网络。加快推动社区文化“嵌入式”服务，将文化创意融入社区生活场景。推动将社区文化设施建设纳入城市更新计划，鼓励社会力量参与，创新打造一批具有鲜明特色和人文品质的新型公共文化空间。

2. 建设以人为中心的图书馆

（1）推进公共图书馆功能转型升级。推动公共图书馆向“以人为中心”转型，将公共图书馆建设成为滋养民族心灵、培育文化自信的重要场所。建设开放、智慧、包容、共享的现代图书馆，充分发挥文献保障和智库作用，建设区域创新文献支持中心。持续优化资源建设方式，完善文献保障体系，提升服务能力，创新服务方式，建设区域性知识、信息和学习中心。优化公共图书馆环境和功能，建设有温度的文化社交中心。探索创新基层图书馆运营模式，结合总分馆制建设，试点推进建设一批管理先进、特色鲜明、与社区融合共生的主题性阅读场所。

（2）广泛开展全民阅读活动。将推动、引导、服务全民阅读作为公共图书馆的重要任务，不断丰富以阅读为核心的综合性文化服务，建设书香社会。围绕世界读书日、图书馆服务宣传周、全民读书月以及重大节庆活动，深入开展系列阅读推广活动。加大党史、新中国史、改革开放史、社会主义发展史等重点出版物的阅读内容引领。树立“大阅读”“悦读”等现代理念，创新活动方式，培育一批具有时代感的城乡阅读品牌。高度重视未成年人阅读习惯培养，进一步丰富亲子阅读活动。实施青少年阅读素养提升计划，推荐一批高质量少年儿童图书。主动适应公众阅读习惯和媒介传播方式变化，通过新媒体广泛开展在线阅读推广活动，吸引更多群众特别是年轻人参与。依托公共图书馆汇聚、培育一批领读者、阅读推广人、阅读社群。推广读者积分激励机制。

（3）加强古籍整理保护和传承利用。结合实施中华文化资源普查工程，深入开展古籍普查，全面掌握海内外古籍存藏情况。加强古籍分级分类保护，完善国家、省级珍贵古籍名录和古籍重点保护单位评选制度。组织实施中华古籍保护计划、革命文献与民国时期文献保护计划、《中华传统文化百部经典》编纂、珍贵濒危古籍抢救保护等项目。会同有关部门做好《永乐大典》、敦煌文献、藏文古籍以及黄河流域、大运河沿线相关古籍的保护修复工作。推进国家文献储备库建设。加强古籍保护数字化建设，实施中华古籍影像数据库、全文数据库、大数据平台等建设项目，促进古籍数字资源便捷使用和开放共享。促进古籍保护成果整理出版，加强古籍再生性保护和揭示利用。加强古籍在公共文化服务中的应用。组织开展古籍知识讲座、展览、互动体验、数字化体验等推广活动，实施中华经典诵读工程和中华经典传习计划，加强古籍创意产品开发，让书写在古籍里的文字活起来。加强古籍保护、传承、利用方面的人才培养工作。

3. 繁荣群众文艺

（1）广泛开展群众文艺创作和活动。充分发挥文化馆在繁荣群众文艺工作中的重要作用，加强现代文化馆建设。坚持深入生活，扎根人民，以社会主义核心价值观为引领，推动各门类群众文艺精品创作。精准把握群众文艺的特点和规律，组织开展重要主题创作，展现百姓生活，表达人民心声，抒写伟大时代。深入开展中国文化艺术政府奖——群星奖评奖工作。积极开展群众文艺创作展演展示活动。健全群众性文化活动机制。在建党100周年等重大节点和“七一”、国庆等重要节日开展主题文艺活动，旗帜鲜明唱响主旋律，弘扬正能量。围绕春节、元宵节、端午节、中秋节等传统节日，创新开展传统民俗文化活动。引导群众文化活动与时俱进，推动内容和形式深度创新。开展百姓大舞台、市民文化节、民歌大会、大众合唱节、广场舞示范展示等群众喜闻乐见的文化活动，形成一批有影响力的城乡群众文化品牌。

（2）实施全民艺术普及工程。扎根时代生活，遵循美育特点，深入开展全民艺术普及工作。将全民艺术普及作为公共文化服务的重要品牌，推动各地设立全民艺术普及周、举办全民艺术节，增强社会影响力。坚持以群众基本文化艺术需求为导向，推进全民艺术知识普及、欣赏普及、技能普及和活动普及，把文化馆打造成为城乡居民的终身美育学校。各级文化馆（站）要将全民艺术普及作为免费开放的重要内容，常年举办公益性文化艺术讲座、展演、展览、展示和培训活动。培育全民艺术普及推广人。搭建艺术普及推广平台，统筹组织艺术考级等社会培训机构开展艺术公益培训和展演展示活动，加强社会艺术普及服务。依托国家公共文化云平台，实现全民艺术普及的线上线下有效联动。推动乡村艺术普及，激发乡村文化活力。组织全民艺术普及成果展示活动。

（3）培育一批扎根基层的群众文艺团队和文艺骨干。尊重人民主体地位，使广大人民群众真正成为文化建设的参与者、展示者、欣赏者、分享者。挖掘选拔一批有热情、有才华的优秀文艺人才，造就一大批本土化的群众文化创作和活动“带头人”。积极培育、发展群众文艺团队。以县为单位建立群众文艺团队、文化骨干信息库。进一步壮大文化馆馆办文艺团队，打造一批在当地城乡群众中有广泛影响的品牌团队。加大对广场舞、合唱等群众自发性文艺团队的扶持引导。建立优秀群众文化团队展示平台，在全国各地培育一批示范性群众文艺团队。鼓励各地对优秀群众文艺团队予以表彰奖励。

4. 增强公共文化服务实效性

（1）提高公共文化服务供给能力。全面落实公共图书馆、文化馆（站）、美术馆免费开放政策，确保“三馆一站”高质量开展基本公共文化服务。积极做好延时、错时和流动服务，完善保障机制。提升公共文化机构的公共安全应急管理能力。公共文化机构可根据实际，优惠提供特色化、多元化、个性化非基本公共文化服务。坚持把社会效益放在首位，推动有条件的公共文化机构盘活文化资源。搭建文创产品展示和营销平台，支持优秀文创产品开发、交流、展示与合作。支持文化艺术和旅游院校参与公共文化服务供给。做好公共文化服务宣传推广，提高群众知晓率、参与率和满意度。

（2）精准对接人民群众文化需求。深入开展供给侧结构性改革，注重需求侧管理。推动建立公共文化产品与服务平台。加快实现文化资源网上配送、场地网上预订、活动网上预约等功能。统筹做好特殊群体公共文化服务供给。面向老年人群体开展数字技能和文化艺术培训，切实解决老年群体运用智能技术困难等问题。支持盲人图书馆等特殊文化服务。组建以兴趣爱好和特长为纽带的高黏性“粉丝”文化社群，构建新型服务与反馈模式。

（3）积极推动公共文化服务融合发展。进一步优化公共文化服务发展生态。结合实际推动公共图书馆、文化馆、博物馆、美术馆等公共文化机构发挥各自优势，形成发展合力。推动文化和旅游融合发展。探索公共文化服务和教育融合路径。完善公共文化服务进校园的常态化机制，完善与中小学的双向融合机制。加强公共文化服务与农业、卫生、科普、民政等领域惠民项目融合发展。

5. 推动公共文化服务社会化发展

（1）深入推进政府购买公共文化服务。举办全国或区域性公共文化产品和服务采购大会，搭建购买公共文化服务供需对接平台。加强购买公共文化服务的监督管理，健全评价约束机制，提升购买服务质量。将推进购买公共文化服务与培育公共文化服务社会化力量结合，建立健全承接主体资质评价机制，提升社会化承接组织服务能力。

（2）创新社会力量参与公共文化服务方式。稳妥推进县以下基层公共文化设施社会化管理运营，对存在人员缺乏等困难的公共文化设施，鼓励通过服务外包、项目授权、财政补贴等方式，引入符合条件的企业和社会组织进行运行或连锁运行。上级文化和旅游行政部门对推行社会化管理运营的公共文化设施加强政治导向审核和质量监管。进一步完善公共文化机构法人治理结构。培育一批具有较高服务水平、管理规范的文化类社会组织。充分发挥图书馆、文化馆等行业协会、学会在行业自律、行业管理、行业研究、行业交流中的作用。

（3）提升文化志愿服务水平。构建参与广泛、形式多样、机制健全、灵活高效的文化志愿服务体系。依托文化馆（站）、图书馆等公共文化机构，开展常态化、多样化的文化志愿服务。持续推进“春雨工程”——全国文化和旅游志愿服务行动计划、“阳光工程”——中西部农村文化志愿服务行动计划、“圆梦工程”——农村未成年人文化志愿服务计划。积极探索线上线下相结合、具有地方和行业特色的文化志愿服务工作模式和服务方式，利用数字化手段提升文化志愿服务水平。开展全国文化和旅游志愿服务项目大赛，组织文化和旅游领域学雷锋志愿服务“四个100”先进典型宣传推选活动。壮大文化志愿者队伍，建立各级文化志愿服务组织，鼓励退休人员、专业文化艺术工作者、文化艺术爱好者、学生等群体参与志愿服务。

6. 推动公共文化服务数字化、网络化、智能化建设

（1）加强数字文化内容资源和管理服务大数据资源建设。持续推动公共文化机构数字资源建设。打造全民阅读和全民艺术普及资源库群。加强地方特色数字资源建设，以数字化、影像化等现代信息技术，以移动互联网和新媒体思维，建设具有鲜明地方特色和较高历史、人文、科学价值，展示中国文化，讲述中国故事的数字资源，弘扬中华优秀传统文化，促进其创造性转化、创新性发展。加强数字文化资源版权保护。推动公共文化大数据管理系统建设。通过数据采集、存储、处理、分析、可视化和系统运维技术，对文化需求预测和内容供给提供有效的技术支持。推动将相关文化大数据资源纳入国家文化大数据体系建设。

（2）加快公共文化网络平台建设。推动实施智慧图书馆统一平台建设，构建统筹协调发展的公共文化云平台体系。积极布局公共文化领域“新基建”，努力建设基于“城市大脑”“城市数据湖”上的智慧文化服务。加强公共文化网络平台与政务服务平台、城市民生服务平台的互联互通，实现数据共享、统一认证。引导公共文化云平台与社会网络平台的合作共享，提升公共文化网络平台的覆盖范围和传播效率。

（3）拓展公共文化服务智慧应用场景。依托新一代信息技术，推动公共图书馆、文化馆（站）实现包括智慧服务、智慧分析、智慧评估和辅助决策等功能在内的智慧化运营。构建公共文化服务用户画像和知识图谱，为差异化服务提供数据支持。强化服务数据采集，提升基层公共文化服务供需对接水平。完善优化包括需求征集、预约预定、点赞分享、在线互动等功能的移动端公共数字服务。鼓励公共文化机构打造有影响力的新媒体矩阵。推广群众文化活动高清网络直播。运用人机交互、虚拟现实、全息影像等信息技术，加强公共文化“沉浸式”“互动式”体验服务。推进“互联网 + 群众文化活动”，培育“云上群星奖”“云上乡村村晚”等数字文化服务品牌。鼓励公共文化机构与数字文化企业对接合作，拓宽数字文化服务应用场景。开展公共文化数字化服务创新案例评选、推广活动。

7. 推进公共文化服务区域均衡发展

（1）积极发挥国家重大发展战略引领作用。推动将公共文化服务体系建设纳入京津冀协同发展、长江经济带、粤港澳大湾区、长三角一体化、黄河流域生态保护和高质量发展、成渝地区双城经济圈等国家发展战略。鼓励相关地区充分发挥国家文化创新引擎作用，建立常态化工作机制，在推动公共文化服务高质量一体化等方面先行先试，率先突破。根据区域发展实际，探索通过组建公共文化机构联盟、共同举办品牌文化活动、共同推出以居民身份证、社保卡等为载体的“惠民一卡通”等方式，在公共文化资源、活动、服务、管理等多个方面实现共建共享，完善区域公共文化资源配置格局，实现供给能力和供给质量全面提升。加大对雄安新区文化改革创新的支持力度，推动国家图书馆在新区设立分馆。

（2）多措并举推动区域协调发展。健全区域协调发展体制机制，在形成西部大开发新格局、东北振兴、中部崛起和东部地区加快现代化过程中，确保公共文化服务体系建设同步推进。在基础设施建设、运营管理、专项资金、人才技术等方面，支持革命老区、民族地区、边疆地区、脱贫地区公共文化服务体系建设。坚持“一县一策”，推动中西部欠发达地区公共文化设施查漏补缺，进一步完善设施网络，鼓励和支持有条件的地方推动公共文化设施提档升级。以铸牢中华民族共同体意识为宗旨，以培育“五个认同”为目标，着眼于少数民族文化的创新发展，在民族地区加强国家通用语言文字和民族语言文字“双语”文化产品和服务供给，鼓励和扶持民族文化产品创作生产。

（3）注重调动激发基层内生动力。进一步完善示范和试点机制，调动和激励基层的首创精神，引导形成基层公共文化服务创新的新格局新风尚。加强国家公共文化服务体系示范区（项目）后续建设和管理工作，推动示范区（项目）创新发展，率先建成为全国公共文化服务高质量发展先行区、样板区。支持地方政府结合实际开展示范县区、镇街创建等活动，打造具有地方特色的公共文化服务示范机制。对重要的改革和制度设计，坚持试点先行，灵活设置试点范围和试点层级，完善试点成果评估反馈机制，有序将基层创新成果和经验向专项政策和行业标准转化。鼓励以县区为重点，打造多样化的区域公共文化服务体系创新模式。遴选和表彰基层公共文化服务创新案例，搭建公共文化服务合作交流平台，逐步放大基层公共文化服务的创新价值。

4 国家公共文化服务体系示范区（项目）创建

国家公共文化服务体系示范区（项目）创建（以下简称“示范区（项目）创建”）是“十二五”期间文化部、财政部联合实施的战略性文化效益工程，这项工作的根本目的是解决各地公共文化服务体系建设的突出问题，探索公共文化服务体系可持续发展的长效机制，为类似地区提供参考和示范，为国家制定相关政策提供实践经验；为进一步发挥典型示范带动作用，调动各级政府积极性，整合各地公共文化服务体系建设成果，研究解决地方矛盾和问题，发挥了重要作用。

4.1 示范区（项目）创建工作基本情况

2010 年 12 月 31 日，文化部、财政部《关于开展国家公共文化服务体系示范区（项目）创建工作的通知》正式印发，启动首批示范区（项目）创建工作。经过严格的程序，2011 年 5 月公布了首批示范区（项目）名单，其中有 31 家单位具备创建示范区的资格。经过两年的建设，2013 年 9 月，首批 31 个国家公共文化服务体系示范区获得称号。在两年的建设周期中，参与示范区（项目）创建的城市把创建工作作为转变发展方式的重大举措，围绕资金投入、设施建设和体制机制改革，推动地方公共文化服务体系实现跨越式发展。文化部和财政部决定于 2017 年 8 月开展第四批国家公共文化服务体系示范区（项目）创建工作。2021 年 5 月 31 日，国家公共文化服务体系示范区（项目）创建工作领导小组办公室公布了第四批示范区（项目）名单。

4.1.1 示范区（项目）创建工作背景

公共文化服务体系建设是中国特色社会主义文化建设的基础性、战略性工作。开展公共文化服务体系建设，对于保障和改善文化民生、维护文化公平、促进社会和谐均具有深远意义，也是建设服务型政府的内在要求。在中央和地方各级党委、政府的共同努力下，我国公共文化服务体系建设蓬勃发展，进入全面推进、全面提升、科学发展的新阶段。但是，与经济社会发展的进程和水平、城乡人民日益增长的精神文化需求和全面深化改革的总体要求相比，一些地方党委和政府对基础设施建设仍不够重视。个别地方存在“等、靠、要”的思想，重视抓经济建设、轻视抓文化建设的问题在一定程度上还存在；公共文化服务经费投入不足，结构不合理，资源缺乏有效整合，没有发挥出整体效益；公共文化服务体系建设整体滞后，改革发展的任务仍相当繁重。

我国经济发展进入新时代，公共文化服务体系建设面临全新挑战，公众对公共文化服务体系建设提出新的更高要求。一是转变发展方式带来的机遇与挑战。随着经济社会发展，以新兴文化产业为主体的战略性支柱产业的发展为公共文化服务体系建设提供更多更好的产品选择的可行性不断增强；同时，公共文化服务水平的提升又可以激发人们对高品质文化生活的追求，全面提升人的素质，从而使其具备适应新经济发展理念和发展方式所要求的文化水平、科学素养、现代技术技能等。二是构建社会主义核心价值体系、应对西方文化冲击带来的机遇与挑战。公共文化服务不仅满足于提供休闲娱乐，而是在文化活动的内容设计、文化产品的创作生产、文化服务的提供利用等方面，始终围绕社会主义核心价值观的构建和民族共有精神家园的营造而展开，这是公共文化服务社会主义文化强国建设的应有之义。三是随着城市化、现代化进程的加快，公众基本文化需求快速增长的迫切要求。公共文化服务体系建设要紧紧适应社会发展，加大建设力度，丰富服务内容，创新服务形式与服务手段。特别是在扩大覆盖面、增强公共文化产品和服务的供给能力、提升公共文化服务的均等性和公平性等方面更要有新的标准和要求。四是公共文化服务区域均等化、城乡一体化建设需要进一步推进。由于我国地域广大，地区差距、城乡差别较大，加上文化传统、人口差异等因素，即便不同地区经济规模相近，文化需求也不尽相同，因此各地如何因地制宜，提供适合本地情况的公共文化产品，采取适合本地的公共文化服务模式，形成本地公共文化服务特色，也是未来公共文化服务体系建设所面临的问题。五是新技术、新媒体的发展对公共文化服务体系建设带来的新机遇。近年来，网络技术、数字技术、新媒体技术的发展日新月异，为公共文化产品的生产、组织、提供、传播、消费等各个环节提供了技术支撑和创新空间，也给未来公共文化服务体系建设带来了新机遇和挑战。在公共文化服务体系建设中如何实现文化与科技的有机结合，如何利用新媒体、新技术突破公共文化服务限制，为群众提供更加便利的服务，是公共文化服务体系建设面临的紧迫任务。

为贯彻落实党的十七届五中全会精神，文化部、财政部联合提出在全国开展国家公共文化服务体系示范区（项目）创建工作。建立示范区有利于整合前期建设成果，提高公共文化服务能力；有利于充分发挥地方政府在公共文化服务体系建设中的主导作用，充分履行政府职能；有利于进一步发挥典型的示范和带动作用，推动公共文化服务体系建设以点带面。

4.1.2 示范区（项目）创建指导思想和创建原则

1. 指导思想

根据党中央、国务院的总体部署，按照党的十七届六中全会关于“推进国家公共文化服务体系示范区创建”的决定，以保障人民基本文化权益为出发点，坚持政府主导，财政支持，服务于全体人民；以基层特别是农村为重点，按照公益性、基本性、均等性、便利性的要求，打造一批网络健全、结构合理的公共文化服务体系示范区，在全国范围内均衡发展、有效运行；培育一批具有创新、带动、引导作用的公共文化服务体系科学示范工程，充分调动地方政府的积极性，促使其整合完善地方公共文化服务体系建设成果，为我国公共文化服务体系建设探索路径、积累经验、提供示范，推动公共文化服务体系建设科学发展，促进基本公共文化服务均等化，进而推动公共文化服务向宽覆盖、高效率转变。

2. 创建原则

科学规划，突出重点。落实党中央、国务院总体决策部署，科学合理规划，既有长远目标，又有近期具体措施，集中力量解决重点、难点问题。

制度建设，机制创新。开展公共文化服务体系建设长效机制研究，充分发挥理论和专家的作用，建立具有自身特色的公共文化服务体系建设机制。

统筹城乡，突出特色。按照城乡发展一体化的要求，从满足基层需求出发，结合本地实际，探索公共文化服务体系建设模式。

保证基本，惠及全民。着眼于群众的基本文化权益，探索实现普惠、均等的方式和方法，调动全社会的积极性，促进基本公共文化服务均等化。

加强合作，共建共享。通过各地有关部门的协调联动，加之国家出台各级政策配套措施，发挥各级政府和有关部门的作用，共同参与建设。

4.1.3 示范区（项目）创建重点任务和重点内容

1. 重点任务

确定重点，制定规划。根据当地发展情况，确定示范区（项目）建设重点，提出规划和目标区（项目），制定保障公共文化服务体系建设的投资办法，着力解决突出问题，争取取得具有国家示范意义的经验和理论研究成果。

整体推进，共建共享。以创建工作为平台，整合公共文化服务资源，实现基层资源的共建共享，形成完备的公共文化服务网络，提高整体服务能力，发挥综合效益。

深化改革，建立保障。推动深层次改革，形成适应新时代的管理体制和运行机制，健全人、财、物保障机制，完善指标评价体系和绩效考核体系等。

提升能力，提高水平。硬件与软件同步建设，重点解决好基层公共文化设施利用问题，努力提高服务能力和水平。着力推进服务创新，提高公共文化服务设施利用率。

2. 重点内容

建立以大型公共文化机构为骨干，以基层文化机构为基础，结构合理、功能健全、实用高效、规划合理、覆盖城乡的公共文化机构网络。乡镇（社区）根据服务人口和示范区千人居住公共文化机构面积、公共文化机构落户率、覆盖面等指标，制定公共文化机构建设规划。省（自治区、直辖市）文化机构和公共文化服务通过整合各类公共文化机构来实现资源交换和共同服务，让公共文化服务普惠全范围。

建立较为完善的公共文化服务人才、资金和技术保障体系，以及公共文化工作者的技能要求和就业体系，加强公共文化工作者、志愿者、业余人员三支队伍建设。建立健全公共文化企业经费筹措长效机制；建立公共文化机构设备配置标准（包括公共图书馆购书费标准），按标准设立资金、设备培训技术人员；建立远程公共文化服务机构，使公共文化服务的人、财、物得到基本保障。

建立较为完善的公共文化产品和服务供给体系，建立群众基本文化需求和城乡群众基本文化服务内容和数量指标的反馈机制。公共文化机构定期开放、免费开放，旨在创建和开展造福人民的大型文化工程，使大众文化常态化，群众基本文化权益得到有效保障。同时，要妥善处理好政府与市场的关系，逐步确保所有适合市场的基本公共文化服务都可以从市场购买到，推动公共文化服务供给由文化系统的“内循环”向市场的“大循环”转变。

建立较为完善的公共文化服务支撑体系，建立政府统一领导、相关部门职责分工、行业组织、专业发展社会组织积极参与的管理体制和工作机制。建立政府与公共文化机构专家协商制度和公共文化机构运作公众参与制度。

建立公共文化服务绩效评价体系，建立和实施政府、文化行政部门、公共文化机构和大型文化项目的工作评价和绩效评价指标体系，制定和实施服务标准以及各级公共文化机构评价标准。

4.1.4　示范区（项目）创建工作标准和评定程序

1. 工作标准

开展示范区（项目）创建工作的主要政策依据是国家现有政策规定，主要包括《中华人民共和国国民经济和社会发展第十二个五年规划纲要》《中共中央关于深化文化体制改革 推动社会主义文化大发展大繁荣若干重大问题的决定》《中共中央办公厅 国务院办公厅关于进一步加强农村文化建设的意见》（中办发〔2005〕27号）、《中共中央办公厅 国务院办公厅关于加强公共文化服务体系建设的若干意见》（中办发〔2007〕21号）、《公共文化体育设施条例》《国家基本公共服务体系“十二五”规划》《国家“十二五”时期文化改革发展规划纲要》《文化部“十二五”时期文化改革发展规划》《文化部“十二五”时期公共文化服务体系建设实施纲要》等，以及在国家有关公共文化机构建设标准、用地指标、评估标准基础上具化形成的“国家公共文化服务体系示范区（项目）验收标准”。

2. 评定程序

国家公共文化服务体系示范区（项目）创建结果评选方式主要是由地方政府申报，经省级主管部门审核并报省级人民政府同意，在专家评审基础上由文化部、财政部联合确定。

（1）申报。根据示范区（项目）创建标准，每批每省申报候选名额不超过2个，采取逐级上报的方式申报创建示范区（项目）。

（2）评审。由文化部牵头，组织相关专家对申报的项目开展专项论证和初步评审，提出拟定命名名单。

（3）确定。在拟定名单基础上，由文化部、财政部综合考虑，统筹确定综合因素，最后决定示范区（项目）名单并公示。

（4）验收和公示。创建单位按照国家示范区（项目）创建要求开展工作，期满后，由文化部牵头专家委员会开展评审验收。在相关媒体公示下，不合格的取消资格。

（5）命名和授牌。通过公示的项目单位最终经文化部、财政部命名为“国家公共文化服务体系示范区”和“国家公共文化服务体系示范项目”，并统一开展授牌。

（6）建立动态管理机制。为了保持创建单位和项目持续领先，文化部、财政部对命名单位和项目采取定期复查复审制度，对创建工作退步、标准降低的单位或项目撤销其资格。

4.2 示范区（项目）创建主要成果

中央和各级党委政府高度重视公共文化服务体系示范区（项目）创建工作。创建工作自2011年开始启动，截至2021年共开展了四批次创建工作。其中，第一批31个示范区、45个项目于2013年10月通过评审验收；第二批32个示范区、57个项目于2013年8月获得创建资格；2019年2月，30个城市（区）、54个项目被列入第三批国家公共文化服务体系示范区（项目）名单；2021年5月，27个城市（区）、47个项目被列入第四批国家公共文化服务体系示范区（项目）名单。

4.2.1 示范区（项目）创建工作的主要成果

在第一批示范区（项目）创建的两年周期中，各地把开展创建工作作为促进文化大发展大繁荣的重要途径、转变发展方式的重要举措，促进了地方公共文化服务事业的大发展。

一是文化投资明显增加，中央财政投入补助资金3.05亿元，地方财政资金投入超过150亿元。31个示范区均以此为契机，推动落实中央“保证公共财政对文化建设投入的增长幅度高于财政经常性收入增长幅度”的政策。示范区成立之初，内蒙古自治区鄂尔多斯市公共文化建设投入52.3亿元，江苏省苏州市投入42.75亿元，广东省东莞市投入13.3亿元，确保当地公共文化服务体系建设可持续发展。

二是公共文化机构建设取得较快发展。各地按照设定指标的需要采取多项“补强”措施，推动文化机构协调发展。如北京市朝阳区、天津市和平区、上海市徐汇区、湖南省长沙市等12个创建示范区建立了“5分钟城市公共文化服务圈”“10分钟城市公共文化服务圈”“15分钟城市公共文化服务圈”。

三是集中解决长期以来制约公共文化服务体系发展的突出矛盾和问题。比如，吉林省长春市在示范区（项目）创建之前，全市乡镇综合文化站人员编制仅80人，两年后，经过多方努力，综合文化站的人员编制增加到208人，每个文化站至少配备3名工作人员；北京发起成立文化居委会，实现了基层文化自治，保障了人民群众的文化主体地位。

四是人民群众精神文化需求得到有效满足。在示范区（项目）创建中，各地通过开展文化工程，更好地满足了人民群众精神文化需求，使人民群众可以真正享受创建带来的文化福利。因此，示范区（项目）创建被各地群众称为“最走群众路线”的项目。

4.2.2 示范区（项目）创建对公共文化服务体系建设的重要作用

示范区（项目）创建对促进公共文化服务的建设和科学发展发挥了非常重要的作用，突出表现在以下几点：

一是全面推进公共文化服务体系建设和公共文化服务效率的提升，极大地增强了文化对人民群众的影响。各城市根据文化改革发展总体情况和地方公共文化服务体系建设实际，制定了公共文化服务体系主要环节的全面系统规划。通过提高服务效率，加强软硬件、城乡统筹、服务对象、服务资源、服务方式的统筹规划，有力推动了公共文化服务体系建设，为人民群众创造了显著的文化效益。

二是在公共文化服务体系建设中进一步理顺了政府、市场、社会三者之间的关系，推动形成了以市场和社会力量为代表的政府主导型公共文化建设格局。示范城市以政府为主导，按照中央要求，将示范区（项目）创建列为“一号工程”，列入“十项政府实事”，增加绩效考核结果在落实科学发展前景中的比重，落实目标责任制，加强考核监督并在各级推动落实。在政府的领导下，苏州等城市建立了市场和社会力量参与公共文化服务体系建设的长效机制，建立健全文化建设市场经济体制，形成政府主导、市场和社会力量参与的公共文化服务格局，为全国其他地区提供了良好的借鉴和示范。

三是实现了文化建设与文化产业协同发展，有效提升了文化建设科学化水平。利用市场力量和文化产业发展成果，丰富公共文化服务内容，拓展公共文化服务深度。政府作为参与公共文化服务体系建设的主体，对文化企业的创建、实施和交流给予补贴，进一步提高了群众的艺术品位，激发了群众文化消费需求，激活了文化产业发展的潜在市场，为文化企业和文化产业的可持续发展创造了积极条件。

四是充分发挥了文化在教育人、服务社会、促进发展中的引领作用。不少示范区（项目）创建城市或单位将加强社会管理与发展公共文化相结合，整合资源、转变职能、创新机制，积极探索构建公共文化服务社会化参与机制，让群众自我表达、自我教育。如北京市朝阳区发起文化居委会社会自治组织，让社区居民通过文化参与增强社会责任感；成都市提供心理咨询、艺术培训，通过产业园区青年职工文化驿站，为农民工提供图书借阅等服务；重庆市渝中区紧密介入中心城区功能区定位，把创建示范区与巩固文明城市成果结合起来，使文化成为创新发展的核心竞争力。

4.2.3　示范区（项目）创建工作的努力方向

示范区（项目）创建工作的努力方向有以下几点：

一是继续巩固创建成果，示范区（项目）创建城市所在的政府是示范区（项目）创建的主体，要始终围绕创建目标任务，落实相应工作机制和保护措施，加快示范区（项目）创建。省（自治区、直辖市）级部门要加强示范区

（项目）创建指导，文化主管部门会同示范区城市、示范项目单位，认真审查和记录创建示范区（项目）的经验，加大宣传推广力度，促进地方公共文化服务业发展。

二是加强制度设计，着力解决地方公共文化服务体系建设中遇到的突出问题。各示范区要认真落实中央对公共文化服务体系建设各项要求，增强问题意识，切实抓好落实。大力开展系统设计和专题研究，并进行多方面的探索，在公共文化网络、公共文化产品、组织支持、人才资本和技术支持、绩效考核、制度设计等方面作出示范。

三是进一步强化创新意识，充分发挥示范带动作用。示范区（项目）创建要结合当前公共文化发展的新形势、新任务，解放思想，先行先试，不断探索，努力形成责任明确、行为规范、效率高、服务优的管理体制和运行机制；积极引进现代信息技术，创新服务理念，丰富服务内容，不断加大创新力度，主动研究新模式、新思路、新方法、新举措，构建公共文化服务体系建设长效机制，提高可持续发展能力。

四是坚决贯彻党的群众路线，注重民生实效。保障人民群众基本文化权益，满足人民群众日益增长的精神文化需求，是示范区（项目）创建的出发点和基础。示范区（项目）创建要认真贯彻党的群众路线，结合当地实际和人民群众的需要，精心挑选公共文化建设项目，摒弃形式主义，避免铺张浪费。

五是加大宣传力度，扩大公共文化服务体系建设的社会影响。各地各创建城市要进一步推进和深化示范区（项目）创建，最大限度发挥创建成果，确保文化成果实现全民共享。

4.3 示范区（项目）创建中的公共图书馆的重要作用

公共图书馆是人民实现基本文化权益保障的重要阵地，是进行社会教育活动的终身课堂，是国家公共文化服务体系中的重要组成部分，也是现代城市文明进步的标志。示范区（项目）创建工作明确提出了通过建立图书馆实现公共文化服务全覆盖的目标，因此，图书馆要承担起为广大人民群众无差别提供公共文化服务的重要责任。公共图书馆是保障人民基本文化权益的重要途径，如基本阅读、获取信息和文化活动的权益，在构建覆盖全社会、为人民提供普遍平等的较为完备的公共文化服务体系建设中发挥着重要作用。

（1）公共图书馆提供无差别的服务，具有普遍的公益性，更能体现公共文化服务体系建设的公益性、均等性要求。公共文化服务体系建设目标就是满足人民群众基本文化需求，通过收看电视节目、收听无线电波、阅读书籍和期刊、报纸，以及参加公共文化活动等形式最终得以实现。而公共图书馆自身具有面向全社会公民免费开放的公益属性，与公共文化服务体系建设的性质和目的相一致。

（2）公共图书馆担负着公共文化服务体系建设的重任。20 世纪 70 年代，美国社会学家雷·奥尔登堡提出了“第三空间”的概念。他把居住的地方叫作“第一空间”，把花很多时间工作的地方叫作“第二空间”，而“第三空间”是居住地方以外的一个非正式的公共聚会场所。很明显，“第三空间”的概念强调了场所的社会作用，如咖啡馆、茶馆、图书馆、酒吧、社区中心等都可以被称为“第三空间”。所以笔者建议将图书馆作为“第三空间”，这就使图书馆成为一个相对的“真空世界”而独立于人们的家庭和工作之外的场所。另外，当今经济的快速发展和激烈的社会竞争给人们带来了巨大的压力和约束，快餐文化正渗透在人们的日常生活和工作的每个角落，在这种情况下，能够提供给人们有品位、有质量的文化休闲生活的图书馆自然成为“第三空间”，可以满足人们对慢生活的需求。因此，构建与图书馆密不可分的公共文化服务体系，对我国公共文化服务事业的发展具有十分重要的意义。

（3）公共图书馆是现代社会必须提供的基础文化设施，也是开展公共文化服务的重要场所。从其所承担的社会职能来看，公共图书馆承担着保存人类文化遗产、开展社会教育、传递科学信息、开发智力资源等职能。而这些职能无一例外都是为读者提供全方位的公共文化服务，因此，建设公共文化服务体系示范区就必然要建设完备的公共图书馆服务体系。

5 公共图书馆基本理论

5.1 公共图书馆的概念

1. 图书馆的含义

图书馆的产生是和人类文明的发展同步出现的。早在公元前3000年，刻在泥板上的各种记录就被收集在古巴比伦的神庙中。最早的收藏地点是希腊神庙的收藏场所和希腊哲学书院（公元前4世纪）附属的收藏场所。根据考古学家的发掘结果，我们知道世界上最早的图书馆是美索不达米亚平原的尼尼微图书馆。该图书馆是亚述帝国国王亚述巴尼拔所建，故又称亚述巴尼拔图书馆。这是当今发掘的古文明遗址中保存最完整、规模最大、藏书最全的图书馆，比埃及著名的亚历山大图书馆早400多年，是古代最大的图书馆。由于泥书的特殊性，该馆内的大部分泥书都被保存下来，没有像亚历山大图书馆那样被战争摧毁。

中国图书馆历史悠久，起初并不称“图书馆”，而称“府”“阁”“观”“台”“院”“殿”“堂”“斋”“楼”等。如西周的盟府，汉代的东观和兰台，隋朝的观文殿，宋代的崇文院，明代的澹生堂，清代的四库全书七阁。图书馆是舶来语，19世纪末从日本传到中国。图书馆一词来源于拉丁语“Librarius”，本义是收藏的地方。根据《英国大百科全书》的说法，图书馆意味着将许多书籍收集在一起以供阅读、研究或参考。法国《拉鲁斯百科全书》指出：图书馆的任务是保存用各种语言书写、以各种方式表达的人类思想资料……中国《辞海》一书对图书馆的定义是：收集、整理、保管、传递和交流人类知识和信息，以供读者参考、利用的文化机构或服务体系。

我国图书馆界目前比较认可的定义是：图书馆是收集、整理、保管和利用书刊资料，为一定社会的政治、经济服务的文化科学教育机构。文献资料是图书馆产生的前提条件。图书馆保存和积累了人类从古至今极其丰富的文献资料和典籍，是人类的知识宝库和智力资源中心。

2. 公共图书馆的含义

公共图书馆是由社区通过国家、地方政府或其他社区组织建立、支持和资助的图书馆；它向社区的所有成员平等开放，无论他们的种族、国籍、年龄、性别、宗教信仰、语言、身体状况、经济和就业状况如何；通过向社区成员提供各种资源和服务，他们可以获得知识、信息和创意作品。根据以上表述可以看出，这一定义包含了三个基本内涵。一是公共图书馆是一个社区设施，由社区建立、维持并为社区所有。这里的“社区”是西方语境下的表述，并不是我们通常理解的街道、社区的概念。它泛指一定人群居住的区域，既可以是一个小镇，也可以是一座城市。二是公共图书馆的建立主体是国家、地方政府或其他社区组织，或者说是社区委托国家、地方政府或其他社区组织建设的。三是公共图书馆需要向全体居民提供各类资源和服务，以保证社区内的所有公众能够及时快捷获取个人所需的知识、各类信息和不同的艺术类作品。公共图书馆的这一特性，在有些国家表现得比较直观，而有些国家表现得则不够明显，主要原因在于公共文化服务的经费拨付方式。一般来说，西方国家大多采取按比例从特定税种中支付公共文化服务费用，公共图书馆的上述特性就表现得相对直观。从我国的情况看，包括公共图书馆在内的公共文化服务经费支持虽然也来源于地方税收，但是由政府统一进行财政资金支付，特定公共图书馆与社区之间的隶属关系就不是那么直观。

2018 年 1 月 1 日起施行的《中华人民共和国公共图书馆法》（以下简称《公共图书馆法》）中指出，公共图书馆是指向社会公众免费开放，收集、整理、保存文献信息并提供查询、借阅及相关服务，开展社会教育的公共文化设施。文献信息包括图书报刊、音像制品、缩微制品、数字资源等。公共图书馆是社会主义公共文化服务体系的重要组成部分，应当将推动、引导、服务全民阅读作为重要任务。

3. 公共图书馆服务体系

“公共图书馆服务体系”与“公共文化服务体系”是相伴相生的两个概念。公共图书馆服务体系主要是指国家范围内或者一定地区范围内的公共图书馆独立或通过联合方式提供的图书馆服务的总和。其主要有两个显著特征：一是全覆盖，即保证服务范围内的所有社区居民都能就近获得服务；二是包容性，即所有的公共图书馆平等对待每一个社区居民，不得以社会经济地位、年龄、性别、身体状况、种族、宗教信仰等因素排斥任何人。

公共图书馆是现代图书馆事业的重要组成部分。现代图书馆事业是为了满足不同人群在不同情境下的知识与信息的获取需求而出现的，因此将其按照获取知识与信息的需求不同划分为不同类型。现代意义的公共图书馆出现于19世纪中叶，其基本职责是满足普通民众在工作、学习和生活中产生的获取知识与信息的需求。它的出现使得全体社会成员的知识与信息的获取需求有了渠道，在图书馆事业上具有划时代的重大意义。在提供知识和信息获取需求方面，公共图书馆有着其他类型图书馆无法比拟的优势。它的服务对象相对广泛，不仅可以满足无法利用其他图书馆获取知识与信息的人群，还可以通过合作的方式借助其他类型图书馆的资源优势提供信息服务。

公共文化服务体系所包含的文化设施相对广泛，包括图书馆、文化馆、博物馆、美术馆、电台、电视台、互联网公共信息服务点等。但公共图书馆是公共文化服务体系中最重要的文化设施之一，因为传播文化是公共图书馆的重要使命。与其他文化设施相比，公共图书馆的文化传播功能有着特殊优势。一是公共图书馆提供的文化产品和服务非常丰富，包括文字、声音、图像、视频，甚至事物所表达的各类古今中外文化。二是与其他文化设施相比，公共图书馆提供的文化服务更能启迪个人思维，培育独立思想。美国图书馆学理论家杰西·H. 谢拉认为，公共图书馆与大众传媒相比，前者是社会和谐的力量，而后者是社会同化的力量。公共图书馆属于引发探寻型，大众传媒属于雄辩说服型。三是公共图书馆在承担文化传播使命的同时，还承担着教育、信息保障、培养阅读习惯、扫盲等诸多使命，这些使命与服务可以反过来更大地促进文化的传播。因此，公共图书馆相比其他文化设施，更具有促进文化传播、文化理解与包容的力量。

5.2 公共图书馆的基本特征

1. 公益性

现代意义的公共图书馆于19世纪中叶在英国和美国产生，是现代图书馆系统的产物。公共图书馆由政府靠公共税收建立，免费为当地居民服务。《公共图书馆宣言（1994）》指出，公共图书馆原则上应该免费提供服务，由国家和地方政府财政拨款，不得直接向为其服务的任何人收取费用；公共图书馆应随时可用，它们的大门应该向所有社会成员自由平等地开放，无论他们的种族、国籍、年龄、性别、宗教信仰、语言或社会地位如何。该宣言确立了公共图书馆公益性服务的基本理念。2008 年 10 月 28 日，中国图书馆学会发布了《图书馆服务宣言》，该宣言主要根据国际图书馆界的共同理念制定。其主要目标之一是，图书馆是一个开放的知识和信息中心，以公益性服务为基本原则，以实现和保障公民基本阅读权益为天职，以读者需求为一切工作的出发点。

公益性是公共图书馆的本质属性。我国公共图书馆经费主要来自国家财政拨款，本质上是国民收入再分配的结果。因此，公共图书馆有义务为广大社会成员提供优质服务和免费服务，公共图书馆的公益性体现了社会所有公民获取知识和信息的平等原则。我国文化部、财政部于 2011 年 1 月 26 日公布的《文化部、财政部关于推进全国美术馆、公共图书馆、文化馆（站）免费开放工作的意见》将我国公共图书馆的基础服务范围确定为：文献资源借阅、检索与咨询、公益性讲座和展览、基层辅导、流动服务等。

公共图书馆和其他图书馆相比，最鲜明、最根本的特征：一是经费的来源渠道；二是用户的群体范围。公共图书馆的经费主要来源于政府公共财政拨款，这决定了其属于地方政府财政拨款维持的公益性事业。从我国的情况看，各级公共图书馆均由政府出资设立，性质上属于公益性文化事业机构，公共图书馆的场地、人员、书籍购置及设备费用等均由政府出资。可以说，保证对公共图书馆的基本经费的投入，是政府义不容辞的责任。除加大政府投入力度外，还要积极鼓励和引导社会对公共图书馆的投入。

公共图书馆的公益性决定了其免费服务的性质。从世界范围看，20 世纪 90 年代开始，公共图书馆的免费服务受到新型信息产品及其计价模型的冲击，加之新自由主义思想在西方国家产生的影响，以英美为首的西方国家开始逐步减少对公共图书馆的投入，并鼓励公共图书馆收费。但这一行为遭到了所在国家公共图书馆的坚决抵制，并坚决捍卫公共图书馆的公共文化属性。我国也曾经尝试在公共图书馆领域引入市场经济做法，但随着经济社会的发展，政府逐渐加大了对公共图书馆的投入力度，在投入增加、理念更新、民众监督等多种因素的推动下，公共图书馆也经历了逐步回归公益的过程。为贯彻这一精神，国家图书馆率先于2008年2月7日开始全面减免读者证等多项收费项目，降低民众进馆门槛。在这一形势的影响下，全国各地许多公共图书馆纷纷取消凭证阅览这一规定，真正实现了向全体社会人员敞开大门。

2. 平等性

公共图书馆的平等性包括两层含义：一是每个图书馆向其目标用户提供平等、无差别的服务；二是整个公共图书馆服务体系向全体社会成员提供普遍均等的服务。《公共图书馆宣言（1994）》将这一主张表述为：公共图书馆应不分年龄、种族、性别、宗教信仰、国籍、语言或社会地位，向所有人提供平等的服务。1999年，国际图联通过的《关于图书馆与知识自由宣言》提出：图书馆维护信息获取自由，保证向所有人平等提供资源、设施和服务。美国图书馆协会委员会（ALA Council）根据宪法第一修正案起草和通过的《图书馆权利法案》也明确提出：个人使用图书馆的权利不应因出身、年龄、背景或是观点的不同而被否认或剥夺。对具体的每个图书馆而言，平等性理念可以具化为三方面内容：

（1）公共图书馆向所有社会成员开放。公共图书馆向所有社会成员开放是指公共图书馆的普通公共服务空间（需要特殊保护的除外）要在承诺的开放时间内向一切个人开放，不设任何限制，也不管个人的阶层、种族、宗教信仰、经济能力、性别、年龄等如何。这里面有两个问题：一是公众进入图书馆是否需要身份证明。图书馆界对这一问题目前倾向于“认为”，公共图书馆是由公众缴纳的税收建设和维持运行的，不应对社会成员“验明身份”后再允许进入。二是用户进入图书馆是否需要达到一定的仪表要求。当代图书馆界更倾向于取消这类入馆条件限制，这是因为“公共图书馆面向所有人提供平等包容服务”的理念已经清晰地表达了入馆标准。对这一标准的任何限定，都是对它的否定，会导致一部分人使用图书馆的权利被剥夺。2008年10月，杭州图书馆新馆开放后，实现全部免费，任何读者可以无门槛进入享受各项服务，包括乞讨者和拾荒者。杭州图书馆也被网友称赞为“史上最温暖的图书馆”。

（2）公共图书馆向所有社会成员提供平等服务。公共图书馆向所有人提供“无差别、无障碍、无门槛”的服务。其中，“无差别”是指公共图书馆在服务质量、服务态度、有限次序等方面，对所有人应一视同仁，平等对待；“无障碍”是指公共图书馆在空间设计、设施布局等方面，要考虑所有人的需要，特别是身体残疾用户的特殊需求，保证不因硬件设施等因素排斥任何人；“无门槛”是指公共图书馆向所有人提供基本服务，保证不因经济能力、身份、地位等因素排斥任何人。

（3）公共图书馆致力于吸引所有社会成员利用图书馆。有些人不去图书馆，无外乎主观或者客观原因。所谓主观原因是指一些人知道公共图书馆的存在并了解其服务内容，但选择不去利用；所谓客观原因是指一些人由于不可抗拒的因素，无法亲自利用图书馆，这类人群一般包括老年人、行动不便的残疾人等。对于前者，公共图书馆一方面需要了解这些人不利用图书馆的原因，尽可能最大限度地消除因制度设计不合理导致的障碍；另一方面需要通过各种手段宣传推介，吸引公众前往图书馆。对于后者，公共图书馆一方面要优化设施建设，提高特殊群体的服务体验；另一方面要转变观念，设计特殊的上门服务形式。

3. 专业性

公共图书馆的专业性是指公共图书馆聘用从事本专业或非本专业的工作人员，使其在行业组织的支持下，遵循图书馆业的道德规范，运用图书馆学的理论、技术和方法，来满足社会大众各种情境下的知识信息查询与获取需求，并向大众提供其他相关服务，最大限度地实现公共图书馆所赋予的责任或使命。公共图书馆的专业性主要表现在四个方面：

（1）要运用图书馆学的专业知识，保障公众对所需知识与信息进行有效获取。具体来说，就是要利用现有技术手段，推出适合公众需要的检索工具和手段，以满足公众在各种情境下的知识信息检索查询；要设计科学合理的文献资源体系、空间布局、服务内容，建设分馆及流通点等设施，满足公众获取信息的需求；要运用图书馆与信息机构的管理理论、技术方法，确定公共图书馆的发展规划，设计组织架构，配置信息资源，策划宣传推介，即通过管理手段提高公众获取信息的效率。

（2）聘用专业的图书馆工作人员进行日常管理。所谓专业馆员通常是指受过图书馆学专业教育并获得图书馆馆员从业资格的人员。例如，美国的专业馆员主要是指就读于美国图书馆协会认证的学校并获得图书情报硕士学位的人员。通常情况下，接受图书馆学专业教育被认为是图书馆专业人员的前提条件，因为要提高图书馆知识与信息的获取效率，必须要求工作人员有系统的专业知识，只有这样才能完成图书馆工作。同时，图书馆作为专业化机构，也需要接受行业组织的专业指导和培训，只有接受过专业知识学习的人才能达到图书馆业所需要的道德标准和行为规范。

（3）要加强与图书馆行业组织的联系，不断提高自身专业化水平。这就要求公共图书馆必须依托整个图书馆职业与行业组织的支持，并与之建立紧密联系。首先，需要与其他公共图书馆进行联系，交流经验，开展合作，提高彼此业务水平；其次，要与不同类型的图书馆建立联系，就更加广泛的问题开展交流合作；再次，要强化与图书馆学教育机构和研究机构之间的沟通联络，及时吸收行业内最新的专业知识，促进产品与服务的创新发展；最后，还要与行业组织建立联系，积极参加行业组织的各类活动，接受其指导和扶持。国内外图书馆协会大都设有专门面向公共图书馆的分支机构，可通过这些机构向公共图书馆提供有针对性的支持。

（4）公共图书馆的员工要遵守特定职业道德规范。与其他类型图书馆相比，公共图书馆的服务对象更加多样化，这就意味着需求的多样化和文化的多样性，因此公共图书馆比任何其他类型的图书馆更容易遇到争议性问题、争议性产品、争议性用户，所以公共图书馆的员工更要加以约束职业道德规范。各国图书馆协会制定的职业道德规范大体包含以下内容：对知识、信息、文献的行为规范，如尊重知识产权、反对对文献资料的审查等；对用户行为的规范，如尊重用户隐私权等；对职业整体的行为规范，如维护职业声誉等；对所在图书馆的行为规范，如履行与单位签订的合同等。

5.3　公共图书馆的社会责任

公共图书馆的社会责任，既是公共图书馆这一社会机构存在的目的或理由，也是公共图书馆分配资源、组织服务的基础。国际组织和许多国家的图书馆行业组织都曾经对公共图书馆的社会责任进行公开定义。《公共图书馆宣言（1994）》中，将公共图书馆的责任和使命表述为：养成并强化儿童早期的阅读习惯；支持个人和自学教育以及各级正规教育；为个人提供创造力发展的机会；激发儿童和青少年的想象力和创造力；增强文化遗产的保护意识，提高艺术鉴赏力，促进科学成就和科技创新；提供通过各种表演艺术文化展示的机会；促进不同文化间的对话和文化多样性；支持口述传统文化的保存和传播；确保居民可以获取各种社区信息；为当地企业、协会和利益集团提供必要的信息服务；促进信息技术的发展和计算机应用能力的提高；支持并参与不同年龄段的扫盲活动和计划，在必要时组织发起这样的活动。与此同时，英国、美国等西方国家政府和行业组织对公共图书馆的社会责任也都做过不同的表述，并随着经济社会的发展相应地进行了调整。其中英国文化、媒体和体育部（当时主管公共图书馆的中央政府部门）在2003年提出，未来十年，公共图书馆要重点围绕促进阅读和自主学习、保障数字技能与服务的获取、消除社会排斥这三个重点领域来确定社会责任。2008年，美国公共图书馆协会在公共图书馆责任使命框架中列出18个“服务响应”。综合国外国内的相关表述，可以将当代公共图书馆的主要社会责任概括为以下几个方面：

1. 教育责任

公共图书馆的教育责任主要是指为从事正规教育的所有年龄段学生提供学习支持，帮助他们更好地完成正规教育；鼓励自主学习，培养学生终身学习习惯，帮助他们实现个人发展。这一社会责任包括两方面内容：

一方面是辅助正规教育。即对接受各级正规教育的学生提供服务支持，帮助他们更好地完成学习教育计划。实现这一功能的前提是由于正规教育的最高目标是为社会培养综合能力强的合格公民，而不是简单地进行知识灌输和传授，这样的教育离不开专业化图书馆的服务支撑。这就需要公共图书馆把辅助正规教育机构培养学生的综合能力作为终极目标，遵循能力培养的客观规律。公共图书馆要了解学校的课程设计、学习进展、重要作业；要配备学生在自主学习过程中所需要的各种媒介资料及参考工具书等，还要辅助学生有效查询和获取所需资料。比如，英国和美国的一些公共图书馆曾经设置过“学生作业支持中心”，该中心不仅提供学生需要的所有资源、设备、参考资料，甚至请专家进行辅导；有的支持中心还配备了各类学习用具，面向学生和家长提供“一站式”服务。

另一方面是支持终身教育。支持终身教育也可以称为支持社会教育，即公共图书馆在鼓励自主学习、支持继续教育、帮助公民实现个人发展方面承担的责任。这也是公共图书馆最早承担的社会责任之一。19世纪中期，公共图书馆的先驱们正是依托这一理念证明了公共图书馆对现代社会独特的社会价值。现如今知识与信息已经成为当代社会发展的主要驱动力，知识更新速度加快，个人在正规教育中获得的知识也在加速老化，因此个人需要不断更新自己的知识能力。公共图书馆是个人通过自主学习实现知识更新的重要场所与支持途径。为了实现这一责任使命，公共图书馆要紧紧围绕社会教育使命和当地社会公众的实际需求来设计文献体系与服务内容，把满足个人终身教育需求，实现个人持续发展作为终极目标。公共图书馆实现社会教育的途径有很多，比如提供学习空间和学习资料、组织讲座及各类培训、参与网上学习资源建设、提供有关培训及学习的信息及建议、参与地区乃至全国的终身教育项目等。

2. 培养阅读习惯的责任

公共图书馆培养阅读习惯的责任主要是指公共图书馆通过提供合适的资源、环境和服务，推动阅读成为个人的终身爱好和社会的普遍习惯。培养阅读习惯也是公共图书馆最早承担的社会责任之一。这一社会责任的前提在于，当阅读成为一个人的终身习惯后，阅读行为就会成为人们日常生活的组成部分，这样的阅读行为将对个人和社会产生深远影响。因此，公共图书馆在文献资源体系的设计方面要以培养读者的阅读习惯为终极目标，并遵循个人阅读习惯的形成规律来策划相关活动。这就要求公共图书馆在设计服务的时候要重点关注如下问题，比如如何通过阅读促进活动来吸引重点人群，如何引领儿童亲近图书，如何支持父母与子女共度阅读时光，如何从图书陈列方式、空间布置及灯光、座位设置等方面增加馆内阅读体验等。

3. 信息保障的责任

信息保障责任是指公共图书馆根据用户信息需求的预期或者用户提出的具体问题，提供有针对性的知识、信息或参考资料，以保障用户在参与社会生活、维护自身权益、解决问题的过程中，能够有效地、及时地获取信息。公共图书馆在围绕信息保障责任设计文献资源体系和服务时，要以向用户提供解决问题的知识或信息为终极目标，以相关资源和服务对解决问题的有用性为评价标准。这就要求公共图书馆要根据用户的信息需求科学地设计、策划并实施相关服务，不仅要配备相应的信息资源及查询工具，以便用户可以自主查询相关信息并解决问题，一般来说，社会公众的信息需求主要集中在政府信息、权利信息、本地信息、旅游等日常生活信息、科研信息、商业信息等；还要配备专业人员来解答用户提出的问题，这种服务通常被称为参考咨询服务和导引服务。

4. 文化传播的责任

文化传播责任是指公共图书馆通过向社会公众提供各类文化产品和服务，帮助他们开阔眼界，增长见识，了解自己的文化，从而促进文化的传承与交流。一般文化的传承和传播主要依赖图书杂志等文字产品、影视作品等非文字产品、口授、活动体验等方式。而公共图书馆通过开发文献资源、空间资源和智力资源来整合所有文化媒介，极大地促进了文化传播。因此，公共图书馆要想更好地承担文化传播责任就要以促进公众了解各类文化，增强文化鉴赏力为终极目标，开发馆藏以及其他资源的文化传播价值。在实现文化传播的过程中，公共图书馆在设计和策划活动时要坚持多元化，综合运用各类媒介，强化用户活动的开展等。在一些少数民族地区，还要做好口授文化的传承工作。

5. 基本信息素养培训的责任

基本信息素养培训的责任是指公共图书馆利用自己的信息资源和服务支持人们获得基本的读写能力，并帮助社会公众获得信息查询、信息获取和评价等能力，特别是利用现代信息技术实现信息获取的能力。这是因为在当代社会，基本读写能力和信息查询使用能力已经成为人们的基本生活技能，是其他包括教育、文化鉴赏、休闲阅读等广义信息活动的前提条件。一般情况下，公共图书馆完成这一社会责任主要采取的活动包括提供合适的阅读材料、组织或参加其他机构组织的扫盲活动、提供互联网接入服务、提供数字化技能培训。

6. 促进社会和谐的责任

促进社会和谐的责任是指公共图书馆利用空间资源和服务为社会公众提供安全、温馨的空间，这些空间可以充当公共港湾，帮助居民建立共同身份意识，减少社会排斥。同时公共图书馆通过信息服务和终身教育服务还可以为弱势群体提高参与社会生活的能力。自 20 世纪 80 年代以来，世界各国的众多学者开始研究公共场所的社会价值，他们普遍认为社会的健康发展离不开公共场所的支持。在这一理论的影响下，公共图书馆界开始重新审视图书馆的场所价值，其所掌握的文献资源、空间资源和信息技术等都蕴含了巨大的促进社会和谐进步和兼收并蓄的潜力，因此如果能很好地利用这一资源优势，就能促进社会发展进步。这就要求公共图书馆要以平衡公众参与的机会与能力、提升公民意识、促进公众交流为终极目标。一方面，公共图书馆可以针对社会中的弱势群体的特殊需求设计相关服务，以增强其参与经济社会生活的能力，缩小他们与社会其他阶层的差距。另一方面，公共图书馆可以合理设计和平等开放公共空间，并保持温馨友好的氛围，吸引公众到图书馆阅读学习、开展交流、讨论问题、召开会议，以提升公众的身份意识、公民意识及其对社会事务的参与度。

5.4 公共图书馆的社会服务形式

1. 文献资源服务

我国国家标准《文献著录总则》（GB 3792.1—1983）对文献的定义是："记录有知识的一切载体。"因此，人类历史上通过特定方式记载知识或信息的所有物品都可以称为文献，比如甲骨、金石、竹木简、羊皮书、胶卷、录音带等。公共图书馆的文献资源建设是指公共图书馆根据自己的目标、任务，通过采访、维护、积累而形成本馆文献资源体系的过程。

现代公共图书馆的文献资源可以从不同角度划分为不同类型：按文献载体形态一般可分为印刷型、缩微型、视听型、数字型，其中数字型又可以分为实体电子型文献和虚拟网络型文献。按出版形式划分，在传统印刷条件下，文献资源包括图书、期刊、报纸和特种文献；在现代技术条件下，文献资源包括电子图书、电子报纸、电子期刊等。当代图书馆也经常通过采集益智玩具和工艺展品等非文献馆藏或通过开发网络文献资源，增强自身服务能力。公共图书馆文献资源服务形式主要有以下四种：

（1）文献外借。文献外借就是持证用户通过一定手续，在规定时间内将一定数量的文献带出图书馆使用的服务方式。文献外借是公共图书馆最基本的业务活动，外借数量是图书馆的基本业务量。一般情况下，公共图书馆会对外借的文献种类、数量、期限、过期处罚、遗失补偿等作出相应规定。由于用户需求不同，图书馆的外借服务会有多种形式：个人外借，是面向个体用户，满足不同用户对文献资源的不同需求，这是最主要、最基本的外借形式；集体外借，面向特定组织的用户群体如单位、班级等，一人代办，多人使用；馆际互借，图书馆之间根据协议相互利用对方馆藏文献以满足本馆读者需求的文献外借方式；预约外借，用户通过电话或网络预约某种文献，待该文献满足条件后，按预约顺序通知用户获取文献；自助外借，图书馆利用现代化的技术和设备向用户提供自助借阅服务，比如有的图书馆在馆外设置相关设备，为用户提供24小时借阅服务，极大地方便了用户。

（2）文献阅览。文献阅览是指公共图书馆向注册或非注册用户提供空间和文献，供其在馆舍内使用文献的服务方式。由于公共图书馆是面向所有人提供平等服务的机构，因此其应当实施免证阅览，使任何人都可以不受限制地进入图书馆，随意翻阅文献资料、书籍报刊，真正实现公共图书馆面向所有人开放的目标，最大限度提高文献利用率。目前，我国公共图书馆电子阅览室已经开始实行免费阅览，这也意味着公众可以利用图书馆实现免费的互联网服务。

（3）文献上门。文献上门是指公共图书馆通过流动图书车、邮寄或者专门递送等方式为诸如偏远用户、残障用户、老年用户等不方便亲自到馆的用户提供文献的服务方式。公共图书馆是面向所有人提供服务的唯一图书馆类型，因此上门服务是公共图书馆重要的文献提供形式。

（4）文献传递。文献传递是指公共图书馆根据用户对特定文献的需求，从其他图书馆或商业机构获取文献后提供给用户的服务方式。传递方式既可以是传统的馆际互借，也可以是网上传输。文献传递服务可以通过馆际合作来实现，即用户向属地图书馆提出申请，属地图书馆向藏有所需文献的图书馆提出请求，由对方将文献原件或复制品交由属地图书馆，最终转送给用户。公共图书馆也可以不通过馆际协作的方式，直接从其他商业机构获取用户需要的文献。

2. 信息服务

广义的信息服务是指用信息概念取代文献概念，将信息服务理解为把包括文献提供、信息开放、参考咨询和情报服务在内的一些文献或信息提供给相关用户的服务。狭义的信息服务是指更深层次的服务。公共图书馆信息服务的主要形式有以下五种：

（1）馆内咨询。公共图书馆通过在馆内设置咨询台的形式开展咨询解答，包括帮助用户查找和确定馆藏资料的位置；辅助用户查询使用资料信息；利用馆藏资料和网络信息解答用户问题；引导用户向政府相关部门、专业组织或商业信息机构寻求信息帮助。

（2）网络咨询。公共图书馆通过建立网站或专门网页的形式，对公众提出的问题进行解答。网络咨询方式不受时间、空间限制，极大地方便了用户随时随地开展问题咨询。一些公共图书馆实行 24 小时咨询服务，即时解答用户咨询；还有一些公共图书馆实行限时解答服务。

（3）联合参考咨询。联合参考咨询是指公共图书馆之间利用各自人才优势和信息资源优势，合作开展参考咨询的服务方式。互联网的飞速发展使这类服务成为可能，许多图书馆都开展了网络联合参考咨询服务，提高了公共图书馆的服务能力，扩大了公共图书馆的服务范围。

（4）政务信息查询。政务信息查询是指公共图书馆为当地政府部门或公共机构的信息产品提供空间陈列，并对这些信息进行一定程度的管理，方便用户及时查询和使用这些公开信息。比如，现在很多公共图书馆开设了政府信息查询服务，集中提供地方政府相关部门的发展规划、重大项目建设方案、法令、法规、政策文件等，以及其他公共机构或公益组织的相关服务信息。做好这种政务信息查询服务，公共图书馆需要及时与相关政府部门或公共机构联络沟通，及时获取相关信息并做好信息的更新替换，同时要指定相关工作人员负责维护和整理。

（5）信息推送。信息推送是指公共图书馆针对特定用户感兴趣的某一主题或领域，通过信息摘编等形式定期通报最新信息的一种服务方式，本质上属于跟踪服务。比如，公共图书馆可以跟踪任何行业的发展动态，将最新的有关特定产业、竞争对手、科学技术或其他专题信息向企业或其他组织决策者定期通报，帮助他们获取最新信息以辅助决策。

3. 用户活动

公共图书馆的用户活动是指公共图书馆面向目标用户开展的阅读促进、社区活动、讲座培训等文献提供和信息服务之外的活动。开展用户活动一方面是为了倡导全民阅读、宣传图书馆的资源与服务，另一方面是为了丰富公众文化生活，使公共图书馆成为本地区的社区中心。围绕用户开展的主要活动类型包括以下几个方面：

（1）社区活动。社区活动是指公共图书馆为辖区成员组织开展的各类文化交流活动，如展览、表演、合唱等，这些活动并不一定直接与文献资料的使用相关。与此同时，公共图书馆也为社区公众的自发活动提供了活动空间和场所。作为社区的公共场所，公共图书馆开展社区活动，可以促进社区成员之间交流，形成社区特色文化，既有利于促进文化的融合和社会的包容，也有利于促进社会和谐稳定。

（2）阅读促进。阅读促进是指公共图书馆界为培养和推广阅读兴趣，提高社会阅读量而策划开展的图书宣传活动，一方面出于对阅读的社会价值持有的坚定信念；另一方面是发挥专业优势，培养图书馆用户队伍。阅读促进活动一般针对不同年龄段用户的特点和需求进行设计和开发，特别重视儿童的早期阅读。活动开展的形式要多样化，比如故事会、情景阅读、阅读辅导、书目推荐、经典诵读、作家讲座、读书俱乐部等。总之，阅读促进活动要以培养公众的阅读兴趣为主旨，才能形成爱阅读、重阅读的社区文化。

（3）讲座。讲座是指公共图书馆邀请某一领域的专家、学者到馆内为社区公众面对面地进行讲演或者互动交流活动。公共图书馆的讲座大多是公益性的，目的在于为公众提供拓宽视野、获取知识、丰富生活的学习和交流机会。讲座涉及的领域相对广泛，包括时事政策解读、文学艺术欣赏、法律知识普及、健康营养保健等。特别是近年来，开展公益讲座已经成为我国许多公共图书馆的服务内容。讲座具有开放性、教育性和互动性的特点，已经成为公共图书馆履行社会教育职责和开展用户服务的重要载体。

（4）培训。公共图书馆开展培训有多种形式，如业务培训、用户培训、社会培训等。其中用户培训多为公益性培训，主要目的是提高用户信息素养，一方面帮助用户有效利用图书馆的资源和服务；另一方面帮助用户获得数字化技能，有效利用互联网等现代信息技术。

（5）特殊需求服务。特殊需求服务是指公共图书馆为了满足包括残障人士、少数民族人群、移民和外来务工者等特殊群体的文化信息需求而提供的服务。公共图书馆的宗旨是为所有社会成员服务，因此其有义务为包括上述人群在内的特殊需求提供有针对性的服务。公共图书馆要全方位考虑这些用户的特殊需求，比如，为盲人开设盲文阅览室并提供引导服务、盲文培训、计算机盲文软件使用培训等；为少数民族人群提供本民族语言的文献资料；为移民、外来务工人员提供就业培训、就业资讯等，帮助他们融入当地社会文化环境。

4. 乡土文化与地方文化保护

乡土文化是指本土的地方性知识。这类知识在特定的文化环境或区域内以非正式的文字或口头方式传承，是特定地区的人们长期在固定地域内生活的经验总结。乡土文化与地方文化是一个国家社会文化创新的活水源头，也是人们实现文化认同的根基。在全球化浪潮导致的人类文化趋同化的背景下，保存和发展乡土文化、地方文化对于保存文化多样性，维持经济社会可持续发展具有十分重要的意义。乡土文化和地方文化开发保护的途径主要有以下三种：

（1）地方文献的收集与保存。地方文献是乡土文化和地方文化的载体，是特定区域历史资料和现实资料的总和。地方文献的特点决定了其分散性和不易收藏性，因此开展收集整理工作具有一定难度。为了更好地开发利用地方文献，公共图书馆应当通过多种途径广泛收集各类地方文献，丰富馆藏。公共图书馆可以建议、督促地方政府就地方文献的收集整理工作出台相应政策规定，通过向社会广泛征集、举办各类活动征集、与地方志馆等有关机构合作等方式，共同建立地方文献的整理收集保障体系。在管理利用方面，地方文献要有别于一般的文献资料，可根据数量情况进行专库收藏。

（2）非物质文化遗产的采集与整理。传统意义上，公共图书馆只注重保存文字产品，对非文字的文化传统，如山野乡村的活态文化等非物质文化遗产重视不够。2005 年，《国务院办公厅关于加强我国非物质文化遗产保护工作的意见》中明确指出：各级图书馆、文化馆、博物馆、科技馆等公共文化机构要积极开展对非物质文化遗产的传播和展示，有条件的地方可设立专题博物馆或展示中心。公共图书馆应当积极参与本地区非物质文化遗产的保护与传承工作，在非物质文化遗产的立档、保存、保护、宣传、弘扬、教育等方面发挥重要作用。公共图书馆可以针对非物质文化遗产口传心授的特点，利用现代科技手段，对它们进行图像、文字、声音等立体式记录，并将其转化为数字化文档永久保存。

（3）地方文化的传播。图书馆行业的很多专业知识和技能都能在乡土文化传播中发挥重要作用。比如，可以对地方文献进行系统整理，形成专题书目、文摘、索引等二次文献，专题资料汇编，专题数据库。图书馆还可以面向公众进行推广和宣传，如开展系列讲座、专题展览、现场演示等，增强公众的区域自豪感认同感，激发公众爱祖国爱家乡的热情，为本地区经济社会发展提供精神动力和智力支持。

6 公共图书馆促进示范区建设的服务形式

根据我国公共图书馆服务标准的要求，公共图书馆服务是指公共图书馆为满足公众日益增长的知识、信息和教育需求而开展的与各种资源相关的文化活动。公共图书馆服务应体现以人为本的原则，通过贴心、便捷、选择性的服务，不断提高服务质量，兼顾服务资源、服务效率、服务宣传、服务监督与反馈，促进服务全面协调可持续发展，是保障和满足公众基本文化需求的服务，包括免费为读者提供多语言和多载体文献借阅、一般咨询服务，以及为读者组织各种活动和其他公益性服务①。

6.1 公共图书馆的服务标准

服务标准是指服务质量的标准。公共图书馆服务标准是指图书馆行业用来指导和管理图书馆信息服务活动的原则和质量标准。图书馆工作人员按照标准提供服务，公共图书馆的服务标准是衡量图书馆服务水平的重要指标，是提升图书馆服务水平和服务质量的重要手段。2012 年 5 月 1 日正式实施的《公共图书馆服务规范》（GB/T 28220—2011）（以下简称《规范》）是由国家质量监督检验检疫总局、国家标准化管理委员会批准发布的公共文化标准化国家服务标准，它主要体现了六个服务理念，即免费、平等、人文、便捷、主动、创新。《规范》规定了公共图书馆服务资源、服务效能、服务宣传、服务监督与反馈等方面的服务标准。

---

① 来源：国家质量监督检验检疫总局、国家标准化管理委员会发布的《公共图书馆服务规范》（GB/T 28220—2011）。

1. 服务资源

公共图书馆服务资源是指公共图书馆在开展服务过程中所拥有的人、财、物等各种物质要素，主要包含硬件、人力、文献和经费四种资源。

（1）硬件资源。硬件资源包括馆舍建筑、建筑布局和电子信息设备数量指标等，其中公共图书馆的选址应按照建设用地指标执行，总建筑面积和阅览室座位数量应按照公共图书馆建设标准执行。比如，《规范》规定，省级馆计算机总数要在100台以上，其中读者使用数量要在60台以上；地级馆计算机总数要在60台以上，其中读者使用数量要在40台以上；县级馆计算机总数要在30台以上，其中读者使用数量要在20台以上。此外，《规范》还规定了计算机网络接口数量：阅览室的信息点设置应不少于阅览座位的30%，有条件的公共图书馆应提供互联网无线网络接入服务。

（2）人力资源。公共图书馆工作人员应受过专业训练、具备良好的职业道德，在为读者服务工作中平等对待所有公众，尊重和维护读者隐私。工作人员须挂牌上岗，仪表端庄，使用文明用语，热忱并努力为读者提供准确全面的信息服务。每服务1万~2.5万人应配备1名工作人员；具有相关学科背景的专业技术人员占在编人员的75%以上，少数民族自治地区公共图书馆配备的专业技术人员要熟悉少数民族语言、文字；公共图书馆也应提供教育培训，每年工作人员的教育培训支出应占职工年薪总额的1.5%~2.5%，年人均受教育培训时间应不小于72学时。

（3）文献资源。《规范》对馆藏文献总量进行了详细规定：馆藏印刷型文献以图书、报刊合订本的册数计。省级馆、地级馆和县级馆的入藏总量分别应达到135万册、24万册和4.5万册以上。馆藏电子文献包括电子图书、电子报刊、视听资料等，以品种数量来计，省级馆、地级馆、县级馆的年入藏量分别应达到9000种、500种、100种以上。少数民族集聚地区的各级公共图书馆要承担本地区少数民族文字文献资料的收藏和服务职能。省级公共图书馆应负有保存地方文献版本和依法接受所在省（市）出版机构呈缴出版物的职能。公共图书馆应设置政府公开信息查阅点并提供相关服务。

（4）经费资源。该项资源主要是指文献购置经费，由各级政府投入，专款专用，确保公共图书馆服务的正常开展。年人均文献购置费方面，省级馆应达到0.52元以上，地级馆应达到0.3元以上，县级馆应达到0.18元以上。文献购置经费应与财政收入的增长同步增加。在文献购置经费中安排电子文献购置经费，并根据需要调整电子文献与印刷型文献的比例。

2. 服务效能

公共图书馆服务效能是指公共图书馆投入的各项资源在满足读者和用户需求中体现的能力和效率，主要规定了基本服务、拓展服务和服务效率等指标。

（1）基本服务。《公共图书馆法》第三十三条对公共图书馆的基本服务做了界定："公共图书馆应当按照平等、开放、共享的要求向社会公众提供服务。公共图书馆应当免费向社会公众提供下列服务：（一）文献信息查询、借阅；（二）阅览室、自习室等公共空间设施场地开放；（三）公益性讲座、阅读推广、培训、展览；（四）国家规定的其他免费服务项目。"第三十四条规定："政府设立的公共图书馆应当设置少年儿童阅览区域，根据少年儿童的特点配备相应的专业人员，开展面向少年儿童的阅读指导和社会教育活动，并为学校开展有关课外活动提供支持。有条件的地区可以单独设立少年儿童图书馆。政府设立的公共图书馆应当考虑老年人、残疾人等群体的特点，积极创造条件，提供适合其需要的文献信息、无障碍设施设备和服务等。"第三十六条规定："公共图书馆应当通过开展阅读指导、读书交流、演讲诵读、图书互换共享等活动，推广全民阅读。"

（2）拓展服务。包括两方面内容：一是远程服务，主要是指利用现代信息技术手段，为广大读者提供网上检索、参考咨询、文献提供等服务；二是个性化服务，根据不同用户需求特点对个人、企事业机构及政府部门不同的需求内容，提供多样化的、灵活的、有针对性的服务。比如，《公共图书馆法》第三十五条规定："政府设立的公共图书馆应当根据自身条件，为国家机关制定法律、法规、政策和开展有关问题研究，提供文献信息和相关咨询服务。"

（3）服务效率。主要是指文献加工处理时间、闭架文献获取时间、开架图书排架正确率、馆藏外借量、人均借阅量、电子文献使用量、文献提供响应时间等。例如，文献加工处理时间是根据文献到达和文献上架之间所经过的时间计算的，当天的报纸要实现当天上架服务，期刊上架服务要达到两个工作日以内，省级馆、地级馆、县级馆上架服务时间分别为 20 个、15 个、7 个工作日。闭架文献供应时间不超过 30 分钟，馆外文献交付时间不超过 2 个工作日，省级馆、地级馆、县级馆排架正确率分别不低于 96%、95% 和

94%。公共图书馆应提供多种文献咨询服务，包括现场、电话、信函、传真、电子邮件、实时在线、短信等。现场实时咨询、电话咨询、在线咨询，服务时应立即答复；其他方式的咨询回复时间不得超过2个工作日。

3. 服务宣传

服务宣传主要包括四方面：一是导引标识；二是服务告示；三是馆藏揭示；四是活动推广。

（1）导引标识。公共图书馆应系统使用标准化文字和图形建立导引标识，要根据国家标准《标志用公共信息图形符号第1部分：通用符号》（GB/T 10001.1—2000）中的内容设置标识。在图书馆的主体建筑外，应当设立导向标识；公共图书馆入口处，应当设置馆内不同区域划分；每一个楼层需设立醒目的布局功能标识。应在阅览区和书库设置文献排架标识，还应对无障碍设施设置专用标识。

（2）服务告示。服务告示是指公共图书馆需要告知读者服务范围、服务内容和方法、读者须知、借阅规则、服务承诺等。公共图书馆如有特殊情况需要暂时关闭的，必须经过文化行政主管部门批准同意，并提前向读者公示。如遇到自然灾害或其他突发事件导致临时闭馆或关闭、暂停服务的情况，应及时告之读者。

（3）馆藏揭示。馆藏揭示是指公共图书馆利用计算机管理与书目检索系统，将纸质、电子和缩微等不同载体的馆藏文献目录向公众揭示，提供题名、著者、主题等基本检索途径，方便读者查询；还应通过网站、宣传资料、专题展览等形式，向公众推介、揭示最新的馆藏文献和特色馆藏。

（4）活动推广。公共图书馆应通过媒体、网站、宣传资料、宣传栏及各种现代化通信手段，邀请、吸引读者参与和互动，提高公众对公共图书馆的认识。

4. 服务监督与反馈

公共图书馆应设立读者意见簿（箱）和监督电话，开设网上投诉通道，同时推行馆长接待日制度，实行社会监督员制度，通过召开读者座谈会等形式征求读者意见或建议。对读者的意见或投诉，在5个工作日内回复并整改落实。还要定期开展读者满意度调查，制作读者调查表，委托第三方机构或自行开展征询。省级馆读者调查表不少于500份，地级馆调查表不少于300份，县级馆调查表不少于100份；各级公共图书馆的读者满意度应在85%

（含）以上。同时组织专门力量开展读者满意度调查表分析，针对薄弱环节提出整改意见。

6.2 公共图书馆开展公共服务的基本理念

服务理念是人们从事服务活动的指导思想，是体现服务价值的基础，是规范服务活动的准则。公共图书馆的服务理念是指导图书馆工作的基本原则，是服务方式、服务原则、服务态度的集中体现。从历史的角度看，国内外公共图书馆的服务理念一直在不断发展、完善，已经成为图书馆事业不断发展的强大动力。在新时代背景下，我国公共图书馆在公共服务过程中已经形成了以人为本、普遍平等、资源共享、无障碍服务、最小努力等新理念。

1. 以人为本理念

传统图书馆长期以“书”为本，一切活动以馆藏为主。现代图书馆开始慢慢转变观念，以人为本，以“用”为主。以人为本理念意味着用户是公共图书馆生存发展的决定性因素，一切活动都要围绕用户这个中心展开。

（1）公共图书馆开展公共服务设计要以用户需求为依据。公共图书馆的工作内容主要是提供馆藏文献等信息资源，但最终是供用户使用。因此，公共图书馆各项工作要紧紧围绕服务对象即用户来考虑，所以开展服务活动从设计阶段就要从这个角度着眼。比如，为方便用户借阅、归还图书，很多公共图书馆开通了多种还书渠道。在开放时间方面，很多上班族无法在正常上班时间进馆，因此多地公共图书馆通过延长开闭馆时间、错峰等灵活方式为广大读者服务。比如广东省茂名市图书馆在周六日的开放时间是从早 8 点到晚 9 点，达 13 个小时；上海图书馆开展了线上委托借书服务，读者可以线上预约图书种类，由图书馆工作人员送到就近的图书借阅点，再通知读者取阅。

（2）以用户需求为中心开展读者服务。以人为本的服务理念要求公共图书馆不能再秉持以前那种坐等读者上门借阅的官方机构作风，而是要紧紧围绕用户需求，充分调研读者的喜好、要求，在此基础上有针对性地开展信息服务工作。比如，随着全国民众对开展公益讲座的呼声越来越高，一些城市的公共图书馆开展了多种类型的公益讲座活动。2010 年 12 月，全国公共图书馆成立了全国公共图书馆讲座联盟，开通了专门网站，使公众可以及时了解各地公共图书馆开展公益讲座的相关信息，还可以在线浏览优秀视频资源。例如，上海图书馆著名的“上图讲座”共有6大板块、18个系列，被称为“城市教室”“市民课堂”和“没有围墙的大学”，这些讲座活动已经辐射到长三角地区的18个城市和全国其他公共图书馆。青岛市李沧区图书馆针对用户需求开展“您看书，我买单”的服务——居民持李沧区图书馆借书证在新华书店选好图书，经工作人员确认其在可选范围之内后，简要填写选书登记表；经工作人员现场操作后，读者即可凭借书证直接借走所选图书；读者在三十天内阅读完毕，归还到李沧区图书馆。

（3）为特殊群体开展定制服务。在信息社会，人们对知识与信息资源的获取，对于提升个人综合素养、实现个人全面发展具有至关重要的作用。公共图书馆是社会公益机构，是公共文化服务的重要环节，有责任、有义务为每一名社会成员提供均等化的文化服务。但现实社会中，一些特殊群体由于各种条件的限制，无法享受到较好的学习教育机会，比如老年人、残障人士、下岗失业人员、农民工等。这就要求公共图书馆要针对这些特殊群体开展有针对性的服务。例如，湖南省株洲市图书馆开展的一系列助残助弱活动：组织残障人士免费观看3D电影、开放面向农民工的城市书吧、开展“关爱农民工行动技能培训”活动、打造工地书屋等；举办针对老年人的“活到老学到老”老年摄影比赛、诗词作品七天乐、重阳节老年健康讲座等活动。

2. 普遍平等理念

各级各类图书馆共同构成图书馆体系，保障全体社会成员普遍均等地享有图书馆服务。

（1）平等的理念。《公共图书馆宣言（1994）》中规定：公共图书馆是地区的信息中心，它向用户即时提供各种知识和信息。每个人都有平等享受公共图书馆服务的权利，而不受年龄、种族、性别、宗教信仰、国籍、语言或社会地位的限制。对任何不能享受常规服务和资料的用户，像少数民族用户、残疾用户、医院病人或监狱囚犯，公共图书馆必须向其提供特殊服务和资料。公共图书馆信息资源是社会公共财富，平等利用信息资源是每一个社会成员的基本权利和公共图书馆的基本义务，任何人应不受歧视地使用公共图书馆的信息资源。公共图书馆服务从设计到开展都应以平等为基本原则，不能任意地加以限制，更不能完全否决某些人利用图书馆的权利。印度图书馆学家阮冈纳赞的图书馆学第二定律“每个读者有其书”强调的是书的使用者，实际上就是图书馆的大门向所有人敞开，不应该被少数人垄断。要实现图书馆学第二定律，国家、图书馆主管者、图书馆员和读者都要承担各自的责任。

（2）自由的理念。公共图书馆应保障用户自由利用馆藏信息资源的基本权利。用户可以自由检索和获取各种类型的信息资源，公共图书馆应当保障用户权利并向用户提供各类信息资源，不能限制用户自由使用；不应对用户进行各种形式的审查；对用户使用信息资源的行为要保密，不得任意公开。开馆时间在照顾大多数居民使用的同时，兼顾上班、上学人群。自由理念还体现在除了法律规定的要求外，公共图书馆不应对信息划分等级，应该向所有用户提供自由利用信息资源的权利和便利。例如有的公共图书馆以学科或出版地为划分方法，导致部分读者无法自由使用某些信息，这就限制了用户的自由利用权利。当然，保障自由利用权利必须以合法合理为前提。公共图书馆在向用户提供信息资源时必须遵守国家法律法规，维护国家利益；用户在自由利用公共图书馆信息资源的时候也要严格遵守国家法律法规，不得危害国家安全，要尊重知识产权，不得违反规定私自进行复制翻印。

3. 资源共享理念

资源共享是指各个图书馆之间在平等、互惠的基础上，通过建立馆际及图书馆和其他机构之间的协作、协调关系，利用各种技术、方法和途径，开展共同揭示、共同建设和共同利用信息资源，以最大限度满足用户需求的全部活动。图书馆的目标之一是开展信息共建共享，各地区、各类型图书馆之间要加强协调与合作，促进全社会信息资源的有效利用。由于单个图书馆资源有限、服务有限，在信息技术的支持下，资源共享已经成为提高工作效率、满足社会需求的必要途径。

近年来，我国公共图书馆着眼于用户需求开展了多种多样的资源共享活动。其中，全国文化信息资源共享工程最为典型。全国文化信息资源共享工程是在国民经济和社会发展“十五”规划基础上实施的，是充分利用文化资源的文化共享工程。该工程运用现代高科技手段将中华民族几千年来积累的各类文化信息资源和贴近大众生活的现代社会文化信息资源，进行数字化处理与整合；建设中华文化信息中心和网络中心，通过覆盖全国各省、自治区、直辖市的文化信息资源网络传输系统，实现全国优秀文化信息的共建共享；依托全国基础通信网，建立了5000多个街道和社区图书馆、文化图书馆、文化站的联网体系；在文化信息资源馆藏的基础上，逐步建立起全国数字资源排序和导向体系，实现文化信息资源的共知、共建、共享和在线服务。

除了国家层面，区域间信息资源共建共享也在蓬勃发展。如上海市文献资源共建共享协作网、广东移动图书馆、佛山市联合图书馆、珠三角数字图书馆联盟、浙江网络图书馆、厦门市公共图书馆服务联合体、西藏数字视频资源建设等。2020 年 9 月，温州市教育局、温州市文化广电旅游局联合印发的《关于推进温州市公共图书馆和学校图书馆“馆校通”工程的实施意见》，使公共图书馆与中小学图书馆实现了互联互通，实现了全市公共图书馆与中小学图书馆“一卡通”借阅服务、图书资源通借通还、数字资源共建共享、阅读推广活动的优势互补，逐步构建了优质的“一卡通”图书馆服务体系，最终实现了阅读资源利用最大化、校园阅读服务专业化、未成年人阅读推广精准化。

4. 无障碍服务理念

《图书馆 · 情报与文献学名词》第一版提出，无障碍服务是信息服务机构充分创造和利用各种条件，帮助特殊用户群体获取他们所需要的信息产品和服务以满足其信息需求，达到信息面前人人平等的目的。《公共图书馆宣言(1994)》指出，公共图书馆必须向由于各种原因不能利用其正常服务和资料的人，如为残疾人等提供特殊的服务和资料。2008 年 3 月，《中共中央 国务院关于促进残疾人事业发展的意见》要求“积极推进信息和交流无障碍，公共机构要提供语音、文字提示、盲文、手语等无障碍服务，影视作品和节目要加配字幕，网络、电子信息和通信产品要方便残疾人使用”。可以说，信息无障碍是全世界面临的共同问题。公共图书馆实现无障碍服务要从两方面着手：一方面是物质环境的无障碍，主要是指设置坡道、盲道、扶手、残疾人专用洗手间、专用电梯、应急信号装置等；另一方面是信息获取和交流无障碍，主要是指提供盲文读物、盲文阅览室、盲文计算机、影视字幕、天花板书、朗读服务、手语和网络服务、送书上门服务等。残疾人在图书馆服务中要受到平等对待，尽可能让其享受到与普通人一样的信息服务和文化活动。

在国际上，对盲人图书馆的研究很早就开始了。国际图联于 1983 年成立了盲人图书馆联合分会。21 世纪初，美国、法国等国家相继建立了盲人数字图书馆。2008 年，国家图书馆和中国残疾人联合会信息中心、中国盲人出版社合作共建了中国盲人数字图书馆。该馆借鉴了国家图书馆丰富资源和中国残疾人联合会信息中心渠道建设经验，让盲人朋友足不出户就可以享受国家图书馆级服务，与普通人共享信息社会的便利。中国盲人数字图书馆网站遵循 WCAG 2.0 进行无障碍网页设计，符合 XHTML 1.0 技术规则，适用于盲用读屏软件。该网站栏目规划简洁明了，分区清晰，导航清晰。网站标有文字说明，所有链接均附有提示文字；导览的快捷键设置充分体现了为盲人建站的原则，盲人可以使用这些快捷键快速访问主要区域。中国盲人数字图书馆网站主页有以下九个栏目：新闻动态、电子图书、音乐欣赏、在线讲座、最新公告、读者指南、新书速递、机构介绍、网站导航。根据盲人朋友提供的书目名单，网站先期推出的中国古代典籍共 173 部，涵盖了我国古代优秀文化成果中的经、史、子、集四部分内容，共计 9770 万字，以及若干本涉及医药卫生、经济历史等内容的现代图书。为残疾人服务体现了公共图书馆的公共属性，属于特殊服务，通常情况下这些方面的投入较大但使用率不高。例如广州市图书馆专门建立的盲人阅览室，成本很高但利用率较低。但为了实现平等服务，公共图书馆必须要提供这样的服务。

5. 最小努力理念

最小努力理念是指图书馆用户希望用最小的努力获取所需要的信息。阮冈纳赞的图书馆学第四定律“节省读者的时间”体现了最小努力理念。图书馆学第四定律不仅要求图书馆在文献资料的收集、处理、组织、传播等方面努力做到节约读者时间，还要求在图书馆整体布局、读者服务的各个环节中做到最大限度地节约时间。

要想实现这一理念，一方面，公共图书馆在选址建设上要有空间的便利性，在布局上体现最小努力理念。一般来说，图书馆应建设在居民区 1.5 千米范围内或者读者步行 15 分钟的距离内，才会吸引更多读者前来使用。一些城市在建设图书馆时过分追求单馆建筑面积，实际上服务辐射范围极为有限。按照最小努力理念，应当以服务覆盖范围为选址的优先考虑因素，而不是单体建筑面积。另一方面，图书馆内部的工作流程也要符合最小努力理念。比如，服务方式要符合读者的习惯和心理需求，在信息资源查询过程中也要尽可能做到简便快捷，让用户用最小努力获取信息。这就要求图书馆在馆藏文献的摆放布置、书架排序以及数据库搜索查找等方面进行精心设计。比如检索平台尽量实现多个数据库整合使用，保证用户查询一次就能在所有数据库中查找到所需资源。

6.3 公共图书馆促进示范区建设的基本服务形式

1. 文献借阅

文献借阅是公共图书馆读者服务工作中最基本、最主要的服务方式，是指公共图书馆将各类馆藏文献资源通过各种流通方式提供给读者使用的一种服务方式，分为文献外借和文献阅览。

（1）文献外借。文献外借是指读者与公共图书馆在建立一定契约关系后，公共图书馆将馆藏文献在一定期限内出借给读者，供读者在馆外使用的一种服务方式。鉴于外借服务对象、文献来源、外借方式等差别，公共图书馆外借服务方式主要有个人外借、集体外借、馆际互借、预约借书、邮寄外借、流动外借等。文献外借服务具体操作步骤如下：

第一步，办理借书证。公共图书馆发放借书证的对象是全体市民，凡是持有个人身份证或户口本、驾驶证、护照、军人证件等有效证件的，都可以办理借书证。通常情况下，办理借书证可收取一定数额的押金，并可根据读者借阅权限进行调整。近年来，图书馆界开始尝试免押金服务。比如，一些地方的公共图书馆采取“二代身份证”免押金借阅图书的方式，无论本地市民还是外地市民，只要提供身份证即可享受免押金借阅服务。

第二步，文献外借。文献外借要有一定的规定和制度，比如规定借阅册数，限制外借时间，明确续借制度，损坏、超期赔偿制度等。传统的文献外借借助于手工方式，通过借书证、索书卡、借书卡等进行管理。随着信息技术的发展，现在的文献外借大多借助计算机进行管理，极大地提高了工作效率。

第三步，文献续借。文献续借是指读者根据需要，在外借期限内延长借阅期限。对于不同类型的文献，公共图书馆可按需求制定不同的续借规则。通常规定在读者借书证过期、有逾期未还文献等情况下，不许续借。

第四步，文献催还。文献催还主要分为预期催还、超期催还和预约催还。文献催还的方式主要有电话通知、短信提醒、邮寄催还单、网上发布信息等。

（2）文献阅览。文献阅览是指公共图书馆利用一定空间设施，供读者在馆舍内阅读、利用馆藏文献的一种服务方式。文献阅览主要在阅览室进行。

根据不同标准，阅览室可以分为不同类型。按知识门类，分为社会科学阅览室、自然科学阅览室、地方文献阅览室等；按读者对象，分为少儿阅览室、视障阅览室等；按出版物类型，分为图书阅览室、期刊阅览室、工具书阅览室、视听资料阅览室等；按文献文种，分为中文阅览室、外文阅览室和少数民族阅览室等。

公共图书馆作为公共文化设施，应提供免费阅览服务，让所有市民自由出入图书馆，真正体现公共图书馆的公益性和开放性。除此之外，还应当建立开架阅览和藏、阅、借结合的服务模式，为读者提供多元化阅读服务。《公共图书馆服务规范》（GB/T 28220—2011）对于开放时间也有明确规定，即公共图书馆应有固定的开放时间，双休日应对外开放。其中省级馆每周开放时间不少于64小时；地级馆每周开放时间不少于60小时；县级馆每周开放时间不少于56小时。各级独立建制的少年儿童图书馆每周开放时间不少于40小时。

2. 检索咨询

检索咨询是公共图书馆为读者在获取信息的过程中所提供的检索和咨询服务。

（1）检索服务。检索服务是指公共图书馆将已有的各类文献资料通过手工方式或利用计算机终端进行有效整合，把相关文献线索或知识信息查找出来，满足读者需求的服务方式。开展检索服务是为了更快、更精准地向读者提供所需文献资料，以节省查找信息的时间和精力。

检索服务包括数据检索、事实检索和文献检索。数据检索是以文献中的数据为对象的一种检索，这些数据是一些能够直接使用的信息；事实检索是以文献中的事实为对象，检索某一事件发生的时间、地点或过程；文献检索是以文献原文为检索对象的一种检索。其中，文献检索要通过相应工具进行，而检索工具是进行文献检索的必要条件。检索工具分为传统检索工具和数字化检索工具，其中传统检索工具包括传统的印刷型刊物与参考工具书；数字化检索工具包括计算机网络和光盘数据库等。

文献检索一般要经过四个流程。首先，确定目的。通过分析读者需求，明确检索要求，确定检索的范围。其次，选择方法。根据检索的主题及学科范围来选择相应的检索工具，选择好合适的检索办法。再次，确定途径。检索途径可分为分类途径、主体途径、著者途径和其他途径，一般的检索工具是根据文献的内容特征和外部特征提供不同的检索途径。最后，索取原文。应用检索工具获得文献线索后，对相关文献线索进行整理，分析相关程度，根据文献线索中提供的文献出处获取全文。

（2）咨询服务。咨询服务是指以文献为依据，公共图书馆针对读者在获取信息过程中提出的各种问题，利用各种工具书、互联网及相关文献资源等，有针对性地予以解答并向读者提供具体文献、知识或文献途径的一种服务方式。由于公共图书馆提供的咨询服务主要依据现有馆藏文献资料，提供的解答一般极具参考性，所以这类服务又被称为“参考咨询服务”。

公共图书馆的咨询服务根据不同标准可以分为不同类型。比如，根据服务对象的不同，可以分为面向普通读者的咨询服务和面向政府机构、企事业单位等特定群体的咨询服务。普通咨询服务主要是指公共图书馆日常工作中由工作人员对一般读者提出的各类问题进行现场解答，一般难度不大。对读者提出的一般性知识咨询，工作人员通过查阅相关工具书可直接回答，或引导读者利用馆藏工具书直接阅读相关资料；对因不熟悉检索方法遇到问题的读者，工作人员可以利用自身业务优势，给予读者如何使用检索工具、检索方法的帮助。公共图书馆作为公益机构，理应为政府机关提供决策参考服务，以提高领导决策的科学性。提供决策参考服务的主要方式有：以地方政府部门作为服务对象，为其提供专项信息咨询服务；与政府有关部门合作编制具有影响力的信息产品；参与地方政府支持的课题研究；为政府决策部门开通网络信息服务绿色通道；编制本地舆情信息刊物等。

公共图书馆提供咨询服务的流程一般分为五步：一是受理。工作人员通过口头、书面等方式了解读者需求。二是研判。对读者的问题进行分析研究，针对不同内容制订出不同的检索方案。三是检索。按照制订的检索方案，利用各类检索工具，按照一定的方法、步骤和途径来查找文献。四是答复。获得读者需要的文献和文献线索后，可直接回复读者，或提供专业书目、二次文献或文献线索，或直接提供原始文献等。五是建档。对咨询问题进行解答后，应记录读者信息，记录咨询问题的内容、手段、解答方式以及反馈意见。

3. 导读

导读是指公共图书馆根据读者阅读过程中的需求，协助其选择合适的阅读素材，指导其如何阅读，以提升其阅读能力，养成良好阅读习惯的服务方式。简单来说，导读就是引导、指导读者读什么、怎么读。苏联著名图书馆学家 O. C. 丘巴梁所著的《普通图书馆学》一书中，对此表述为：导读反映的是图书馆教育的过程，这个过程的内容是在了解读者爱好和要求的基础上，通过积极宣传和推荐图书的方法，有目的、有计划地影响读者阅读的内容，影响他们对书籍的选择和领会。

阅读指导的内容包括对读者使用图书馆的指导，“主动阅读”“无功利性阅读”动机的培养，阅读习惯的建设，阅读内容选择的建议，阅读资源获取途径的指导，阅读方法的指导等。

4. 阅读推广

阅读推广是指公共图书馆通过开展各类阅读活动，向社会公众传播阅读知识，培养阅读兴趣，促进全民阅读。阅读推广的目的是激发公众对阅读的兴趣，加大阅读的影响力度，使公众更有兴趣、更有意愿参与阅读，也是对公共图书馆本身的一种宣传推广方式。除了日常推广外，公共图书馆还可以利用各类节日进行大型阅读推广活动。比如利用“4·23”世界读书日，在社区、学校等机构联合开展庆典活动，向公众宣传公共图书馆，提升全民阅读兴趣。另外，公共图书馆还可以利用国际儿童节、国际盲人日、重阳节等特殊节日开展针对少年儿童、视障人士、老年人的阅读推广活动。阅读推广活动可以从以下几个方面展开：

（1）提供家庭阅读。家庭阅读是指通过家庭环境促进个人阅读，通过组织以家庭为单位的读书活动，达到阅读推广目的。

（2）图书展览。针对不同人群和需求，开展专题或精品图书展，吸引读者阅读。例如举办针对小朋友的绘本展，或针对本地文化爱好者的地方文献专题展览。

（3）演绎名著。通过朗诵、音乐会、影视欣赏等方式来演绎名著，激发读者对经典文学作品的兴趣，培养其阅读习惯，让其享受阅读乐趣。还可通过故事会等形式演绎经典童话、绘本等，培养少年儿童的阅读兴趣。

（4）推荐书目。针对某一特定读者群体，围绕某一专门问题，对文献进行选择性筛选并进行推荐。推荐书目不仅能引导读者阅读，还能激发读者爱书、读书的热情，是阅读选择中的重要辅助工具。

除了以上阅读推广形式，还可以采取编制阅读推广手册，以及开展图书漂流活动、书友会活动、读书征文比赛、读书有奖知识竞赛、图书捐赠等形式。在进入全媒体时代以后，公共图书馆更应充分利用各种媒体、信息技术开展各种读书活动，使阅读推广行之有效。

5. 公益讲座

公益讲座是指公共图书馆工作人员通过策划、组织、演讲等形式进行知识传播，从而达到对读者进行社会教育的一种服务形式。公益讲座作为一种免费教育资源，是公共图书馆传播知识、进行读者教育的重要载体，是公共文化服务的一项重要内容，也是建设公共文化服务体系的基本措施。2005 年，首届“全国图书馆讲座工作研讨会”在上海图书馆召开；2010 年，由国家图书馆牵头成立了全国公共图书馆讲座联盟，以期达到促进全国图书馆讲座全面发展的目的。目前公共图书馆公益讲座主要分为以下几类：

（1）青少年教育。这类讲座内容主要包括青少年心理健康、道德与法治教育、家庭教育、学习方法、历史知识等方面，主要目的是促进青少年开阔眼界、增长知识，使其树立远大理想和信念。如浙江省金华市图书馆举办的“如何建立和谐亲子关系”、广东省珠海市图书馆举办的“中国青少年音乐教育除了技巧，还需要什么”等讲座。

（2）健康保健。这类讲座的主要内容为慢性病防治、传染病防治、心理调适、中医养生、食品安全以及如何识别伪科学、伪医学等多个类型。主要目的是帮助公众正确认识常见疾病的发病原理，了解病理方面的相关知识，从而使其树立健康的生活习惯和健康理念。如深圳图书馆举办的“自律的饮食可以逆转糖尿病吗”、上海市徐汇区图书馆举办的“夏季常见皮肤病的防治”等讲座。

（3）历史文化。传承中华民族优秀文化，是公共图书馆开展讲座的一大亮点，也是其他文化机构不具备的独特优势。公共图书馆通过深入挖掘本地区的历史文化资源、提炼总结本地人民在经济社会发展中涌现出来的精神力量，传承中华民族优秀文化，为当地经济社会发展凝聚精神动力。比如四川省绵阳市图书馆举办的中华传统文化系列讲座、湖南省衡阳市图书馆举办的“晚清官场奇葩——彭玉麟心中的江湖”等。

（4）科学常识。这类讲座的内容包括前沿科技、灾害应急防范、电信反诈、安全防范等，主要是向社区居民普及推广科技知识，提高公众科技素养。比如唐山图书馆举办的“地震无情，减灾有道——纪念唐山抗震胜利 40 周年防震减灾科普知识讲座”。

（5）艺术修养。这类讲座内容较为丰富，主要目的在于培养公众艺术修养，提高全民素质，包括中外历史、哲学、国学、文博、戏曲、诗歌、音乐、舞蹈、绘画、书法、动漫等多个类型。如苏州图书馆举办的苏州大讲坛之“中国传统画派——米点山水”等。

（6）法律知识。这类讲座的主要内容是普及与公众生活密切相关的法律常识，比如《中华人民共和国刑法》《中华人民共和国民法典》《中华人民共和国道路交通安全法》等；主要目的是提高和增强公众法律意识，提升其懂法、守法、用法的能力。

（7）时政知识。这类讲座的主要内容是国际形势、国家大政方针、经济形势等社会焦点话题，公共图书馆邀请相关领域的专家、学者，用平实的语言为公众解读国家政治经济生活中的焦点话题，提高公众参与国家事务与社会事务的热情和能力。比如广州图书馆举办的“借力乡村振兴东风 加快我市‘三农’事业发展”讲座。

（8）心理健康。这类讲座重点关注社会弱势群体，比如未成年人、刑满释放人员、留守儿童、残障人士、老年人、农民工等；主要目的在于帮助公众调节自身情绪、排解不良情绪，从而使其达到维护自身心理健康的目的。

（9）社会热点。这类讲座针对当下公众普遍关注的社会热点问题，比如投资理财、时尚潮流、就业择业、社交礼仪等，为公众提供解疑释惑的参考途径和解决方法。

（10）阅读交流。这类讲座主要是邀请专家、学者和社会普通民众，分享阅读过程中的经验和体会，促进双方互动和交流，从而探讨全民阅读过程中的各类问题；主要目的是提高公众对阅读的兴趣，进而促进全民阅读。

6. 文化活动

公共图书馆举办的文化活动主要目的在于吸引更多读者参与图书馆活动，提高公共图书馆的吸引力和影响力，让社会公众进一步了解公共图书馆的相关服务，进而达到促进全民喜欢阅读的目的。通常有如下形式：

（1）培训学习。培训学习是指公共图书馆根据公众需求开展一些与日常生活相关的技能培训，以便满足公众终身学习的需求，比如演讲培训、朗读培训、少儿计算机培训、外语培训、音乐欣赏、急救知识培训等。

（2）影视播放。通常情况下，公共图书馆主要针对少年儿童开展影视播放活动，比如利用假期为中小学生播放红色影片、爱国主义教育影片等，给少年儿童播放动画片等；有些公共图书馆还在影片播放完毕后开展观影鉴赏、讨论等活动。

（3）手工制作。很多公共图书馆利用现有空间开展手工制作活动，以培养公众多方面兴趣爱好。针对不同群体，公共图书馆一般会采取不同的活动形式：针对成年人的活动侧重展现手工艺的文化价值，比如剪纸，串珠，编中国结，画脸谱，制作风筝、宫灯、十字绣、油纸伞等；针对青少年的活动侧重益智和培养童趣，比如制作月饼、饺子、甜点、节日贺卡、智能机器人及彩绘、折纸等。如湖北省孝感市图书馆举办的"《五彩缤纷的小丑》超轻黏土特色手工"活动。

（4）展览。根据展览主题的不同，可以把展览分为不同类型：馆藏资源与服务成果类展览，如馆藏家谱展、特色地方文献展等；艺术类展览，如书法展、油画展、摄影展、陶瓷展等；科技类展览，如功能性新材料成果展等；社会焦点类展览，如防汛抗灾新闻图片展、"两会"新闻图片展等；当地特色民俗、支柱产业类展览，如民间剪纸、纺织材料、花卉园艺展等。根据展览载体的不同，可以把展览分为实物展览和虚拟展览；根据展览活动方式的不同，可以把展览分为阵地展和流动展。

（5）竞赛。公共图书馆一般采取征文比赛、中小学生作文比赛、讲故事比赛、朗诵演讲比赛、视频制作比赛、海报创意比赛等方式进行。竞赛一般利用公共空间进行公开展示。

（6）文艺演出。一般情况下，公共图书馆通常和社区组织合作举办文艺演出活动，吸纳一些有才能并热心公益的人士参加和组织演出活动。这不仅调动了居民参与社区文化活动的积极性，也是对公共图书馆本身的宣传。

（7）节假日主题活动。中华民族的传统节假日是对历史文化的传承，利用传统节假日举办相关主题活动，也是推广公共图书馆公共文化服务的重要内容。比如利用元旦假期开展新年赛诗会、新年茶话会；利用春节假期举办猜灯谜、写春联活动；利用元宵节假期开展猜灯谜闹元宵、花灯制作活动；利用七夕节开展婚姻家庭主题活动等。

7. 流动图书馆

流动图书馆是利用汽车等运输工具装备起来的图书馆，可以任意移动，定期将图书送至各工矿企业、机关、农场、学校、居民点，开展图书借阅工作，举办群众性的图书宣传活动。① 图书馆开展流动服务最早可以追溯到1892年，美国纽约州图书馆开创了图书巡回车的服务工作。20世纪初，美国公共图书馆开始使用流动图书馆解决公共图书馆系统不完善、分馆数量少的问题。在我国民国时期，私立浙江流通图书馆开始使用自行车送书，有的图书馆工作人员挑着担子给基层民众送书。1983年，唐山丰南县图书馆用一辆加重自行车开展流动服务，走遍乡镇村庄；1985年，我国第一台汽车图书馆专用车试制成功，并交付武汉图书馆使用。进入21世纪后，公共图书馆的流动服务得到了快速发展，具有灵活高效、经济适用、方便快捷的特点，我国流动图书馆主要有汽车图书馆、地铁图书馆、公交车图书馆等。

（1）汽车图书馆。装有书架和书桌等图书借阅设备的汽车，将图书馆部分书籍、期刊、音像资料定时、定点送到企业、农村、医院、学校或其他偏远地区，供读者阅览，还可以现场办理外借手续。这在一定程度上弥补了偏远地区图书馆覆盖不足的问题，是推进社区、乡镇文化建设的一种创新方式。有的汽车图书馆开展了专题宣传、普及各类知识的群众性活动；有的汽车图书馆专门组织举办了朗诵会、读者会议、座谈会等；有的汽车图书馆除提供印刷型文献服务外，还配备了空调、音响设备、电影放映设备、可以无线上网的电脑设备等。相对于固定图书馆，汽车图书馆有着投入小、灵活性强、服务面广、效果明显等特点，极大地扩大了公共图书馆的工作覆盖面，是目前最为流行的流动服务方式，其最大限度地缩短了图书馆与读者之间的距离，有效提高了馆藏文献的利用率，是实现资源共享的重要方法。类似于汽车图书馆这种利用运输工具开展流动服务的流动图书馆还有流动图书船、摩托车图书馆、自行车图书馆，以及在边远山区开展的马背图书馆、驴车图书馆和背篓图书馆等。

（2）地铁图书馆。近年来，随着我国一些城市地下交通建设步伐的不断加快，地铁出行成为很多市民的首选。一些城市公共图书馆为了拓宽服务范围、最大限度方便全民阅读，开始在地铁站这个公共空间设立小型图书借阅设备。比如，2012年11月，武汉市地铁2号线安装了自助图书机，每台存书8000多册，乘客可通过武汉“一卡通”自助借还图书。

① 周文骏．图书馆学情报学词典［M］．北京：书目文献出版社，1991.

(3) 公交车图书馆。即在公交车或站台摆放书架，放置图书、杂志供乘客阅读或者外借。自 2015 年以来，我国多个城市出现了公交车流动图书馆。比如，2016 年 4 月，河南郑州在 95 路公交车上设立书架，这样乘客既可以在车上看书，也可以扫描二维码借书回家看。2017 年 7 月，青岛公交集团在城阳区公交站点设立“流动书屋”，让广大乘客在候车之余可以翻阅书籍；如需借阅，用手机扫描二维码即可，看完后可以选择任意一辆通往该车站的公交车完成还书。

(4) 送书上门服务。送书上门服务是指公共图书馆与物流公司合作，由物流公司将所需图书送到读者家中或指定地点，读者阅读完毕后再由物流公司送回图书馆的服务方式。比如，广州图书馆提供的上门服务，读者可以随时随地通过网络申请借书，然后公共图书馆根据具体信息以物流的方式直接把书送到读者手上，并提供代为归还服务。公共图书馆与物流公司合作极大地方便了那些交通不便、出行不便的读者。不仅如此，杭州、温州、上海、合肥等地还采取信用借阅的方式，即支付宝芝麻信用达到一定分数即可享受免办证、免押金、线上借阅、送书上门服务。

8. 政府信息服务

政府信息资源是指政府发布的所有信息的总和，有的产生于政府内部，有的产生于政府外部，对政府活动能够产生一定的影响。公共图书馆政府信息服务包括政府信息组织和政府信息服务两方面内容。政府信息组织是指公共图书馆通过收集当地政府信息，公开其目录、指南、索引、摘要的编制工作；政府信息服务是指公共图书馆向公众提供政府信息的查询、获取和咨询工作。2009 年 4 月，国家图书馆推出“中国政府公开信息整合服务平台”，各级公共图书馆也积极开展政府信息服务。

(1) 设立政府信息查阅中心。2019 年 5 月 15 日施行的新修订的《中华人民共和国政府信息公开条例》第二十五条规定：“各级人民政府应当在国家档案馆、公共图书馆、政务服务场所设置政府信息查阅场所，并配备相应的设施、设备，为公民、法人和其他组织获取政府信息提供便利。”公共图书馆要认真落实此项要求，根据自身条件配备相应设备，主动接收政府信息，提供信息公开目录、指南、行政审批和服务事项等文献的查询、借阅、复印服务；要加强沟通协调，建立政府信息及时进入公共图书馆的渠道保障制度，确保公众能及时获取最新的政府公开信息。除纸质文献外，公共图书馆还要做好政府数字化出版物的收集整理，并向公众提供查询渠道。

（2）深化政府信息服务。公共图书馆应发挥专业优势对政府信息进行科学组织、加工整理，对信息作出深度标引，设计多途径、多角度的查询方式，方便社会公众获取；将政府关注的重点话题、公众关注的热点问题，整理汇编成专题目录或信息汇编，主动为公众提供服务。有条件的图书馆还可以帮助读者选择能够解决其相关问题的政府部门，使公共图书馆成为政府信息的咨询者和服务者。

（3）拓展政府信息服务途径。公共图书馆还可以利用自身服务体系和全国文化信息资源共享工程基层服务点的网络优势，整合现有政府信息，通过互联网、数字电视等方式，为偏远地区的公众及时提供政府信息服务，扩大政府信息覆盖面；还可以利用讲座、展览等活动，针对政府推出的重大决策、焦点问题或重要活动向社会公众进行解读、宣讲，拓展政府信息服务途径。

（4）开展政府信息共建共享。公共图书馆要加强与相关机构、部门的合作共享：一方面要与政府网站、行政部门、档案馆协调合作；另一方面要加强与其他图书馆的横向联系，通过统一数据标准、统一数据库、统一门户等方式，将不同层级图书馆的政府信息连成分布式网络，搭建公共的政府信息资源共享服务网络。

7 公共图书馆建设的社会化投入

现代图书馆的重要标志之一，就是从社会发展的高度来认识和理解图书馆的功能，动员全社会的力量来促进图书馆事业的发展。国际图联在 2018 年 8 月发布的《全球愿景报告》中强调，馆际合作以及与外界的合作，对于创建一个强大的、联合的图书馆界来说至关重要，这也是《公共图书馆宣言(1994)》“伙伴合作”理念的时代表达。进入 21 世纪，全社会对公共文化服务社会化的理解和认识在不断深化，党的十八届三中全会将推动公共文化服务社会化发展作为构建现代公共文化服务体系的重要内容。2015 年年初，中共中央办公厅、国务院办公厅印发的《关于加快构建现代公共文化服务体系的意见》明确指出，我国现代公共文化服务体系建设的目标是逐步形成政府、市场、社会共同参与的格局。《公共文化服务保障法》和《公共图书馆法》都确立了鼓励和支持公民、法人和其他组织参与公共文化服务的方针，标志着公共文化服务社会化发展走向法治化轨道。

7.1 社会化投入的相关概念和基本理论

随着我国公共文化服务体系建设的不断推进，很多地方开始促进公共文化服务的多元化发展。公共图书馆作为公共文化服务体系的重要环节，做好社会化参与工作需要对相关概念和理论做好清晰界定，以便更好地指导具体实践。

1. 图书馆事业

图书馆是指向社会公众免费开放，收集、整理、保存文献信息并提供查询、借阅及相关服务，开展社会教育的公共文化设施。近年来，我国图书馆事业取得了快速发展，公共图书馆在“十三五”时期规划部署并提出了一系列重大工程和全新举措，对图书馆事业的发展起到整体、宏观的指导性作用，为各地图书馆的发展奠定了深厚而坚实的基础。“十三五”规划实施期间，我国图书馆事业与时俱进，在新态势、新机遇的大环境下，实现了稳健、飞速的发展，取得了跨越式的进步和令人瞩目的成绩。《中华人民共和国文化和旅游部2020年文化和旅游发展统计公报》显示，截至2020年年底，全国共有公共图书馆3212个，比2019年年底增加16个，同比增长0.50%。随着我国公共图书馆数量的增加，相关从业人员数量也快速增长，2020年我国公共图书馆从业人员数量达57980人，较2019年年底增加了184人，同比增长0.32%。《公共文化服务保障法》和《公共图书馆法》的颁布实施，标志着我国图书馆事业的法治化有了重大突破。尤其是《公共图书馆法》作为我国首部针对图书馆的专门立法，它的颁布实施是我国图书馆事业进程中里程碑式的大事件。为保证公共图书馆持续健康发展，该法确立了“政府主导、社会参与”的建设格局，从设立主体、享有权利、扶持政策、参与方式等方面，对社会力量参与公共图书馆建设作出了规定。该法第四条规定：“国家鼓励公民、法人和其他组织自筹资金设立公共图书馆。县级以上人民政府应当积极调动社会力量参与公共图书馆建设，并按照国家有关规定给予政策扶持。”第六条规定：“国家鼓励公民、法人和其他组织依法向公共图书馆捐赠，并依法给予税收优惠。境外自然人、法人和其他组织可以依照有关法律、行政法规的规定，通过捐赠方式参与境内公共图书馆建设。”这些具体规定推动了公共图书馆的健康、规范发展，彰显了公共图书馆在公共文化服务体系中的重要地位，体现了公共图书馆在新时代满足人民日益增长的文化生活需求中的重要作用。

2. 社会力量

社会力量是指能够参与、作用于社会发展的基本单元，包括自然人、法人。结合《公共文化服务保障法》和《公共图书馆法》的相关规定，公共文化服务领域通常意义上的社会力量是指政府机关和文化事业单位以外的公民、法人和其他社会组织。主要包括国有企业、民营企业及各类混合所有制企业；政府以外非营利性社会组织，如社会团体、基金会和民办非企业单位等；除政府机关和文化事业单位以外的公益单位，如学校、敬老院等，这些单位虽然是公共部门，但不承担政府公共文化职能。从实践情况看，国有企业、民营企业、非文化事业单位、社会团体、基金会、民办非企业单位、公民个人等社会力量积极参与公共文化事业，积极开展文化产品的生产、文化服务的提供、文化产业的创新等。可以说，这些社会力量已经发展成为公共文化事业建设不可或缺的重要力量。

3. 社会力量参与方式

从我国公共文化事业发展实践看，当前社会力量参与公共图书馆事业的方式主要有以下几种：

（1）慈善捐赠。慈善捐赠是指社会力量通过向公共图书馆或主办机构捐赠资金、书刊、图书馆办公场所等方式支持公共图书馆建设。

（2）政府购买。政府购买是指政府通过发挥市场机制作用，把政府直接提供的一部分公共服务事项以及政府履职所需的服务事项，按照一定的方式和程序，交由具备条件的社会力量和事业单位承担，由政府根据合同约定向其支付费用。按照购买内容可分为整体购买、部分购买等，从实际情况看，政府购买的服务事项主要包括安保、保洁、图书流通、采编、管理运营等。

（3）公私合作。公私合作是指社会力量参与公共图书馆的设计、融资、建设、运营的全过程，通过自身举办的资本筹集、商业运营和专业技术方面的优势，与政府主管部门合作，共同做好公共图书馆的相关工作。公私合作一般分为两种情况：一种情况是仅限于具体项目的投融资合作；另一种情况是涉及投融资、管理运营的全方位合作。

（4）民办机构。民办机构是指自筹资金、自建场馆、自招人员，完全通过自身力量建设图书馆并提供给社会公众使用，自行承担管理运营费用的机构。

（5）民办公助。民办公助是指政府通过资金补贴、政策支持、项目合作等方式，将社会力量投资兴办的文化设施纳入公共文化服务体系，让其向社会公众提供公共文化服务的合作方式。

（6）志愿服务。社会力量以志愿者身份参与公共图书馆的服务工作，由公共图书馆负责招募、培训、组织等日常管理。

（7）公众参与。社会公众通过一定参与形式，表达意愿、思想和价值取向，参与公共图书馆的管理服务。

（8）文化事业与产业融合。文化事业与产业融合是指社会力量通过一定方式参与文化事业、文化产业和旅游资源开发，促进文化事业与产生融合发展，增强公众文化自信，提高国家文化软实力。

无论社会力量以何种方式参与公共文化事业建设，都是政府公共文化事业投入的有益补充，必将有力推动公共图书馆服务水准的提升。

4. 新公共管理理论

20 世纪 70 年代末，西方发达资本主义国家实行的政府改革，兴起了新公共管理理论。新公共管理理论完全改变了传统模式下政府与公众之间的关系，政府不再是发号施令的权威官僚机构，而是以人为本的服务提供者，政府公共行政部门不再施行“管治行政”而是“服务行政”。公民是享受公共服务的“顾客”，政府以“顾客”需求为导向，尊崇“顾客”主权，坚持服务取向。政府购买公共服务应当贯穿公共管理的全过程，同时引入市场竞争机制，虽然政府负责提供公共服务但不一定要自己生产。在政府公共管理过程中，政府要借鉴市场竞争和企业管理手段，提高公共部门的工作效率，从而构建“小政府、大社会”的社会环境。

5. 公共产品理论

公共产品理论的核心观点认为，公共产品的特点是每个人消费这种产品或劳务不会导致别人对该种产品或劳务消费的减少。公共产品或劳务具有与私人产品或劳务显著不同的三个特征：效用的不可分割性，消费的非竞争性，受益的非排他性。凡是可以由个别消费者所占有和享用，具有敌对性、排他性、可分性这三个特点的产品就是私人产品。介于二者之间的产品为准公共产品。公共产品的法定提供者和生产者是可以分开的，政府可以通过购买的方式组织社会力量进行生产，由政府负责监督、解决资金的来源问题。

6. 公共治理理论

公共治理理论是关于不要求政府整天疲于应付，而希望政府有自知之明，做自己应做和能做的事；不强求自上而下、等级分明的社会秩序，而重视网络社会各种组织之间的平等对话的系统合作关系的一系列理论。当前公共治理理论在我国是否适用在理论界存在较大争议，但中国社会治理理应实现政府、社会、市场和公众之间的良性互动，以此来弥补政府和市场在调控和协调过程中的某些不足。

7. 第三部门理论

第三部门理论是关于公益组织的一种代表性理论。该理论认为，政府和市场可能出现失灵，社会需要政府和私营企业之外的其他组织作为“第三部门”，来维护公共利益，承担政府和市场未能承担的职能。第三部门是介于政府部门与营利性部门之间，依靠会员缴纳的会费、民间捐款或政府拨款等非营利性收入，从事前两者无力、无法或无意作为的社会公益事业，从而实现以服务社会公众、促进社会稳定与发展为宗旨的社会公共部门。虽然各国对于第三部门的定义各有不同，但一般来说，第三部门单位大都是由政府编制预算或由私人企业出资，交由非政府单位维持经营的事业体。一般常见的社团法人、基金会或非政府组织（NGO）通常都属于第三部门范畴，虽然每个第三部门单位成立的背景与运营方式有所不同，但一般来说第三部门单位通常具有以社会公益为目的、不用缴税等特质。那些以服务公众为宗旨，不以营利为目的，其所得不为任何个人谋取私利的机构，都可划入第三部门。

8. 公民社会理论

公民社会（市民社会）是指围绕共同的利益、目的和价值的非强制性的行为集体。它不属于政府的一部分，也不属于私营经济的一部分。通常而言，它包括为了社会的特定需要，以及为了公众的利益而行动的组织，诸如慈善团体、非政府组织（NGO）、社区组织、专业协会、工会等。“公民社会”一词最早出现在古希腊先哲亚里士多德的《政治学》中，指的是“城邦国家”或“自由和平等的公民在一个合法界定的法律体系之下结成的伦理——政治共同体”。20 世纪末发生在东欧及拉美国家的民主化浪潮对现代公民社会的兴起起到了决定性作用，人们普遍认为应该把经济领域从公民社会中分离出去，把社会组织和民间公共领域当作公民社会的主体，并系统提出了政治社会—经济社会—公民社会的社会生活划分模式，从而完成了公民社会向社会文化领域的转型。

7.2 国外社会力量参与公共图书馆建设的成功经验

近年来，在新公共管理理论的推动下，世界各国纷纷大力推动社会力量参与公共图书馆建设。由于各国历史、国情、政治制度、文化传统等方面的差异，形成了不同的公共文化服务制度模式。其中，美国、德国等国家采取“民间主导”模式，即从中央到地方政府未设立文化主管行政部门，政府主要在顶层设计层面制定相关法律法规，营造相关制度环境，鼓励各类文化机构自我生存、自我发展，向社会提供公共文化服务；法国、日本等国家采取

“政府主导”模式，即政府在公共文化建设中处于主导地位，从中央到地方设立文化行政主管部门，在具体执行过程中，政府积极引导社会力量参与；英国、澳大利亚等国家采取“公私伙伴”模式，即中央和地方政府设立了文化行政管理部门，社会上还存在大量自主、半官方、专业化的文化艺术基金会等中介机构，共同分配文化资源，管理文化事务，提供文化服务，如英国文化、媒体和体育部（DCMS）与沃尔夫森基金会在公共展馆领域共同开展公私合作项目。尽管各个国家的文化体制不同，但国外引导社会力量参与公共文化建设的先进公共管理理念，在转变政府职能、引入市场机制、公民社会参与等方面具有较强的借鉴意义。

1. 法律法规健全，配套制度完善

健全社会力量参与公共图书馆事业建设的配套法律法规，营造法治、规范的政策环境，是保证公共图书馆事业持续健康发展的基本前提。比如，税收政策会引导和促进社会捐赠，各个国家都采取了相应的鼓励政策。国外健全的税收政策可以保证企业和个人在参与社会公益事业时可以依法获得免税待遇，同时还征收高额遗产税和赠予税，对个人所得或遗产征收超额累进税等。国外政府还制定相关政策引导社会志愿者服务，如美国 1973 年制定了志愿服务法。在中央层面，政府制定出台了公私合作的相关法律，通过明确公私合作项目评估、市场准入、风险分担、生命周期、各阶段流程运作等来加强公共文化项目公私合作模式的顶层设计等。

2. 合作方式多样，伙伴类型丰富

西方各国根据本国情况，纷纷采取不同方式使社会力量参与到公共文化建设的探索与实践中。以法国、日本为代表的“政府主导”模式，强调政府在公共文化建设中的主导作用；以美国、德国为代表的“民间主导”模式，鼓励各类文化机构自我发展、自我生存；以英国、澳大利亚为代表的“公私伙伴”模式，由半官方的、专业化的文化艺术基金会等中介机构参与管理。各国公共文化服务社会化形式多样，如慈善捐助、政府购买、公私合作、志愿服务、公民参与等。私营企业善于根据市场需求捕捉商机，反应迅速，行动力强；文化类社会组织在公共文化治理体系中可以发挥“第三部门”的作用，与政府、市场所承担的公共文化服务职能相辅相成，在资源动员、服务提供、活动实施、运营管理等方面具有专业化能力和独特优势，是国外政府以社会化机制和方式提供公共文化服务的主要依靠力量之一。在美国公共文化建设中，非政府机构、慈善机构、志愿者机构、宗教团体、免税机构等第三部门广泛参与其中。在日本，非营利性组织是公共文化服务体系多元化供给模式的倡导者，文化艺术领域的非营利性组织数量已经超过2000个。

3. 严格管理和控制，注重保持独立

社会力量参与公共文化建设等公益性领域，不可避免地会带来诸如公共机构逐利等负面影响。公共图书馆如果交由私营公司独立运营，就意味着公共图书馆可能转变成为新的商业机构，最终会失去公益属性。在这一点上，国外一些国家也产生过相关争议。比如，在日本，由私营企业运营的茑屋图书馆就暴露出企业逐利、损害公共图书馆公益形象的问题。国外个别公共图书馆甚至在馆藏书刊中出现了色情图书，还有的公共图书馆一大半的空间被咖啡馆、书店占用，这些现象极大地损害了公共图书馆的公益形象。有的公共图书馆被私营企业运营后，出现降低员工福利、减少维护费用、降低员工专业标准、严重依赖志愿者工作等现象。因此，我国在引入社会力量参与公共图书馆建设过程中一定要避免出现上述问题，时刻保持公共图书馆的公益属性。

4. 严格监督管理，注重绩效评估

国外在引入社会力量参与公共图书馆建设过程中，通过招标采购、项目外包等方式，委托社会机构承办的各类文化活动，需要依据绩效评估，根据政府文化采购的特点、范围、种类及管理方式将相关项目进行公开征集，通过公开、公平、公正的竞争机制选定承办机构，并规范跟踪管理。绩效评估是管理的重要环节，也是加强公共文化服务的公共性与民主性，合理配置、高效使用公共文化资源，提高公共文化服务质量和水平，衡量公共文化服务体系完善程度的重要手段。总之，注重全过程绩效评估不仅是对社会力量的评估，也是对政府投资文化项目的评估。

7.3 我国社会力量参与公共图书馆建设的方式和存在的问题

7.3.1 我国社会力量参与公共图书馆建设的方式

尽管在很长一段时间里，我国一直主张公共图书馆的建设由政府主导，但也一直强调“国家办馆与群众办馆相结合的事业建设原则”，一直比较重视社会力量参与公共图书馆建设。2007 年 10 月，中国图书馆学会在江苏常熟举办了第二届“百县馆长论坛”，设立的分会场中首次出现了“社会力量参与图书馆建设”主题，最终讨论取得了显著效果。近十几年来，国家已经把保障公民基本文化权益、建设全覆盖的现代公共文化服务体系作为基本战略，相继出台的政策中都含有“鼓励和欢迎社会力量参与公共文化服务体系建设”的内容。《公共图书馆法》指出，公共图书馆服务网络建设坚持政府主导，鼓励社会参与。由于一直坚持“国家办馆和社会办馆相结合”的原则，我国公共图书馆事业在发展过程中一直在多个角度、多个层面凸显出社会力量参与的身影。

我国社会力量参与公共图书馆建设的主要方式有以下七种：

1. 民办机构

在很长一段时间里，我国公共图书馆建设主要在县以上行政区域层面，无论哪一级的公共图书馆都是由中央政府或地方政府的文化主管部门作为单一的建设主体。《公共图书馆法》有一个很大的突破，就是重新界定了“公共图书馆”的概念。该法第二条所称公共图书馆，是指向社会公众免费开放，收集、整理、保存文献信息并提供查询、借阅及相关服务，开展社会教育的公共文化设施；同时，在第四条里既规定了县级以上人民政府建设公共图书馆的主体责任，又规定了“国家鼓励公民、法人和其他组织自筹资金设立公共图书馆”，给公民、法人或其他组织自筹资金设立公共图书馆提供了法律依据。第二十条也给予社会力量投资兴办公共图书馆一个特殊的法律权利，“公共图书馆可以以捐赠者姓名、名称命名文献信息专藏或者专题活动”，而“公民、法人和其他组织设立的公共图书馆，可以以捐赠者的姓名、名称命名公共图书馆、公共图书馆馆舍或者其他设施”。该条第一款所包含的法律权利，是指无论是政府设立的公共图书馆，还是公民、法人和其他组织投资设立的公共图书馆都可以拥有；而第二款所包含的权利，则专指社会力量投资设立的图书馆才可以享有的权利。

民办图书馆按照经营性质可以分为公益型、半公益型和经营型。公益型图书馆主要是个人创办的家庭图书馆、社会团体创办以及企业捐助的图书馆。这类图书馆大多集中在农村等偏远地区，一定程度上弥补了基层图书馆的不足。半公益型图书馆主要是以收取少量费用为前提，向公众提供图书馆服务，其中收取的费用主要用于抵销服务产生的那部分成本。经营型图书馆是指专门开展图书馆服务的经营型民间读书社或民营图书馆等，兴起于20世纪80年代末。这类图书馆经营机制灵活，采取现代管理方式，在馆址布局、藏书内容、服务方式、服务时间等方面比公共图书馆灵活方便，同时也弥补了公共文化供给不足的现状。比如河北秦皇岛市昌黎县阿那亚度假园区内的三联书店海边公益图书馆是中国首座海边公益图书馆。最初，阿那亚项目方希望在海边能够有一个精神体验空间，而设计师希望通过图书馆制造一种让人可以在其中安静地与书发生某种“沟通”的情绪或氛围。因为其设计理念的独特与大胆，吸引了无数游客前来感受“最孤独图书馆”的孤独与静谧。同时，公益图书馆为阿那亚项目带来了不小的收益，可以说阿那亚项目是公共文化产业与企业相融合的典范。

2. 民办公助

民办公助是指政府通过政策、财税等对民间组织或社会机构兴办的图书馆等文化设施进行支持。2012年2月发布的《国家“十二五”时期文化改革发展规划纲要》明确指出，加强公共文化产品和服务供给，供给的具体措施是“采取政府采购、项目补贴、定向资助、贷款贴息、税收减免等政策措施鼓励各类文化企业参与公共文化服务”。政府对民办文化机构的资助形式一般可以分为两种：一种是专项资助，即针对民间图书馆甚至是特定的某个图书馆拨付一定资金给予资助；另一种是以奖代补，即对民办文化机构制定一定的工作标准，对达到标准的相关机构进行物质奖励。政府采取民办公助的方式鼓励民办文化机构承担基层文化设施的服务职能，目的在于降低服务成本，扩大公共文化服务的覆盖范围。

3. 社会捐赠

社会各界对公共图书馆的捐赠形式和捐赠对象是多种多样的，社会捐赠对象主要包括资金、图书、基础设备等，而社会捐赠形式则主要包括个人捐赠、单位捐赠以及慈善机构捐赠等。我国有关政府部门一直都十分认可和支持社会捐赠行为，并通过完善相关法律法规的方式来鼓励社会捐赠行为。现如今，个人捐赠已经成为社会捐赠公共图书馆的主要方式之一，而且国家对捐赠个人并没有明确的限定，既可以是普通百姓，也可以是知名人士。单位捐赠顾名思义就是以单位的名义进行捐赠，慈善机构捐赠则是慈善机构组织的捐赠活动。社会捐赠行为有效解决了部分地区公共图书馆建设和管理资金有限的难题，为公共图书馆职能的正常发挥提供了强大的资金支持和人力支持。社会捐赠分为直接捐赠和间接捐赠。目前我国公共图书馆直接捐赠的主体主要有四大类：一是港澳台同胞和海外华人华侨，如霍英东、邵逸夫等；二是高校的退休教师、杰出校友，如南京大学校友杜厦捐建的杜厦图书馆；三是大企业，如飞利浦集团在全国捐建希望小学和图书馆；四是其他社会慈善人士。间接捐赠是指企业、个人向基金会捐款，通过基金会间接向图书馆捐赠书刊和资金等。

从社会实践看，尽管社会捐赠已经成为公共图书馆除政府投资外的重要经费来源渠道，但总体上看我国图书馆界主动谋求捐赠的意识不强。对此，《公共图书馆法》第六条规定了“国家鼓励公民、法人和其他组织依法向公共图书馆捐赠，并依法给予税收优惠”，同时还规定“境外自然人、法人和其他组织可以依照有关法律、行政法规的规定，通过捐赠方式参与境内公共图书馆建设”。自此，公共图书馆可以依照这条法律规定，增强自身主动谋求捐赠的意识，设置专门部门负责募集资金，旗帜鲜明地向国内外征集文献等捐赠。

4. 政府购买

2015 年年初，中共中央办公厅、国务院办公厅印发的《关于加快构建现代公共文化服务体系的意见》第十条，已经对“建立健全政府向社会力量购买公共文化服务机制”做出了详细的政策规定，“出台政府购买公共文化服务指导性意见和目录，将政府购买公共文化服务资金纳入财政预算”。2015 年 5 月国务院办公厅出台国办发〔2015〕37 号文件，转发文化部等部门《关于做好政府向社会力量购买公共文化服务工作的意见》的通知，以及附件《政府向社会力量购买公共文化服务指导性目录》，其中包括公共图书馆（室）等运营和管理、民办图书馆等面向社会提供的免费或低收费服务等内容。《公共图书馆法》第四十五条明确规定，“国家采取政府购买服务等措施，对公民、法人和其他组织设立的公共图书馆提供服务给予扶持”。具体来讲，县级以上人民政府要制定本地区政府向社会力量购买公共图书馆服务项目目录和价格标准，并实施具体监管。

当前，公共图书馆采取政府购买的方式来实现部分业务外包，主要涉及以下方面：公共图书馆传统业务，如采编、整理、流通和配送等业务；图书馆读者服务，如讲座培训、参考咨询等；信息系统服务，如硬件维护、软件开发和数据库建设等；物业管理，如安保、保洁和建筑维护等。按照政府采购的相关规定，目前公共图书馆采取公开招标、邀请招标、竞争性谈判、竞争性磋商、单一来源确定等方式来确定承接主体，同时采取购买、委托、租赁、特许经营、战略合作等各类方式实现业务外包。近年来，由于政策层面的大力支持，越来越多的地方开始用政府购买服务的方式向公众提供图书馆公共文化服务。比如，上海、广州、北京等一线城市是国内最早探索实践政府购买图书馆服务的城市，其他地区也相继跟进，购买主体涉及省、市、县多级政府。

5. 公私合作

这一合作模式主要是指政府相关部门与企业单位以签订合作协议的方式来确定合作方向和合作模式，是政府积极倡导社会力量参与公共图书馆运行管理方式的结果。一般而言，政府部门、公共图书馆和企业单位三者共同协商合作的模式，可以更好地实现优势互补和资源共享。其中，政府部门可以提供一定的资金扶持。公共图书馆能够提供的资源有场地、物业管理、图书馆管理体系和管理经验等，合作的企业单位可以提供装修资金、管理技术人员等。值得注意的是，在提高合作企业单位经济效益和社会效益的同时，尽量提高合作企业单位的服务考核标准，比如丰富服务内容、创新服务手段等。该种合作模式不仅可以降低公共图书馆对政府资金的依赖性，减轻相关政府部门的资金压力，也可以提高公共图书馆的管理水平和服务质量，进一步满足不同层次消费者对公共图书馆的不同需求。

近年来，全国各地许多文化项目引入公私合作模式，积极探索公共文化服务供给体制，创造了许多成功经验。从社会力量参与的方式和内容上看，社会力量通过参与前期建设、运营管理、资金注入等方式参与到项目中。如福州市海峡文化艺术中心、宁波文化广场、上海市虹口区“菜场书屋”、张家港“图书馆驿站”等。可以说，将民间机构引入公共文化服务体系，既扩展了公共文化服务的范围，丰富了公共文化服务内容，又促进了民间机构的发展，实现了双赢。

6. 志愿服务

志愿服务是现代社会文明进步的标志。近年来，我国在奥运会、世博会等重大活动中采取了招募志愿者的方式提供辅助服务，各级志愿者为活动的开展作出了巨大贡献，如今志愿服务逐渐扩展到公共卫生、公共教育、公共环境和公共文化各个领域。从 20 世纪末期开始，我国许多地方的公共图书馆已经开始招募志愿者，组成公共图书馆志愿者服务队伍。这成为目前社会力量参与公共图书馆运行管理的主要方式之一。我国公共图书馆志愿者主要分为传统图书馆基本业务志愿者和延伸业务志愿者两大类型：传统图书馆基本业务志愿者主要提供公共图书馆书籍的整理、书籍信息采集等服务；延伸业务志愿者则主要提供公共知识讲座、公共图书馆宣传等服务。连续多年举办的公共图书馆志愿者活动不仅让更多的人全面深入地了解了公共图书馆的日常工作和主要职能，也在一定程度上影响了公共图书馆的未来发展方向和管理模式。

在政策引导方面，《公共文化服务保障法》第四十三条规定：“国家倡导和鼓励公民、法人和其他组织参与文化志愿服务。公共文化设施管理单位应当建立文化志愿服务机制，组织开展文化志愿服务活动。县级以上地方人民政府有关部门应当对文化志愿活动给予必要的指导和支持，并建立管理评价、教育培训和激励保障机制。”第五十二条规定：“国家鼓励和支持文化专业人员、高校毕业生和志愿者到基层从事公共文化服务工作。”由此，各地纷纷出台针对图书馆志愿者的管理制度，但总体上我国对志愿者的管理、招聘、服务运行等方面还处于探索阶段，还需在规范管理流程、提供服务水平、建立有效的保障机制等方面进一步完善。

7. 公民参与

《公共文化服务保障法》对公民参与公共文化服务做了多处规定。比如第十三条规定，国家鼓励和支持公民、法人和其他组织参与公共文化服务；第三十七条规定，国家鼓励公民主动参与公共文化服务，自主开展健康文明的群众性文化体育活动；第四十三条规定，国家倡导和鼓励公民、法人和其他组织参与文化志愿服务等。公民参与一般分为公民个人独立参与和公民有组织参与两种类型，其中公民有组织参与包括社区组织、非营利性组织以及企业组织参与等。从内容上看，公民参与涉及公共文化政策的制定、执行、监督及评估各个环节；参与文化活动举办、文化成果创造、文化设施建设；参与文化产品和服务的生产、提供、制作等。目前从我国实际情况看，公民参与公共文化服务的途径相对单一，因此提高公民参与程度、提升公共文化服务水平是当下亟须解决的问题。公民是公共文化服务体系建设的主体，因此政府相关部门要按照共建、共享、共有的原则，积极引导公民参与公共文化服务，实现公众的自我参与、自我娱乐、自我开发。

7.3.2 社会力量参与公共图书馆事业建设存在的问题

从我国各地实际情况来看，当前社会力量参与公共图书馆事业建设还存在一些问题：

1. 相关法律法规和政策制度不健全

尽管近年来我国先后制定出台了一系列文化法律法规，但鼓励社会力量参与公共文化服务体系建设的配套制度仍不够系统和完备。在重点解决各类文化机构社会化运行机制和可持续发展保障机制方面，制度化配套政策尚不完善。社会力量参与公共文化事业的政策不具备普适性，很多政策尽管发文规格较高，但大多是指导原则等宏观政策。这些宏观政策过于笼统和模糊，不利于具体操作和参照执行，个别政策法规还存在相互冲突的内容，使得社会力量参与公共图书馆建设受到诸多限制。与此同时，社会力量参与公共文化事业建设的手续烦琐、流程复杂，需要层层审批，极大地挫伤了社会力量参与的积极性，使得原本很好的优惠政策也大打折扣。

2. 社会资本投入的长效机制尚未建立

尽管近年来社会力量通过赞助、捐赠、建立基金等方式开始广泛参与公共文化服务，但大多数是个别行为，因此不具备长期性、稳定性和持续性。目前公共文化服务领域的经费投入仍然是以政府投入为主，尚未形成社会资本投入公共文化事业建设的长效机制。比如，很多企业在投资建设公共图书馆等文化设施时完全出于企业负责人的个人喜好，如果企业经济效益出现波动，投入将难以持续；还有一些企业的捐赠属于在政府干预下的被动投入，政府领导干部变动后，企业很多时候就不再继续投入该项目，导致项目难以为继。总之，如果不能在社会资本投入方面建立良好的多元化投入机制，将会导致社会资本的投入不具有长期性和稳定性，甚至带来不良后果。

3. 文化类社会组织不够发达

近年来我国社会组织虽然发展较快，但参与公共文化服务的文化类社会组织相对薄弱。这些文化类社会组织要么规模有限，要么类型单一，要么专业化程度较低，要么生存能力低下。由于缺乏良好的外部环境和运行经验，目前我国很多社会组织出现资金不足、难以为继的局面；同时，我国社会组织普遍缺乏良好的内部自律机制、行业自律机制，使得自身发展受到诸多限制。公共文化服务是高度敏感的，社会力量参与公共文化服务一定要严格掌控意识形态领域的主导权。实践中，出现过一些私人图书馆馆藏文献带有不良信息、个别演出团体节目内容低俗等现象，这些现象都会在社会上造成极为恶劣的影响，严重侵害公共文化服务体系的本质属性，对此，政府相关部门应该严格依法依规予以查处和打击。

4. 政府监管不到位

随着市场主体、社会主体和利益主体的日趋多元化，公共文化服务领域采取市场化运作时如何对社会力量参与公共文化服务进行有效监管，已经成为政府相关部门面临的突出问题。各类社会力量参与公共文化服务的动机、能力、资源和水平存在较大差异，如一些社会力量受利益驱使，导致其在参与过程中出现偏差，背离了公共图书馆的公益属性。在实践中，有很多类似的例子，比如企业资助的文化活动变成产品推介会；在图书馆等免费场所开展收费培训；政府采购的公共文化产品质量低下、粗制滥造；政府相关部门对政府购买公共文化服务干预过多，导致权力寻租、产生腐败。

7.4 完善社会力量参与公共图书馆建设的对策建议

为保障社会力量参与公共图书馆事业建设健康可持续发展，政府相关部门需要从贯彻政府主导、完善相关配套政策、拓宽融资渠道、创新参与方式、培育社会组织、健全监督评估等多个方面加以完善。

1. 发挥政府对社会力量的协调引导作用

随着我国社会公共文化体系和公共文化服务相关法律体系的不断发展和完善，公共文化服务频率增加，公共文化服务范围逐渐扩大。与此同时，人民群众基本文化权益得到了根本性保障，日益多样化的文化需求也得到了更好的满足，实现了公共文化服务的标准化和专业化的共同发展。无论是以前还是现在，政府一直在公共文化服务体系中扮演着主导者的角色，是促进公共文化服务快速发展的主力军。政府相关部门通过完善相关法律法规为公共文化服务体系的完善提供法律依据；通过发挥政府部门的市场调节职能和财政调节职能来扫清公共图书馆和社会力量合作中的障碍。公共图书馆的运行管理模式要紧跟时代发展的步伐，顺应图书馆行业的发展潮流，积极探索更加高效的公共图书馆运行管理模式。公共图书馆应加强与文化企业的深度合作，在满足自身发展的基础上，最大限度地提高公共图书馆的服务效能，辩证地认识政府部门与社会力量的关系，促进两者的相互补充和协调发展。

2. 健全法律法规和政策体系

在现有法律法规基础上，要进一步加强顶层设计，从中央层面对社会力量参与公共文化事业，特别是公共图书馆事业建设的体制机制形成系统化、规范化、可操作性强的政策法规体系，在慈善捐赠、公私合作、事业产业融合等具体领域进一步完善相关政策规定。政府有关部门要会同财政、法制、文化、民政及公共文化机构等多部门，对社会捐赠、政府购买、民办机构、文化志愿者服务、社会资本引入等相关制度进行细化研究，出台实施细则。如改革有关社会组织双重登记的法律法规，提高管理效率；落实对捐赠人和捐赠单位的奖励办法，如建设优先权、税收减免、冠名权等，政府各相关部门要搞好协调配合，最大限度地方便社会力量参与建设。各级政府要明确事权分工，不同层级政府要制定推动本地区公共文化服务发展的相关配套政策。中央政府的主要任务是制定宏观指导政策；省级政府的主要任务是协调各职能部门和事业单位、企业、社会组织的相互关系并做好监督；县级政府应重点抓好基层落实，制定本地区的具体落实细则，加强关注适应本地区的公共文化服务范围划分，服务标准制定，财政转移支付办法以及服务监督评估标准等。此外，由于我国地域辽阔，各地区经济社会发展和文化资源、文化传统千差万别，各地政府要因地制宜，结合本地区实际情况，制定适合地方经济特色、文化传统及地域风情的鼓励性政策和公共文化服务发展规划，注重相关政策的可操作性和可实施性，尽最大可能鼓励社会力量参与本地区公共文化服务体系建设。

3. 拓宽筹资渠道

政府建立促进文化类社会组织发展的专项基金，为社会力量进入公共文化服务领域提供信贷支持，将民办文化机构、文化活动、文化创作等纳入政府扶持项目，通过项目化运作的方式支持艺术创作、培养艺术人才。进一步梳理相关政策法规，减轻社会文化企业的各类负担，清理相关行政事业性收费，不得向文化企业乱摊派、乱罚款、乱收费。要完善社会捐赠相关机制，制定必要的文化经济政策，通过减免税费、资金扶持、表彰冠名、项目帮扶等优惠政策吸引社会资金参与公共文化建设。加大对捐赠税收优惠政策的宣传力度，简化操作手续，下放免税审查资格审批权限，在全社会形成捐资文化事业的良好氛围。此外，政府还可以从土地转让、建设规费、水电使用及其他政策性补贴等方面给予一定优惠，特别是可以尝试采用授予名誉图书馆馆长、名誉顾问及馆舍命名等方式，吸引社会人士投资捐赠。有条件的地区还可以探索成立半官方的文化发展基金会，吸引和统筹安排使用社会资金；还可以建立地域性的、专项文化服务基金会，引导社会资金重点支持某方面的公益性文化建设项目和文化活动。为进一步拓宽融资渠道，政府还可以探索发展文化彩票和文化债券，以提供持续的财力支持，有效缓解公共文化服务所面临的资金压力。

4. 培育壮大文化类社会组织

一是降低文化类社会组织的准入门槛，简化登记程序，放宽登记条件，对重点领域的文化类社会组织实行直接登记；对尚未符合登记条件的文化类社会组织，可先行在居委会、街道、社团管理部门备案，文联、作协、文化馆等相关单位应主动提供协助。二是加大政府购买力度。各级政府要加快转变政府职能，加大购买公共文化服务的力度，可以采取“清单式”管理，即列出需要购买的服务种类，同时购买对象向文化类社会组织倾斜，用政府购买服务的方式培育和壮大文化类社会组织，提高政府公共文化服务供给水平。三是提高奖励补贴。政府应加强对文化类社会组织的鼓励和培育，建立完善的税收优惠配套政策，区别对待公益性文化类社会组织和非公益性文化类社会组织，给予不同优惠待遇。四是建立规范考评体系，明确公益性文化类社会组织参与公益类项目的优惠范围和操作流程。五是完善社会捐赠的所得税扣除政策，积极引导和大幅提高捐赠者参与社会公益活动的积极性。

5. 创新监督管理模式

将服务效能和社会效益纳入社会力量参与公共图书馆运行管理评价体系的范围。公共图书馆应正视以往服务评价体系中存在的弊端，扩大和提高互联网技术、大数据等现代化技术在公共图书馆服务评价体系中的使用范围和使用频率，提高公共图书馆服务评价体系的时效性和数字化能力。此外，公共图书馆还应积极创新服务模式，完善公共图书馆数据库，总结以往公共图书馆管理的成功经验和失败教训，并为政府部门购买社会服务提供更多有价值的参考信息。社会力量参与公共图书馆运行管理工作的实际效果可能会随着社会环境以及公共图书馆发展现状的变化而发生相应的变化。此外，社会力量参与公共图书馆运行管理的方式和途径多种多样，进一步加剧了公共图书馆管理评估体系的多元化。公共图书馆以及相关政府部门应建立科学有效的现代化管理评估体系，将社会力量参与的所有方式和途径都纳入评估体系范围，并根据参与方式的不同制定不同的评价标准。社会力量在参与公共图书馆运行管理之前，要了解公共图书馆的发展需求，并对参与过程进行全面的评估和推测；在参与公共图书馆运行管理之后，要及时评估社会力量给公共图书馆发展所带来的影响和效果，并形成专业化的评估报告。

6. 拓展公共图书馆志愿者招募途径

公共图书馆应加强对市场行情和公众文化需求的调查研究，准确把握当前公共图书馆运行管理模式的发展特点和未来发展趋势，制定科学合理的运行管理目标，并以此为依据评估出所需志愿者的数量。公共图书馆可以适当放宽公共图书馆志愿者的年龄限制，允许少年儿童、退休老人加入，从而壮大公共图书馆志愿者队伍。公共图书馆可以利用自身的网络平台和新媒体平台推动线上和线下相结合的志愿者招募模式的使用。比如，公共图书馆可以在微信公众平台上推送公共图书馆志愿者招募令，对报名参加的志愿者进行初步筛选，尽量选择那些有一定组织能力和文化水平志愿者，从而提高公共图书馆志愿者队伍的整体素质。公共图书馆还可以与当地的志愿者协会进行合作，邀请志愿者参与到公共图书馆的日常工作中，使公共图书馆志愿者招募行为成为常态化和动态化的基本工作。

7. 加大舆论监督力度

政府相关部门要重视公众对公共图书馆的基本诉求，通过调查问卷等方式真正全面地了解社会公众心目中的公共图书馆，拓宽对公共图书馆服务投诉建议的渠道，比如创建官方网站、开通微信公众号等，虚心听取社会对公共图书馆的建议和意见，并将公众有利的投诉建议纳入公共图书馆日常管理体系中。公共图书馆应利用传统媒体和新媒体来扩大宣传范围和影响力，提高公众对公共图书馆的认可度和信任度，为社会力量参与公共图书馆运行管理提供良好的舆论环境。公共图书馆在宣传过程中，应尽量选择和使用公众喜闻乐见的宣传方式，可以通过宣传和表扬在公共图书馆建设发展过程中表现优秀的人和企业等方式来发挥其示范带头作用，从而提高社会力量参与公共图书馆运行管理的主动性和积极性。公共图书馆还可以聘请从事互联网专业的优秀人才来管理公共图书馆的新媒体，及时回复公众的信息和解答公众的疑虑，以此实现社会公众和公共图书馆之间的良性互动。

8 大力推动公共图书馆社区服务

公共图书馆社区服务是公共文化服务的重要内容。社区是现代社会的基本单元，推动公共图书馆服务进社区，让广大群众能够以最近距离、最快速度、最低成本享受公共图书馆服务，是推动公共文化服务共享的重要目的，是文化惠民的重要表现。

8.1 公共图书馆社区服务基本概念和特点

8.1.1 社区的概念和分类

德国社会学家F. 滕尼斯于1881年首先使用“社区”（一般译为“共同体”“团体”“集体”“公社”等）这一名词，即“由具有共同的习俗和价值观念的同质人口组成的，关系密切的社会团体或共同体”。他对社区与社会做了系统的阐述和比较，认为社区既是社会的最简单形式，又是一种自然状态。他所分析的是传统农业社会的社区，其特征是：成员对本社区具有强烈的认同意识，他们重感情、重传统，彼此之间全面了解。滕尼斯关于社区的理论，为以后的社区研究打下了基础。第一次给“社区”定义的是美国芝加哥大学的社会学家罗伯特·E. 帕克（Robert Ezra Park）。他认为，社区是“占据在一块被或多或少明确地限定了的地域上的人群汇集”“一个社区不仅仅是人的汇集，也是组织制度的汇集”。

从滕尼斯开始，人们对社区的理解发生了很大的变化。因此，关于社区的定义和解释变得多种多样。众多的定义可以分为两大类：一类强调——精神层面（人群的共同体——如成员必须具有共同的传统价值等）；另一类强调——地域的共同体（具有共同的居住地，即在一个地区内共同生活的人群）。在滕尼斯提出社区概念后，社区日益成为社会学的一个重要概念。在社会学意义上，社区有公社、团体、社会、公众以及共同体、共同性等多种含义。不同的社会学者对社区的概念表述千差万别，据统计，社会学家给社区下的定义有 140 多种。尽管社会学家对社区下的定义各不相同，但在构成社区基本要素的认识上还是基本一致的，他们普遍认为一个社区应该包括一定数量的人口、一定范围的地域、一定规模的设施、一定特征的文化、一定类型的组织。社区就是这样一个“聚居在一定地域范围内的人们所组成的社会生活共同体”。因此，一般认为，社区是若干社会群体或社会组织聚集在某一个领域里所形成的一个生活上相互关联的大集体，是社会有机体最基本的内容，是宏观社会的缩影。社区是具有某种互动关系的和共同文化维系力的，在一定领域内相互关联的人群形成的共同体及其活动区域。1933 年，燕京大学社会学系的学生费孝通等人认为将“community”翻译为“地方社会”并不恰当，故首次引入社区一词，并将社区解释为人们在地缘基础上结成的互助合作的群体。

对于社区类型的划分，由于社会学者的不同视角和不同研究领域，其呈现出多种形式。例如，滕尼斯将社区分为地区社区、精神社区、血缘社区三种类型；美国社会学家麦肯齐根据社区的区位体系，将社区分为基本服务社区、商业社区、工业社区、缺乏自身明确经济基础的社区四类。其他常见的社区类型划分还包括：根据社区功能的不同，将社区分为经济社区、政治社区、文化社区、军事社区、旅游社区和特殊社区等；根据社区的规模，将社区划分为巨型社区、大型社区、中型社区、小型社区和微型社区五种；根据社区的形成机制，将社区划分为血缘社区、业缘社区、趣缘社区等类型；根据社区的形成方式，将社区划分为人为划定的社区和自然形成的社区；根据社区的存在形式，将社区划分为真实社区和虚拟社区；根据文化属性，将社区划分为华人社区、客家社区等；根据行政区域，将社区划分为城市社区、乡镇社区、村屯社区等类型。随着城市化进程的加快以及互联网的普及，大量农村人口涌入城市，有学者又将社区划分为城市社区、农村社区、中介社区和虚拟社区四种类型，其中中介社区是指城市化进程中出现的介于城市社区和农村社区之间的“都市里的村庄”，虚拟社区是指网络上的虚拟社群，如天涯社区。①

2000 年 11 月 3 日，我国民政部颁布的《民政部关于在全国推进城市社区建设的意见》指出，“社区是指聚居在一定地域范围内的人们所组成的社会生活共同体”，并进一步指出，“目前城市社区的范围，一般是指经过社区体制改革后作了规模调整的居民委员会的辖区”。也就是说，同属于一个居民委员会辖区的可能是一个居住小区，或几个居住小区。农村社区是人类社会最早出现的社区，是指由居住在农村内以农业生产为主要谋生手段的人口组成的社会共同体，是农村社会服务管理的基本单元。在我国，所谓农村社区即指一个个的村庄。

8.1.2 公共图书馆社区服务的兴起

社区服务最早起源于 18 世纪中期的英国，是资本主义国家早期社会福利的一种形式。在中国，1987 年 7 月，民政部在大连市召开民政工作现场座谈会，正式提出了开展社区服务的构想。同年 9 月，民政部在武汉市主持召开了全国城市社区服务工作座谈会，对社区服务的性质、目的与功能进行了定位，即社区服务是在社区内为人们的物质生活和精神生活所提供的各种社会福利与社会服务，目的就在于调解人际关系，缓和社会矛盾，创造一个和谐、良好的社会环境，并把社区服务作为城市的区政府及其派出机构街道办事处的一项重要工作。

公共图书馆社区服务，是指公共图书馆利用自身资源，主动为社区居民提供的情报信息、休闲娱乐、专业指导、参考咨询等服务。最早的公共图书馆社区服务可以追溯到 19 世纪英国的城市街区服务，在这之后，欧洲一些国家也相继出现了公共图书馆社区服务。20 世纪 60 年代，美国底特律公共图书馆配合政府开展公共图书馆社区服务工作，组建了专门的公共图书馆社区服务机构。随后，美国其他城市乃至世界各国纷纷效仿，自此公共图书馆社区服务逐渐兴起。这一时期，美国图书馆界还发起了“社会责任大讨论”，英国图书馆界发起了“社区图书馆运动”，为公共图书馆开展社区服务创造了新起点。《公共图书馆宣言（1994）》明确提出，在信息、扫盲、教育和文化方

① 苗艳梅．关于社区及社区类型的研究述评［J］．湖北广播电视大学学报，2000（2）．

面，公共图书馆应确保居民获得各种社区信息，并向当地的企业、社团和利益集团提供必要的信息服务。1997年，国际图联成立了由多个国家的图书馆或图书馆协会组成的社会责任讨论小组（SRDG），该组织注重关注信息鸿沟、图书馆资源的平等利用以及乡村图书馆的发展问题。随着公共图书馆事业的发展，图书馆的社区服务职能越来越受到重视，已经成为公共图书馆拓展服务范围、实践公共图书馆平等服务原则的主要途径。

2006年，《国务院关于加强和改进社区服务工作的意见》将城市社区服务的重点领域和内容分为七个方面，社区文化、教育、体育服务位列其中，该意见要求我国要发展面向基层的公益性文化事业，逐步建设方便社区居民读书、阅报、健身、开展文艺活动的场所。2007年8月，中共中央办公厅、国务院办公厅发布了《关于加强公共文化服务体系建设的若干意见》，提出要加强社区文化中心、乡镇综合文化站、村文化活动室等基层文化阵地建设。2015年1月，中共中央办公厅、国务院办公厅印发了《关于加快构建现代公共文化服务体系的意见》，要求依托城乡社区综合服务设施，加强城市社区和农村文化设施建设；以县级文化馆、图书馆为中心推进总分馆制建设，加强对农家书屋的统筹管理，实现农村、城市社区公共文化服务资源整合和互联互通，进而促进城乡基本公共文化服务均等化。2015年10月，《国务院办公厅关于推进基层综合性文化服务中心建设的指导意见》，提出要推进县域内公共图书资源共建共享和一体化服务，加强村（社区）及薄弱区域的公共图书借阅服务，整合农家书屋资源，设立公共图书馆服务体系基层服务点。一系列政策的出台，为社区图书馆建设和公共图书馆社区服务的开展提供了政策保障。同时，我国图书馆界逐渐兴起了以基本公共文化服务均等化为目标，包括社区图书馆在内的基层图书馆建设和服务。

8.1.3 公共图书馆社区服务的特点

公共图书馆社区服务与其他服务相比，有其自身特点，具体有以下六点：

一是社区服务需求的多样性。这一特性在城市社区中尤为明显，社区居民往往由来自不同行业、不同层次的多种人群组成，如工人、教师、学生、商人、艺术家、公务员、进城务工人员等，他们有着不同的兴趣、爱好和审美观，从事着不同的职业，年龄也各不相同，因而也就有着不同的精神文化需求。公共图书馆社区服务就是要满足社区居民日常生活、终身学习、求职就业、娱乐休闲、健康养生、专业指导等多方面的、不同层次的需求。

二是社区服务内容的地域性。地域性是社区文化最显著、最基本的特征，是社区文化长期发展和积淀的结果，每一个居民都生活在一个被大多数居民认可的、具有地域特征的文化环境中。公共图书馆要为社区居民提供文化服务，必须考虑其文化的基本特征，并在服务内容上加以体现，使其更贴合居民的实际需求，同时鼓励居民积极参与。

三是重点关注弱势群体的需求。空巢老人、留守儿童、残疾人、特困户等弱势群体历来是我国社区服务的重点对象。民政部等相关部委将切实保障老年人、未成年人、残疾人、优抚对象、困难群体等的服务需求，推动城乡基本公共服务均等化作为城乡社区服务体系建设的重点任务之一。公共图书馆社区服务当然也不例外，应将弱势群体作为重点服务对象。

四是社区服务的便捷性和普惠性。公共图书馆社区服务网点是提供公共文化服务的基础平台，是公共文化服务能够延伸到城乡社区的重要机构，其便捷性与普惠性直接决定了公共图书馆社区服务的效能。公共图书馆社区服务要想扎根社区，需统筹考虑人口规模、需求结构和服务半径等因素，在地点上方便群众就近使用。

五是社区服务方式的主动性。公共图书馆社区服务不是坐等读者上门，而是通过组织各种形式的文化活动和宣传活动，不断增进居民对公共图书馆服务的了解、促进居民参与和互动，使居民逐渐认可、重视和信赖图书馆。社区居民的多元化、多层次特点决定了并不是每个人都了解或知晓图书馆，要想达到真正的普惠平等，“主动出击”的服务方式是公共图书馆社区服务必不可少的手段之一。

六是社区服务主体的多元化。在坚持政府主导的基础上，我国政府历来鼓励社会力量参与公共文化服务体系建设。国务院发布的《国务院关于加强和改进社区服务工作的意见》提出，在社区服务工作中应坚持社会化的基本原则，发挥政府、社区居委会、民间组织、驻社区单位、企业及个人在社区服务中的作用。而引入市场机制，激发各类社会主体参与是我国公共文化服务建设的基本原则之一。因此，公共图书馆社区服务主体呈现出多元化的趋势，企业、社会组织、个人等已成为公共图书馆社区服务建设的重要补充力量。

8.2 我国公共图书馆社区服务发展历程和存在的问题

8.2.1 我国公共图书馆社区服务发展历程

20世纪80年代初，为解决在改革开放大背景下因社会变迁加速而引发的各种社会问题，我国民政部门引进了社会学中的社区工作理论，吸取发达国家及发展中国家在社会发展方面的经验教训，并结合我国实际，开始酝酿城市社会福利制度的改革，提出开展城市社区服务工作的任务，在全国掀起了社区服务理论探讨和试点实践的热潮。1996年10月，中国共产党第十四届中央委员会第六次全体会议通过的《中共中央关于加强社会主义精神文明建设若干重要问题的决议》，提出要深入持久地开展群众性精神文明创建活动，建设社区文化、村镇文化、企业文化和校园文化。2000年11月3日，民政部颁发了《民政部关于在全国推进城市社区建设的意见》，提出要“积极发展社区文化事业，加强思想文化阵地建设，不断完善公益性群众文化设施”。作为社区内重要文化设施的公共图书馆逐渐受到关注，一些经济发达地区率先进行了社区图书馆的建设实践。1995年，中共中央办公厅、国务院办公厅转发了《中央宣传部、农业部关于深入开展农村社会主义精神文明建设活动的若干意见》，提出要积极推动农村文化的发展和繁荣，把倡导和组织农民读书，作为提高农民素质的重要措施来抓。为贯彻落实上述意见，1996年广东省启动实施“千村书库”工程，决定在1996年至2000年有计划、有步骤地在全省建立1000个村级图书馆。① 1997年，中央宣传部、文化部等九部委联合发文在全国组织实施“知识工程”，一些大中城市以实施“知识工程”为契机，大力推进街道图书馆建设，将其作为城市社区建设的一个重要组成部分来抓，取得了显著的成绩。

社区图书馆建设取得的成果引发了图书馆界对社区图书馆的持续关注。2001年10月18日，中国图书馆学会联合10个省（自治区、直辖市）图书馆

① 张忠杰．广东决定建一千个村级图书馆［J］．现代农业，1996（12）．

学会与无锡市惠山区人民政府共同主办，江苏省图书馆学会和无锡市惠山区文体局承办的“21 世纪中国沿海地区乡镇图书馆发展战略研讨会”在无锡市召开，与会代表一致认为，我国的公共图书馆必须向乡镇延伸，真正把乡镇图书馆视为公共图书馆的重要组成部分；提出乡镇图书馆的性质应从“民办”转移到“公办”上来；21 世纪初，中国乡镇图书馆建设的重点应放在沿海地区，而在经济欠发达地区和老少边地区应提倡多元化的办馆模式，鼓励社会办馆。2002 年年初，中国图书馆学会成立社区乡镇图书馆专业委员会，并于同年 10 月召开第二届中国社区乡镇图书馆发展战略研讨会，就社区乡镇图书馆的发展模式、地位与作用，服务对象、内容、方式，文献资源保障等问题进行了研讨。此后，社区乡镇图书馆专业委员会每年都会召开主题会议，探讨中小型图书馆和社区乡镇图书馆的发展，加强了全国图书馆同行间的相互了解与交流。“十五”期间，全国各地尤其是沿海经济发达地区城市的公共图书馆社区服务开始蓬勃发展。

“十一五”时期，我国初步形成了覆盖城乡的公共文化服务网络，抓好基层文化建设成为这一时期文化发展的重点工作之一，乡镇、村（社区）图书馆（室）建设迎来了新的发展机遇。2006 年 9 月，中共中央办公厅、国务院办公厅印发了《国家“十一五”时期文化发展规划纲要》，提出在完善公共文化设施网络布局方面，以大型公共文化设施为骨干，以社区和乡镇基层文化设施为基础，优先安排关系人民群众切身文化利益的设施建设；在创新公共文化服务方式方面，实行定点服务与流动服务相结合，鼓励具备条件的城市图书馆采用通借通还等现代服务方式，推动公共文化服务向社区和农村延伸。2007 年，《中共中央办公厅、国务院办公厅关于加强公共文化服务体系建设的若干意见》，提出要加强社区文化中心、村文化活动室等基层文化阵地建设。同年，国家发展改革委和文化部联合印发了《全国“十一五”乡镇综合文化站建设规划》，据统计，截至 2012 年 3 月底，全国已建成乡镇综合文化站 22443 个，竣工项目建筑面积 922. 27 万平方米，平均每站建筑面积 410. 94 平方米。2007 年 3 月，国家新闻出版总署会同中央文明办、国家发展改革委、科技部、民政部、财政部、农业部、国家人口和计划生育委员会联合发出了《关于印发〈“农家书屋”工程实施意见〉的通知》，开始在全国范围内实施“农家书屋”工程，解决广大农民群众“买书难、借书难、看书难”的问题。

进入“十二五”时期，我国政府对公共文化服务体系建设的重视程度进一步加强，一系列相关政策文件、法律法规相继制定和出台。这一时期，公共文化服务体系建设的一个重要特点就是统筹城乡、突出基层，推动公共文化服务体系建设重心下移、资源下移、服务下移，公共文化资源向城乡基层的倾斜力度进一步加大，为社区图书馆的发展带来了历史性机遇。2011 年，文化部、财政部共同开展了“国家公共文化服务体系示范区（项目）创建工作”，要求结合当地实际，坚持公益性、基本性、均等性、便利性，在全国创建一批网络健全、结构合理、发展均衡、运行有效的公共文化服务体系示范区，培育一批具有创新性、带动性、导向性、科学性的公共文化服务体系项目，为我国公共文化服务体系建设提供示范，推动公共文化服务体系建设科学发展。乡镇（街道）综合文化站（中心）、村（社区）文体活动室、公共电子阅览室建设均被纳入创建标准，极大地推动了示范区内的社区图书馆建设和服务。2013 年 1 月，《文化部“十二五”时期公共文化服务体系建设实施纲要》提出，到 2015 年初步建立覆盖城乡、结构合理、功能健全、实用高效的公共文化服务体系，重点任务之一是使行政村文化活动场所设置率、（城市）社区文化活动场所设置率分别从 34% 和 46% 达到“十二五”期末的 90%。紧随其后，文化部发布了《全国公共图书馆事业发展“十二五”规划》，明确要加强乡镇、社区图书馆（室）及服务网点建设，推进流动图书馆设施建设，形成覆盖城乡、比较完备的公共图书馆设施网络建设。2015 年 1 月，中共中央办公厅、国务院办公厅印发了《关于加快构建现代公共文化服务体系的意见》，要求依托城乡社区综合服务设施，加强城市社区和农村文化设施建设；以县级文化馆、图书馆为中心推进总分馆制建设，加强对农家书屋的统筹管理，实现农村、城市社区公共文化服务资源整合和互联互通，促进城乡基本公共文化服务均等化。2015 年 5 月，中国图书馆学会发布了《书香城市（县级）标准指标体系》《书香社区标准指标体系》《书香城市（县级）、书香社区标准体系指标说明》，为基层图书馆开展全民阅读活动探索路径、积累经验、提供示范。2015 年 10 月，《国务院办公厅关于推进基层综合性文化服务中心建设的指导意见》，提出要推进县域内公共图书资源共建共享和一体化服务，加强村（社区）及薄弱区域的公共图书借阅服务，整合农家书屋资源，设立公共图书馆服务体系基层服务点。

进入“十三五”时期以后，我国公共图书馆事业步入蓬勃发展的新时期，图书馆相关法律法规的制定和出台也进入快车道。2016 年 3 月 11 日，文化部发布了《社区图书馆服务规范》（WH/T 73—2016），并于2016年5月1日正式实施，该规范成为我国第一部规范社区图书馆服务的行业标准。《公共文化服务保障法》第十八条规定："地方各级人民政府可以采取新建、改建、扩建、合建、租赁、利用现有公共设施等多种方式，加强乡镇（街道）、村（社区）基层综合性文化服务中心建设，推动基层有关公共设施的统一管理、综合利用，并保障其正常运行。"2017年7月，文化部印发的《"十三五"时期全国公共图书馆事业发展规划》将推进乡镇（街道）、村（社区）图书室建设作为重点任务之一，要求推动乡、村基层综合性文化服务中心建设，按照相关建设标准和要求设立图书室，配备相应的器材设备，完善管理制度。村级不具备单独设立图书室条件的，可开辟图书阅览区。2018年1月，《中华人民共和国公共图书馆法》正式施行，规定县级以上人民政府应当设立公共图书馆。地方人民政府应当充分利用乡镇（街道）和村（社区）的综合服务设施设立图书室，服务城乡居民。这一系列法律、政策文件对居民享受社区文化服务做了全面部署，对公共图书馆开展社区服务具有重要意义。

同时，"十三五"时期是我国城乡社区服务体系建设，特别是农村社区服务体系建设夯基垒台、立柱架梁的关键阶段。2016年10月，民政部等十六部门联合印发了《城乡社区服务体系建设规划（2016—2020年）》，提出要大力发展城乡社区文化、教育、体育服务。广泛开展社会文化活动，依托城乡社区综合服务设施，建立社区（村）综合性文化服务中心；依托农家书屋和实体书店，大力推动全民阅读；提高数字化文化服务能力和水平；统筹发展城乡社区教育，建立健全城乡一体的社区教育网络；注重社区教育机构与城乡社区综合服务中心（站）的资源共享，提高图书馆、科技馆、文化馆、博物馆和体育场馆等各类公共设施面向社区居民的开放水平。这无疑为社区图书馆的快速建设和发展带来了重大机遇。

8.2.2 我国公共图书馆社区服务存在的问题

截至2020年年底，我国共有8773个街道，7693个乡，21157个镇，10万多个城市社区，农村社区覆盖面不断扩大，社区图书馆服务体量庞大，完善社区图书馆的服务任重而道远。从宏观环境来看，公共我国城乡社区服务体系建设仍处于初级阶段，主要体现在城乡社区服务体系建设发展不平衡，农村滞后于城市的局面尚未得到彻底扭转；城乡社区服务设施配套和技术更新相对滞后，服务项目经费和资源投入依然紧张；社会力量和市场主体参与不充分，专业教育和人员培训亟待加强。从图书馆行业来看，公共图书馆社区服务还在不断的摸索中，现阶段存在的主要问题如下：

一是区域发展不平衡。由于整个公共图书馆事业发展存在着区域性差异，社区图书馆建设和服务发展极不平衡，存在着巨大的地区差别和城乡差别。在地域上，沿海发达地区和中西部地区差别较大；在同一地区，城区和郊区、不同的社区图书馆之间也存在较大差距。文化和旅游部的统计数据显示，2020 年中国人均拥有公共图书馆藏量达 0.84 册，较 2019 年增加了 0.05 册，同比增长 6.33%，但京津等地区和西部地区相比差距较大。一项对京津冀三地基层社区图书馆的调查显示，北京市和天津市的社区图书馆总量分别为 1624 所和 1407 所，而河北省仅有 73 所。

二是经费短缺。我国公共图书馆事业发展经费多用于大城市、大型图书馆，基层图书馆所得经费不足以维持日常运行。社区图书馆建设资金的来源没有保障，多数社区并未设立用于社区图书馆或阅览室建设的专项资金，也未明确规定应由谁负责承担社区图书馆或阅览室建设的资金。很多社区图书馆建设被当成当地的形象工程，不考虑可持续发展，只建不管，缺乏资金长效投入机制，一次性集中投入后出现了资金断流，馆藏更新和服务开展难以为继，最终导致社区图书馆夭折。例如，一些地区的农家书屋建设就存在后续资金跟不上而面临关闭或已经关闭的状况。

三是人才匮乏。多数社区图书馆缺乏专职工作人员，尤其是乡镇和村级图书馆，无专职工作人员的现象较为普遍。很多社区（村）图书馆的管理人员由村干部、社区居委会或社区工作站人员兼任，他们利用工作空余时间管理图书馆，而且多数工作人员并没有接受过图书情报专业教育或培训，因而无暇或无业务能力开展更多更好的服务；即使是专职人员，由于工资待遇低、职业发展不尽如人意等问题，也难以长期留在社区图书馆工作。

四是社会力量参与不足。长期以来，我国社区图书馆主要是通过政府主导建设，由政府号召、出资和管理，第三方机构和社区居民的参与有限。虽然有少数地区已经在探索社会力量参与社区图书馆的建设，但多数地区还没有形成企业、个人、社会组织等社会力量参与社区图书馆建设的多元化发展模式，社区图书馆的建设仅限于小范围的个人捐赠、志愿者参与等，随意性较大，无法为社区图书馆的可持续发展提供有效的补充力量。

五是缺乏法律法规保障。社区图书馆缺乏专门的法律保障，相关法规政策分散在不同的领域，并呈现出较大的区域差距。在国家层面，虽然2016年文化部发布了《社区图书馆服务规范》（WH/T 73—2016），但该标准仅为推荐性标准，缺乏强制力和执行力。《公共图书馆法》仅规定“地方人民政府应当充分利用乡镇（街道）和村（社区）的综合服务设施设立图书室，服务城乡居民”，未明确提及社区图书馆的建设。在地方层面，一些经济发达地区如上海、广州、北京、深圳、苏州等地对社区图书馆建设较为重视，有关社区图书馆的政策法规相对比较完善，并已形成了明确的服务和评估方案。然而在经济欠发达地区，公共图书馆事业发展缓慢，社区图书馆发展得不到重视，相关法律法规的制定更是无从谈起。

8.3 公共图书馆社区服务运行机制

在推动公共图书馆进社区的过程中，公共图书馆应坚持社会化发展，充分发挥社区居委会、业主委员会等社区管理机构或自治组织的作用，与其建立广泛合作关系，整合双方优势资源，推动公共图书馆在广大社区落地生根并较好地开展日常服务。公共图书馆进社区主要从三点入手：

1. 广泛开展合作

（1）大力开展社会化合作。公共图书馆进社区要始终坚持政府主导，严格执行相关政策，确保其公益性。在此基础上，公共图书馆要积极与社区组织密切联系，展开良性互动，建立双赢的合作机制。加强社会化合作以推进公共图书馆社区服务，是基于我国当前公共图书馆事业发展现状而必然要采取的对策。和欧美等发达国家或地区相比，我国公共图书馆事业起步晚，底子薄，直到“十五”时期，我国才基本完成“县县有图书馆”的目标，但多数县级图书馆乃至一些县级以上的图书馆基础设施和服务能力都很薄弱。尤其从服务人口来看，我国公共图书馆的发展严重不足。根据国家统计局《中华人民共和国2020年国民经济和社会发展统计公报》数据，截至2020年年底，我国共有公共图书馆3203个。根据国家统计局第七次全国人口普查公报数据，截至2021年5月，全国总人口约141178万人，其中城镇常住人口约90199万人。这在一定程度上表明，我国平均44.08万人才有一个公共图书馆。考虑到我国基本上都是在县级及县级以上城市才设立公共图书馆的实情，姑且只按照城镇常住人口来计算，也就是说平均28.16万人才有一个公共图书馆。可见我国公共图书馆建设基础依然薄弱，服务辐射范围有限。所以，如果只依靠图书馆阵地服务，是无法实现公共图书馆为社会全体公民服务的职责与使命的。要想更好地履行公共图书馆的职责和使命，公共图书馆必须走出去，并且大力推广图书馆延伸服务，推动图书馆服务进机关、进学校、进企业、进军营、进社区、进农村。其中，社区的重要性尤为突出。社区集中生活着不同职业、不同年龄的各类人群，是构成社会有机体的细胞，是宏观社会的缩影。当前，社区正在成为城乡居民参加各种文化娱乐活动的重要场所，在经济发展水平越高的地区，社区越是居民生活中的重要存在。从图书馆服务角度来说，公共图书馆作为“第三空间”的功能在现代社会日益受到关注，因此公共图书馆也被认为是社区居民生活中的“第二起居室”。由此可见，在当前社会发展环境下，公共图书馆社区服务极为重要且充满挑战。而社区服务对象的多样化，社区中不同服务人群需求的个性化，又给公共图书馆社区服务提出了更高要求。公共图书馆社区服务显然已成为我国当前公共图书馆事业发展中的一项重要而迫切的任务。

如何使公共图书馆社区服务尽快且更好地满足社区居民的需求呢？公共图书馆需要集合更多人、财、物等方面的资源，与政府部门、社区组织等社会力量展开合作，从而实现双方或者多方优势资源的整合和互补。通常来说，公共图书馆社区服务有以下几种实现途径：①设立固定的服务点，如社区图书馆（室）；②没有固定服务场所，通过定期或不定期开展流动服务为社区提供图书馆服务，如送书进社区，面向社区居民举办讲座、展览以及其他各种图书阅读活动；③通过互联网和新媒体渠道提供在线服务。这几种途径都适用于公共图书馆与其他机构或组织建立合作，从而更快、更好地实现社区服务。公共图书馆的优势资源包括专业人才和丰富的馆藏资源，因此在合作中应注意取长补短，如由社区提供场所和基础设施，安排日常管理人员，公共图书馆则负责配置图书文献和管理系统，并为管理人员进行专业、规范的服务培训，双方共同为社区居民提供优质、便利的图书馆服务。

（2）开展“图书馆+社区组织”为核心的合作。这里的“社区组织”是指在社区范围内开展活动的各类组织，包括社区党组织、社区居委会、业主委员会、社区服务中心（站）、社区社会组织、驻社区单位等。其中，社区居委会和业主委员会是社区自治组织；社区服务中心（站）是政府在社区层面设立的公共服务平台；社区社会组织是依法注册或备案，参与社区管理和服务的非营利性组织，包括社区志愿服务类、社区慈善公益类、社区生活服务类、社区事务类、社区文体活动类等社会组织。社区居委会、业主委员会等社区自治组织是公共图书馆开展合作的最佳伙伴。这些社区自治组织在社区服务中具有独特优势，承担管理社区公共事务的职能，在社区居民中具有较高信任度和权威性，并且十分了解社区情况和居民需求。此外，社区内的非营利性社会组织，如社区志愿服务类组织、社区慈善公益类组织、社区文体活动类组织以及驻社区单位也是公共图书馆开展社区服务的优选合作伙伴。公共图书馆宜建立以“图书馆＋社区组织”为核心的合作伙伴关系来推进社区服务工作更好地开展。其中，公共图书馆应为主导一方，为社区服务做出规划，科学布局，规范标准，确定社区服务的发展方向；同时，充分体现社区组织在合作中的积极作用，发扬其地利、人和方面的优势，帮助公共图书馆更好地了解社区居民的需求，更快地融入社区文化建设。值得注意的是，公共图书馆除和社区组织合作之外，还可以有其他合作方，如政府部门、其他机构或者个人等社会力量。总之，公共图书馆在开展社区服务时应注重充分吸纳各方力量，建立多方联动、灵活共赢的合作机制，在人、财、物等方面进行优势互补，形成强大合力。

2. 完善管理机制

（1）实行管办分离机制。随着我国社区管理体制改革的不断推进，社区逐渐成为经济、行政和社会等体制改革的缓冲区或沉淀带，以及人们现代化生活方式的重要载体。社区管理体制改革就是顺应这一发展形势而开展的，目标是形成以社区党组织为核心，以社区自治组织为主体，以社区服务中心（站）为依托，以社区社会组织为补充，驻社区单位密切配合，社区居民广泛参与的现代社区治理结构和议行分离的社区组织架构。在此期间，我国社区公共服务管理体制改革也取得了较大进展，主要表现为实行政社分开、管办分离，转变政府职能，将服务的生产者和直接提供者角色分开，由政府包办一切的“一元制”管理体制转向“政府—社会—居民”的“三元互动”社区管理体制。公共服务供给实现多中心供给模式，政府主要承担组织安排角色，充分发挥民间组织在社区公共服务方面的积极作用，采用“政府主导、各方协作、市民参与、非政府机构管理”的服务管理运营模式。

长期以来，我国公共图书馆事业的发展因行政区划而受限的问题十分突出。我国现有管理体制框架为一级政府负责一个公共图书馆，国务院文化主管部门负责全国公共图书馆的管理工作，而省、市、县各级政府文化主管部门负责各自行政区域内公共图书馆的管理工作。这种管理体制固然有其存在的理由和价值，但却给公共图书馆事业的发展设置了明显的行政区划藩篱。因分属不同管理机构，公共图书馆之间的资源共建共享难以顺畅实现，县级公共图书馆将服务向街道/乡镇、社区/村等基层延伸时，也往往受到行政方面的限制。

政府设立的各级公共图书馆是城乡公共文化服务的重要供给主体，对本地区的公共图书馆事业发展负有领导之责。我国现已确立通过县级图书馆总分馆制建设来实现公共图书馆资源向城乡基层延伸的发展方针，即各县应建立以县级公共图书馆为总馆，街道/乡镇综合文化站、社区/村图书馆（室）等为分馆或基层服务点的总分馆制，总馆负责加强对分馆或基层服务点的业务指导。就管理体制方面来说，总馆负责区域内各分馆或基层服务点的管理和规划，实行人财物统一管理，通过总馆的主导协调实现区域内公共图书馆资源的共建共享。也就是说，公共图书馆设立于社区的分馆或基层服务点在行政上隶属于不同管理机构，但在业务上应接受总馆的统一规划和协调，总馆无须包办分馆或基层服务点的全部事务，但总馆必须参与到分馆或基层服务点的建设和规划中，如为分馆或基层服务点制定建设标准、服务标准、运行制度、考核评价办法等。

（2）实行多方参与的总分馆制。在多元供给模式下，为保障服务的有序和可持续开展，相应管理机制的确立则显得十分关键。尤其在总分馆制建设中，管理机制更是决定着总分馆建设的效率和效益。建立多方参与、权责明确、密切协作的管理机制，是全覆盖的公共图书馆服务体系建设顺利走向成功的基石，社区服务作为区域公共图书馆服务体系建设中的重要内容，也不例外。我国社区（含村）一级的图书馆（室）建设近些年才逐渐受到重视，各地发展水平参差不齐，建设形式也较为多样。从建设主体来看，主要有以下几种形式：第一种是由县（市）级政府根据普遍均等的服务原则，进行规划布局，统一建设并维持运行的公益性图书馆（室）；第二种是由县（市）级政府以项目形式统一设置但由居（村）委会自主运行的图书馆（室）；第三种是自 2004 年开始，为国家新闻出版署和中央文明办等八家单位联合实施的“农家书屋”工程而建立的农家书屋，在广大农村实际承担着公共图书馆的部分功能；第四种是由居（村）委会或社会力量与现有公共图书馆联合建设的图书馆（室），通常作为现有公共图书馆的分馆或服务点；第五种是由居（村）委会或社会力量自主设置和运行的图书馆。各地区可成立专门的社区图书馆行业协会或社区图书馆管理委员会，作为本地区社区图书馆建设工作的领导机构和协调机构，负责制定本地区社区图书馆的整体发展规划和相关业务工作规范标准，协调解决本地区社区图书馆建设和发展中出现的问题。

公共图书馆社区服务要顺利进行自然离不开社区的支持。如前文所述，我国公共图书馆社区服务形式主要包括社区图书馆（室）等固定场所提供的服务、流动服务、在线服务三种。不过，相对来说，后两者在管理上不需要社区的参与，可由公共图书馆设专人、专门部门全力负责，主导并组织开展相关服务和活动，因为牵涉面小，因此在合作方面也更容易达成。如果是通过设立社区图书馆（室）来提供服务，一般社区将参与对社区图书馆（室）的管理，或者在公共图书馆的指导下直接负责管理日常工作，这就需要公共图书馆与社区达成长期稳固的合作，确立更为具体细致的制度和规范体系，双方可签订合作协议，明确合作中各利益相关方的管理范围、权限职责及相互关系。在组织架构方面，作为总馆的公共图书馆应有专门人员或专门部门负责各分馆或基层服务点的业务辅导和协调工作。社区图书馆因规模大小不同，馆内岗位和工作人员数量不等，有的社区图书馆只需 1 ~ 2 人负责日常运作，而规模较大、人员较多的社区图书馆需要设置馆长一职，由馆长负责馆内管理工作以及与外界的协调联系。有条件的社区图书馆也可以参考理事会制度，设立图书馆咨询委员会，吸纳社区不同人群的代表和热心人士来参与管理。

3. 强化保障制度

（1）政策保障。政策保障指的是国家通过制定与公共图书馆服务相关的一系列方针、法令、办法、条例、规划、标准等政策，对公共图书馆服务进行干预规范，为公共图书馆服务提供支持和保障。公共图书馆作为公共文化服务体系中的重要力量，其发展主要依赖政府的支持。因而，在各项保障措施中，政策保障对公共图书馆服务来说尤为重要。进入 21 世纪以来，我国的公共图书馆事业日益受到重视，党和政府出台了多个和公共图书馆事业发展相关的政策，尤其是图书馆立法工作有了重大进展。《公共文化服务保障法》

和《公共图书馆法》的正式施行，标志着我国公共图书馆工作走上了法治化道路。《公共文化服务保障法》是我国文化领域第一部具有综合性、全局性、基础性的法律，《公共图书馆法》则是我国公共文化领域第一部国家层面的专门法律，二者的颁布与实施实现了我国公共图书馆服务由行政性维护到法律保障的历史性跨越。

（2）经费保障。经费保障是当前我国公共图书馆社区服务所面临的一个重要现实问题。调查显示，我国东部经济较为发达的沿海地区，如长三角、珠三角等地区的社区图书馆中，有稳定经费来源的占 75%，而中西部地区拥有稳定年度经费的社区图书馆仅占 18%。若从总体来看，我国拥有固定经费来源的社区图书馆仅为 46%；农家书屋等类似社区图书馆性质的机构，基本上都是一次性投入，没有后续资金支持。公共图书馆经费主要来自财政拨款，政策依据是公共图书馆经费的重要保障。近年来，我国发布了一系列与公共文化财政投入相关的政策，这些政策都对公共图书馆经费保障和增长机制做了相应的规定，尤其是 2018 年 1 月 1 日起施行的《公共图书馆法》更是对政府的经费保障责任做出了原则性规定。这些法规的出台为公共图书馆开展社区服务提供了法律支撑，相关政策在图书馆经费保障方面的规定主要体现在以下三个方面：

一是明确了经费的提供主体。在国家层面，《公共文化服务保障法》第四十五条规定："国务院和地方各级人民政府应当根据公共文化服务的事权和支出责任，将公共文化服务经费纳入本级预算，安排公共文化服务所需资金。"《公共图书馆法》第四条明确规定："县级以上人民政府应当将公共图书馆事业纳入本级国民经济和社会发展规划，将公共图书馆建设纳入城乡规划和土地利用总体规划，加大对政府设立的公共图书馆的投入，将所需经费列入本级政府预算，并及时、足额拨付。"

二是鼓励和扶持社会力量参与公共图书馆服务，拓宽公共图书馆的资金来源渠道。2012 年发布的《文化部关于鼓励和引导民间资本进入文化领域的实施意见》，提出鼓励民间资本捐建或捐资助建博物馆、图书馆、文化馆、美术馆等公共文化基础设施。《公共文化服务保障法》规定，国家鼓励社会资本依法投入公共文化服务，采取政府购买服务等措施，支持公民、法人和其他组织参与公共文化服务。公民、法人和其他组织通过公益性社会团体或者县级以上人民政府及其部门，捐赠财产用于公共文化服务的，依法享受税收优惠。国家鼓励通过捐赠等方式设立公共文化服务基金，专门用于公共文化服务。国家给予政策扶持，体现了政府、市场、社会共同促进公共图书馆事业发展的新思路，使图书馆的经费来源更加多元化，从多种渠道保障了公共图书馆发展所需经费。

三是经费保障是对革命老区、民族地区、边疆地区、贫困地区等经济欠发达地区的援助和扶持。《公共文化服务保障法》第四十六条规定："国务院和省、自治区、直辖市人民政府应当增加投入，通过转移支付等方式，重点扶助革命老区、民族地区、边疆地区、贫困地区开展公共文化服务。国家鼓励和支持经济发达地区对革命老区、民族地区、边疆地区、贫困地区的公共文化服务提供援助。"《公共图书馆法》第七条规定："国家扶持革命老区、民族地区、边疆地区和贫困地区公共图书馆事业的发展。"此外，2013 年，财政部印发的《中央补助地方农村文化建设专项资金管理暂行办法》，提出专项资金的支出范围包括全国文化信息资源共享工程村级基层服务点运行维护和开展宣传培训等支出，以及农家书屋出版物补充及更新支出。

目前，我国社区图书馆的经费主要来自区（县）级人民政府和专项资金。从上述的法律法规中可以看到，除《中央补助地方农村文化建设专项资金管理暂行办法》中有关于全国文化信息资源共享工程村级基层服务点和农家书屋的相关规定外，其他法规均没有针对社区（农村）图书馆经费保障的规定。虽然 2016 年文化部发布的《社区图书馆服务规范》（WH/T 73—2016）规定社区图书馆的日常运营经费应列入区（县）政府财政预算，但该标准仅为推荐性标准，缺乏强制力和执行力。此外，社区图书馆所属的区（县）级及以上公共图书馆经费充足有助于将社区图书馆纳入其总分馆服务体系，从而使社区图书馆获得部分支持，如文献资源、管理、人员培训等。

（3）人员保障。人员保障主要包括两个方面：一是人员数量；二是人员素质。关于人员的数量，我国公共图书馆普遍存在人员编制不足的情况，缺乏编制标准是造成这一现象的主要原因。目前，服务人口数量是公共图书馆人员定编的国际通行标准。例如，国际图联和联合国教科文组织于 2001 年联合发布的《公共图书馆服务：国际图联/联合国教科文组织发展指南》建议，公共图书馆应按每 2500 名服务人口配备 1 名全职图书馆员的比例确定人员编制。在我国，对公共图书馆人员的定编以文化部于 1982 年 12 月 1 日颁布的《省（自治区、市）图书馆工作条例》为标准，该条例仅对省级公共图书馆的人员编制标准做出了具体规定："以五十万册图书、七十名工作人员为基数，每增加一万至一万三千册图书，增编一人。民族地区图书馆每增加八千至一万册民族文字图书，增编一人。"

近年来，我国公共图书馆服务功能从以借阅为主向更广泛的社会功能拓展，对人员数量有了新的需求，但由于缺乏编制增加的确切依据和标准，一定程度上造成了图书馆编制普遍不足的现象。一些图书馆通过聘用部分编外人员来弥补人员数量的不足，但由于编外人员与编制内员工的工资福利存在很大差距，编外人员工作积极性不高，缺乏职业规划，从而直接影响了图书馆整个人才队伍的可持续发展。编制的不足使得基层图书馆人员处于无编制状态，很多社区图书馆管理人员由社区居委会或社区工作站人员兼职，农村图书室管理人员则多由乡、村干部兼职，业务能力和服务水平可想而知。

近些年，为解决馆员数量不足的问题，文化志愿者被广泛引入公共图书馆。2016年3月11日，文化部发布了《社区图书馆服务规范》（WH/T 73—2016），并于2016年5月1日开始实施。该规范提出对于社区图书馆至少配备专职工作人员1名，工作人员可采取不同的用工方式保障其待遇，以保持队伍的稳定性；同时引入志愿者服务机制，建立以专职工作人员为主、以兼职工作人员和志愿者为辅的相对稳定并具有一定专业素质的社区图书馆人员队伍。

在提高人员素质方面，我国近几年出台的一些公共文化和图书馆方面的法律法规对此做了相应的规定。然而，长期以来，我国公共图书馆从业人员的职业素养参差不齐，尤其是基层图书馆的一些工作人员，在进入图书馆工作之前对图书馆一无所知或仅仅认为图书馆是个借还书的地方，有的也仅是接受借还书业务的简单培训后上岗。针对这种情况，公共图书馆界提出建立馆员职业资格准入制度，以便从源头上保证图书馆工作人员的素质。国家图书馆于2004年启动"我国图书馆员职业资格认证制度的建立与实施"国家社会科学基金项目的研究。但实践中，由于基层图书馆薪资待遇偏低，职业发展不尽如人意，有些岗位甚至没有工资。因此，基层图书馆难以吸引专业人才长期工作，这是造成基层馆员队伍结构失衡、稳定性差的重要原因。

9　公共图书馆与应对人口老龄化

老龄化社会是指老年人口占总人口的比例达到或超过一定比例的人口结构模型。1999 年，我国正式步入老龄化社会，一方面反映出我国经济发展和人民生活水平的显著提高；另一方面也对经济社会发展的各个方面提出了新的要求，全社会都要高度重视和认真面对人口老龄化问题。公共图书馆是社会教育的窗口，是公民的终身课堂，承担着公共文化教育与服务的职能，因此要积极适应老龄化社会的实际需求，积极开展面向老年人的公共文化服务，促进社会健康发展。

9.1　人口老龄化与老年教育基本理论

9.1.1　我国人口老龄化的基本情况

按照联合国的传统标准：一个地区 60 岁以上老年人口达到总人口的 10%，即该地区进入老龄化社会。其中，60 岁及以上人口比重在 10% ~ 20%，属于轻度老龄化阶段；20% ~ 30% 为中度老龄化阶段；超过 30% 是重度老龄化阶段。现在，联合国的新标准是 65 岁及以上老年人口占总人口的 7%，即该地区视为进入老龄化社会。2021 年 5 月，国家统计局发布第七次全国人口普查数据。截至 2020 年 11 月 1 日，大陆地区 60 岁及以上的老年人口总量为 2.64 亿人，已占到总人口的 18.70%；65 岁及以上老年人口比重达到 13.50%，人口老龄化程度已高于世界平均水平（65 岁及以上老年人口占比 9.3%），但低于发达国家平均水平（65 岁及以上老年人口占比 19.3%）。

2000—2020 年，我国老年人口比例增加了 8.4 个百分点，积极应对人口老龄化的现实迫切性空前凸显。根据国家统计局的介绍，我国人口老龄化的主要特点有以下几点。第一，老年人口规模庞大。我国 60 岁及以上人口有 2.64 亿人，65 岁及以上人口为 1.90 亿人。全国 31 个省份（港澳台除外）中，有 16 个省份的 65 岁及以上人口超过了 500 万人，其中有 6 个省份的老年人口超过了 1000 万人。第二，老龄化进程明显加快。2010—2020 年，60 岁及以上人口比重上升了 5.44 个百分点，65 岁及以上人口上升了 4.63 个百分点。与上个十年相比，上升幅度分别提高了 2.51 个和 2.72 个百分点。第三，老龄化水平城乡差异明显。从全国来看，乡村 60 岁、65 岁及以上老年人口的比重分别为 23.81%、17.72%，比城镇分别高出 7.99 个、6.61 个百分点。老龄化水平的城乡差异，除经济社会原因外，与人口流动也是有密切关系的。第四，老年人口质量不断提高。60 岁及以上人口中，拥有高中及以上文化程度的有 3669 万人，比 2010 年增加了 2085 万人；高中及以上文化程度的人口比重为 13.90%，比 2010 年提高了 4.98 个百分点。自 2010 年以来的 10 年间，我国人口预期寿命也在持续提高。2020 年，80 岁及以上人口有 3580 万人，占总人口比重的 2.54%，比 2010 年增加了 1485 万人，提高了 0.98 个百分点。

人口老龄化对社会经济发展具有深刻、广泛的影响，是社会发展的重要趋势，也是今后较长一段时期我国的基本国情。这既是挑战也是机遇。从挑战方面看，人口老龄化将减少劳动力的供给数量，增加家庭养老负担和基本公共服务供给的压力。同时也要看到，人口老龄化促进了“银发经济”的发展，扩大了老年产品和服务的消费，还有利于推动技术进步，这些都给经济发展带来了新的机遇。从另一个角度看，人口老龄化是经济社会发展的结果，因为人均预期寿命延长是经济社会全面、协调发展的重要标志。可以说，人口老龄化带给我们的不仅仅是挑战，也有发展机遇，比如助推社会消费、壮大“银发经济”、倒逼产业升级等。人口老龄化不仅是养老问题，更是重大民生问题。因此，老龄工作不只是老年人工作和养老工作，而是一项涉及经济社会发展全局的系统工程。做好老龄工作，事关亿万百姓福祉，需要“党委领导、政府主导、社会参与、全民行动”，共同构建老龄工作大格局。

9.1.2 老年教育的基本概念和基本理论

面对人口老龄化的快速发展，一系列新的社会问题将随之而来。如何通过社会教育帮助老年人完成社会角色的转变，提高老年人生活质量，合理利用老年人资源已经成为社会重大战略课题。老年教育是成人教育的重要组成部分，是终身教育的后期阶段，构建老年教育体系对于经济社会发展具有十分重要的现实意义。所谓老年教育体系，是以终身教育的理念为指导，遵循成年教育的一般规律，结合老年人的特点，为促进全民终身学习、提高老年人的生活品质、实现社会协调发展的目标而建立的一个老年教育与实践有机结合的完整系统。构建老年教育体系是一项复杂的系统工程，具体来说包括：以政府为主导，构建老年教育的制度体系；以传播为手段，构建老年教育社会支持体系；以教学与研究为基础，构建老年教育的学科体系；以管理为核心，构建老年教育的教学管理体系。

从世界范围看，1973 年法国成立了世界上第一所老年大学——第三年龄大学，被作为现代老年教育的开端。狭义的老年教育仅仅是指老年学校或其他专业学校专门组织面向老年人的非学历性质的教育教学活动，即老年学校教育；广义的老年教育是指老年人根据个人需求自愿进行学习，或有组织地参加各类教育教学活动，即老年社会教育，包括老年人通过广播、电视、书籍、报刊，或通过图书馆、文化馆、博物馆等公共文化机构提供的资源开展学习、培训等活动。本书所说的老年教育特指广义的老年社会教育。

1. 老年教育需求理论

需求理论研究是任何社会活动的前提。没有需求理论研究，开展老年教育实践和理论探讨都将失去意义。在老年教育需求理论研究方面，最具有代表性的人物就是美国的霍华德·麦克拉斯基（Howard McClusky，1900—1982）。他是美国老年教育学学科发展的开拓者和奠基人之一，生前是密歇根大学成人教育和教育心理学荣誉教授。在漫长的学术生涯中，他前期主要涉足了三大研究领域，即成人教育、社区教育和继续教育，晚年开始转向对老年教育的深入研究和探索。麦克拉斯基在 1971 年白宫老龄会议上强调要重视老年人的学习需求，他在为会议撰写的论文中基于余力理论和马斯洛需求层次理论，首次提出了老年人有五类教育需求：应对需求、表达需求、贡献需求、影响需求和超越需求①。麦克拉斯基老年教育的五种需求基本内容如下：

（1）应对需求：它与老年人掌控生活的能力有关，老年人能控制自己的

① 张飞，江丽．霍华德·麦克拉斯基老年教育思想研究及启示［J］．成人教育，2020（2）．

生计、生活条件等，包括最低限度的识字率和自给自足水平。如果这些需求得不到满足，就没有多余的能力去关注其他需求。应对需求必须得到满足，才能保持足够的社会适应、心理健康和身体健康。

（2）表达需求：为了实现自己的目的而进行的活动，通常每个人都需要时间来进行一些意愿表达的活动，如为了活动带来的乐趣而参与活动的需求。

（3）贡献需求：大多数人都有为他人服务的愿望，在满足自我或应对需求之外利用多余的精力来服务社会。贡献需求与利他欲望、促进共同利益、给予他人时间和关爱有关。老年教育为老年人提供了这样一个机会，满足了老年人的贡献需求，提升了老年人为社会和他人服务的能力。老年人是智慧和经验的宝库，社会需要他们，但现在社会尚未利用好这一丰富的资源。

（4）影响需求：即使是老年人，他们也有通过自己的能力影响社会进而使社会或周围环境发生有意义的改变的需求。老年教育使得老年人能够在保护和改善自己的处境以及为社会的福祉作出贡献方面发挥影响。这种需求实际上是影响生活的方向和质量的需求。

（5）超越需求：每个人都有将生命的意义作为一套与个人生活阅历相关的价值观和信念体系来被分析的需求，以此更深入地了解生命的价值，学会平衡（生活）负担和能量。“这种需求很可能作为满足另一种需求的副产品而得到满足”。

麦克拉斯基希望通过对老年教育需求的分析及应用，最终实现老年教育的远期目标，如帮助老年人成长，实现并激发他们毕生的潜能，从而确保他们足够幸福，培养良好的生活习惯，发展伙伴关系，促进社会福利，帮助老年人发展晚年独特的能力（智慧、贡献能力），并促进社会利用其所发展的能力，帮助老年人成为终身实践、以身作则的楷模，供后人学习和指导等。

2. 老年社会学理论

人口老龄化是老年社会学产生的最根本的社会条件。现代社会由于科学技术的进步，医学的发达，人的寿命越来越长，老年人口在总人口中的比例越来越高。这种人口的老龄化过程已经成为发达社会必然出现的一种趋势。同时，在现代社会工业化和都市化的影响下，老年人的社会经济地位发生了变化，老年人的赡养关系发生了改变，同时老年人的社会显著度大为增加。这些因素大大促进了人们对老年社会学的系统研究。20 世纪初，已有学者开始从事现代老年医学与老年保健研究。20 世纪 40 年代，老年学逐渐形成一门学科，社会学界也有一些学者致力于老年社会学的研究。到20世纪80年代，欧洲、北美和日本、苏联等一些人口老龄化发展较快的地区和国家，有关老年社会学的研究成果已相当丰富。老年社会学是研究社会、经济、文化对人类衰老的影响及老年群体与社会之间相互关系的规律的学科。其内容包括三大部分：一是社会因素对老年人的影响；二是老年人对社会的影响；三是老年人自身的一些社会问题。具体研究的问题是：一是老年人的生活状况、经济状况，老年人的特殊需要与社会的保障制度问题；二是老年人的社会特点、社会活动、社会地位、社会作用、社会影响及老年人的政治参与；三是老年人的家庭特点、家庭结构、家庭关系，老年人在家庭中的地位及老年人再婚情况；四是退休后老年人的社会心理变化特征、个性变化、智力和健康变化及老年教育、老年人再就业和老年人人才开发等；五是社会环境和社会变迁对老年人思想、行为影响及其关系；六是人口老龄化趋势及其对社会的影响。①

3. 权利理论

老年教育首先兴起于西方国家，因此西方人权理论对老年教育理论的影响是巨大的。在这样的理论背景下，西方学术界普遍将老年教育权利作为老年人享有的一项基本人权。特别是第二次世界大战后，随着世界人权运动的快速发展，西方发达国家在老年教育的发展过程中，越来越重视将开展老年教育活动作为实现老年人受教育权、保障老年人人权的重要手段。比如，英国的法律就十分重视老年人的受教育权利，像《盎格鲁—法兰西声明》《老年人教育权利论坛宣言》《老年人教育宪章》《老年人教育工作手册》等法律，都有专门的重视老年人受教育权利的相关内容，认为老年人和年轻人一样，应享有同等的受教育的权利。再比如，1972年美国的白宫老龄会议提出：教育是每个人的一项基本权利，它是老年人获得丰富而有意义的生活的途径之一。我国的《中华人民共和国教育法》《中华人民共和国老年人权益保障法》也明确规定，中国公民、老年人有受教育的权利。

4. 社会发展福利理论

社会发展福利理论产生于20世纪90年代，主要代表人物为美国加州大

---

① 吴忠观．人口科学辞典［M］．成都：西南财经大学出版社，1997.

学伯克利分校社会福利学院院长米奇利（James Midgley）教授，他在1995年首先提出了社会发展福利理论。社会发展福利理论的主要特点是以社会发展为取向，以福利和经济的互动关系为切入点，强调福利与经济之间不是截然对立的，而是互为根本的。社会发展福利理论的主要观点表现为：一是经济发展与社会发展在发展进程中同等重要。社会福利和经济发展之间不是对立的关系，而是融合的关系；经济发展必须是包容的、协调的和可持续的，其核心是要让社会的所有成员都能够分享到经济发展带来的成果。二是社会福利计划有积极与消极之分。积极的社会福利可以促进经济增长与社会发展的融合。三是社会福利应该以社会投资为导向，即通过人们对经济活动的参与，促进经济发展。社会发展福利理论中的社会福利计划就是以社会投资或是"生产性"为取向的，通过人们的经济参与对经济回报率产生积极的影响。四是为了实现经济和社会政策的整合目标，社会福利必须投资到具有人力资本、就业、社会资本、劳动技能以及低成本高效益的社会项目上，才能消除社会成员参与经济活动的障碍，提高人们参与经济活动的能力。五是在社会福利的实施中，要强调个人责任、非营利性组织的参与以及国家和市场的共同作用。① 随着社会发展福利理论的发展、盛行，世界各国都把发展老年教育作为一项社会福利事业，纳入经济社会发展全局之中。如美国相关法律规定，老年人进入各类高等教育机构学习可以享受免费、减免或奖励待遇，而且老年人游学营的费用由所在州和联邦财政给予补助。英国则鼓励非政府组织和民间团体开展各类老年教育活动，并设立专门资金给予补贴。我国在各地创办老年大学，不断改善老年教育的基础设施和师资力量等措施，其实也是社会发展福利理论的具体实践。

5. 终身教育理论

终身教育是指与生命有共同外延并已扩展到社会各方面的连续性教育。可以理解为终身教育是生命全过程的教育，随着人的生命现象的出现而出现，随着生命的消失而结束的教育。② 终身教育理论最早由18世纪法国思想家尼古拉·孔多塞（1743—1794）提出。1965年，在联合国教科文组织主持召开的成人教育促进国际会议期间，联合国教科文组织成人教育局局长保罗·朗

① 郭士征．社会保障学［M］．上海：上海财经大学出版社，2004.

② 联合国教科文组织．教育——财富蕴藏其中［M］．北京：教育科学出版社，1996.

格朗（Paul Lengrand）提出终身教育提案，近30年来关于终身教育概念的讨论可谓众说纷纭，甚至迄今为止也没有统一的权威性定论。这一事实不仅从某一侧面反映出了这一崭新的教育理念在全世界受到的关注和重视程度，同时也证实了该理念在形成科学的概念方面所必需的全面解释与严密论证尚存在理论和实践上的差距。终身教育理论主张教育贯穿人生的每个阶段，并且包括每一个社会成员，而不是仅限于学校某一特定阶段的活动，也不是一部分人拥有的特权。1995年3月颁布的《中华人民共和国教育法》将终身教育制度确定为教育基本制度之一。

6. 社区理论

社区理论，是关于社区研究的各种理论、学说与观点的统称，又称社区探究法。社区理论与一般的社会学理论有联系也有区别。有的社区理论如芝加哥学派的人文区位理论，是专就社区研究而形成的理论。但更多的社区理论则是社会学的一般理论，或是相关学科的理论在社区研究领域中的应用，如社区研究中的体系理论、结构功能理论等。社会体系理论把社会看作由一系列相关部分组成的巨大体系，考察体系中各部分之间的关系以及这一体系与其他各社会体系之间的关系。由于社会学家所持观点和研究社区角度的不同，所以形成了各种不同的社区理论，主要有区位理论、社会体系理论、社会互动理论等。将社会体系理论应用于社区研究，就是把社区视为集中于某一地方而又比较持久的相互作用的体系，把社区视为许多个人、群体、机构之间相互交往、相互作用的网络。社区日常生活是通过社区里的社会关系网络来进行的。这些社会关系经过长期的发展，形成各种组织与制度，是构成一个社区的要素。这些要素相互依存、相互作用、相互交织，组成一个社会体系的社区结构。1960年联合国出版了《社区发展与经济发展》一书，将社区发展作为一种教育过程，强调社区发展的重点是人的因素，是对人的培养、发展和教育。我国学者也将社区发展作为社区教育的重要理念，广泛开展学习型社区建设，这对老年教育的发展起到了积极的推动作用。

9.2 我国老年教育的发展历程、现状和不足

中国老年教育的发展是中国人口老龄化的产物，也是社会发展的必然要

求。随着人口老龄化的加剧，关注老年人的工作和生活，构建老年教育体系已经成为一项国家战略。

9.2.1 发展历程

1983 年，邓小平同志提出“教育要面向现代化、面向世界、面向未来”，成为我国教育事业发展的里程碑。同年 9 月，山东省诞生了我国第一所老年大学，标志着我国老年教育事业开始了新的发展历程。

（1）开创阶段。随着改革开放进程的加快，我国于 1982 年出台了新的离退休制度，废除了领导干部终身制，致使一大批老干部离开工作岗位，回归家庭，进入社会，于是第一所老年大学应运而生。1983 年 9 月 17 日，经山东省教育厅批准，山东省红十字会老年大学正式开学，开辟了我国老年教育的新纪元，也标志着我国老年教育事业的正式兴起。随着大批企事业单位离退休人员的增加，以离退休干部为主体的老年教育逐渐扩展到全社会的老年教育，老年大学相继成立。1984 年，中国第一所民办老年大学——广州市岭海老人大学成立；1987 年，中国第一套老年大学教材出版发行；1988 年，中国老年大学协会成立，促进了各地老年大学的兴办。自 1985 年到 1990 年，全国老年大学从 60 余所增加到 2300 余所，学员人数从 4 万增加到 22 万。我国老年教育从无到有，老年教育网络初步形成。

（2）探索阶段。20 世纪 90 年代，我国老年教育进入探索阶段。随着 1992 年邓小平南方谈话的发表，我国改革开放进入新的阶段，各个层面的改革持续深化，社会人口老龄化也在加速，离退休人员数量不断增多。1994 年 12 月，国家 10 个部委联合制定了《中国老龄工作七年发展纲要（1994—2000 年）》，提出了老年教育发展的目标。该纲要提出要实现老有所为，发挥老年人作用；实现老有所学，保障老年人受教育的权利，不断提高老年人素质；实现老有所乐，丰富老年人文体生活。该纲要第 23 条提出，要根据我国实际，针对人口老龄化中的重大课题，在深入开展调查研究的基础上，用 5 年左右时间提出具有科学性、可操作性的治理对策，出版一批老龄问题研究的专著。这一纲领性文件，促进了我国老年教育的迅速发展。

1996 年全国人民代表大会常务委员会颁布了《中华人民共和国老年人权益保障法》，该法规定国家发展老年教育，鼓励社会办好各类老年学校。该法于 2018 年 12 月第三次修正，第一条就明确了制定本法的宗旨就是保障老年人合法权益，发展老龄事业，弘扬中华民族敬老、养老、助老的美德；第二条定义了老年人是指六十周岁以上的公民；第三条明确了老年人依法享有从国家和社会获得物质帮助的权利，有享受社会服务和社会优待的权利，有参与社会发展和共享发展成果的权利；第四条则将积极应对人口老龄化作为国家的一项长期战略任务。1999 年 10 月，全国老龄工作委员会的成立充分体现了国家层面对老年工作的重视，全国各地也相继成立了老龄工作机构，倡导和普及老年教育的理念，指出老年人参与老年教育是融入社会、参与社会的需求，能使老年人综合素质得到提高，能让老年人有尊严地生存和发展。从此，在各级老龄工作委员会的统筹下，全国各地有计划地开展了老年教育的宣传推广、办学实践和理论研究工作。

（3）发展阶段。进入 21 世纪，我国正式迈入老龄化社会，老年教育事业更加受到重视。为了保障老年人受教育权利，国家出台了一系列法律法规，促进了老年教育事业的迅猛发展。2000 年出台的《中共中央 国务院关于加强老龄工作的决定》，标志着老年教育进入了新的发展阶段。2001 年，国家领导人在亚太经合组织人力资源能力建设高峰会上提出“构筑终身教育体系，创建学习型社会”。此后，2001 年，中组部、文化部、教育部、民政部和全国老龄工作委员会办公室联合下发《关于做好老年教育工作的通知》，各地政府有关部门也纷纷制定老年教育发展规划；2002 年党的十六大报告提出“形成全民学习、终身学习的学习型社会，促进人的全面发展”；2003 年，十六届三中全会通过的《中共中央关于完善社会主义市场经济体制若干问题的决定》明确提出“构建现代国民教育体系和终身教育体系，建设学习型社会”。2006 年，《中国老龄事业发展“十一五”规划》提出，到 2010 年老年大学和老年学校要在现有基础上增加 1 万所的任务目标。同年 12 月，国务院发布《中国老龄事业的发展》白皮书，指出发展老年教育是提高老年人精神文化生活水平的必然要求。2007 年 5 月，国家发布了《国家教育事业发展“十一五”规划纲要》，第一次将老年教育列入国家教育发展规划。2012 年 6 月教育部印发的《国家教育事业发展第十二个五年规划》中，再次强调了要大力发展老年教育，在我国已经初步建成老年教育体系的基础上，进一步提高老年教育的质量。

以 2005 年 5 月 13 日西藏老年大学的成立为标志，全国 31 个省（自治区、直辖市）及香港、澳门两个特别行政区和台湾地区，都已创办了老年大学。

随着老年教育事业的蓬勃发展，我国老年教育研究工作也在迅速展开。1980年，《外国教育资料》第四期发表了我国第一篇介绍老年教育的文章——《世界正在重视老年人的教育》（黄志成）。1981年，由中国老年学学会主办的我国第一本老年学杂志《中国老年学杂志》出版。1984年中国老年教育协会成立，1988年中国老年大学协会成立，此后各地相继成立了各种形式的老年教育研究机构，为促进老年教育的理论与实践的发展作出了重要贡献。随后老年教育领域的国际交流逐步展开，1989年11月召开的老年教育国际研讨会通过了《武汉宣言》；1995年、2002年分别在北京和武汉举行了第三年龄学习国际研究（TALIS）研讨会，其中欧美和日本等国家和地区老年大学的办学经验有效推动了我国老年教育向科学化、规范化方向发展。2003年，中国人民大学率先设立了老年学专业，专门招收和培养硕士、博士研究生，老年教育是老年学研究的重要课题。

盘点30多年来老年教育领域的研究成果，已出版专著30余部，发表学术论文6000余篇，其中还有相当数量的博士与硕士学位论文。有关数据显示，关于老年教育的学术论文呈现出逐年增长的趋势。当然，总体而言，我国老年教育离一个成熟独立的学科体系还有很大一段距离。当前老年教育研究所面临的问题，主要表现在以下几个方面：一是研究内容虽然反映了国内老年教育发展形势，但仍滞后于国际前沿的研究；二是研究方法趋于多样化，但实验实证类研究仍显不足；三是研究队伍逐步壮大，但研究者的能力和水平参差不齐，且新生代科研人员持续参与者不多；四是关注老年教育研究的期刊数量较多，但核心期刊关注度不够。

9.2.2 老年教育发展现状与不足

我国老年教育经过30多年的探索和实践，已经从自发走向自觉，从随意性向科学化、系统化、规范化方向发展。随着全社会对人口老龄化趋势以及对国家出台的针对老龄人群的政策和法律法规的认识更加清晰，以政府为主导的各级各类机构贯彻落实的力度不断加大，对老年教育的资金投入不断增加，以老年大学为代表的老年教育机构数量在不断增加、规模在不断扩大。老年教育所需的硬件设施得到明显改善，教学活动的形式和内容也有很多创新，这对提升老年教育的影响力有一定的促进作用。与此同时，随着老年教育的发展和离退休人员数量的不断增加，加入老年教育队伍的人员也越来越多，学历和知识水平也越来越高。不过，就目前我国老年教育总体状况而言，它与我国学习型社会建设、终身教育体系建设还有一定的差距。

截至 2020 年 11 月 1 日，我国 60 岁及以上的老年人口总量达 2. 64 亿，占总人口的 18. 70%。如此庞大的社会群体，其生存与发展状况不容忽视。这个群体的成员有着丰富的社会阅历和实践经验，如果能通过老年教育的途径，给予他们应有的重视和尊重，将他们的智慧和活力充分保护、调动起来，同时有组织、有计划地创造机会、搭建平台，使他们的聪明才智得以施展，那么，这个群体对社会的实际贡献将是不可低估的，对促进社会协调、可持续发展具有重要意义。中国已经进入一个全民学习、终身学习的时代，老年人口比重加大使得老年教育在学习型社会构建的过程中起着至关重要的作用。当然，老年群体也只有不断地在教育中充电、更新，才能跟上时代的步伐，在构建学习型家庭和学习型社会中发挥应有的作用。因此，发展老年教育是构建学习型社会的必要条件，也是终身教育体系和学习型社会成熟度的重要标志之一。

在我国老年教育体系建设中，老年大学无疑是主体，也是关注度和投入最多的。但是，老年大学主要集中在城市，参与者以机关或事业单位的离退休人员居多，且文化水平相对较高。而对农村的老人和城镇社区退休的老人的教育发展则更应给予重视，加大投入力度。从老年人的实际需求情况看，社区老年教育因其足够便利、亲和力强、可及性高、成本低，以及教育内容丰富和形式灵活多样，正受到越来越多老年人的青睐。一些地区的统计数字显示，参加社区学习和活动的老年人在数量上已经远远超过在老年大学接受正规课程教育的老年人，社区老年教育正逐步成为发展最迅速、最重要的老年教育形式。

目前，我国老年教育的组织形式即办学形式，主要有以下几种：一是党政机关办学，由各级党政机关老干部局等机构主办老年大学，提供管理和经费支持；二是企事业单位办学，由企事业单位承担办学主体，或独立办学，或与所属上级机关的老年大学建立长期稳定的合作关系，利用本单位资源开办老年大学固定的分校区或教学点；三是部队办学，由全军各级干休所主办老年大学等，开展部队离退休干部的文化教育活动；四是公共文化机构办学，由各级文化馆、公共图书馆等公共文化服务机构主办老年大学，或定期组织老年培训班、讲座等，面向社会开放；五是农村办学，多由乡镇老龄工作委员会村老年人协会为主体，利用当地远程教育网络、电视进行教学；六是社区老年教育，或依靠广播电视大学，开展非学历教育；七是主题项目教育，各机构与老年人体育协会、老科学技术工作者协会及相关文艺演出团体合作，组织老年人参加文化体育项目活动，或组织专项教育活动；八是家庭自我教育，即老年人在家里通过网络、电视开展老年学习。从老年教育实践来看，老年大学、企事业单位办学与社区老年教育，是老年教育的主要组织形式。

我国老年教育的领导模式也各不相同。老年教育作为终身教育的一部分，随着教育对象从最初以离退休老干部为主，逐渐转向社会大众老年人群体，其教育组织管理机构和领导模式也相应地发生了变化，各地区的情况也不尽相同。就老年教育的管理机构而言，由于老年大学起初的创办目的是为离退休干部提供一个学习交流、发挥作用的场所，所以，根据当时干部管理的归属制度，老年大学的政府主管机构多为当地老干部局，其承担老年教育的管理决策、组织实施和统筹协调等职责，如聘请老年大学校长、拨付运行经费等。随着大量的社会老年人进入老年大学学习，老年教育的管理职能也逐渐由各级老干部局转移到党政各部门成立的联合机构或社会机构。如全国老龄工作委员会成立后，各地老龄工作委员会相继成立，之后隶属其下的老年教育委员会应运而生，成为老年教育的管理机构，实际上是在老年大学的上一级设置了一个主管机构。农村的老年教育也由当地的老龄工作委员会负责指导。就老年教育主管机构的领导模式而言，一般是由主管机构或老年大学的行政管理者履行领导职责。有的地方由负责当地老龄事业的党委主管领导担任老年人教育委员会主任，办公室设在同级的老年大学，老年大学的校长由委员会聘任；有的老年大学的校长直接由现任党政领导兼任；有的是由离退休或已经离开党政岗位的老领导担任老年大学校长。

从目前老年教育的管理和领导机制来看，政府教育行政主管部门直接参与老年教育管理并发挥领导和指导作用的情况几乎不存在，只是在一些涉及老年人的政策性文件和教育规划中才能看到教育部门的名字。高等学校举办以本校退休教师和职工为基本对象的老年大学虽然数量不多，但也不乏其例，如已有 30 年校史的复旦老年大学。即便如此，这些高校主办的老年大学与欧美高校主办的老年大学也是有很大区别的。在我国，由党委政府主办的各级老年大学是老年教育的主力军和骨干，带动全国老年教育的发展。在欧美各国，老年教育由高校开办，各高校主办的老年大学是其主体和骨干。应该说，欧美高校主办的老年大学几乎一开始就是面向社会的，并随着老龄社会教育的发展而不断发展壮大，因此自觉性、规范性和规模化等都远高于我国。我国开办老年教育的高校原本就很少，而且在开办之时都是为本校的离退休教师、职工服务的，不对外开放，所以规模不大，其影响也不大。这其中肯定有我国的“终身教育”理念、教育改革、教育的社会责任等许多深层原因。但是，笔者认为，基于中国的国情，高等学校是否深入参与到老年教育中来并成为其中一支重要力量，为高校服务社会开辟新的发展空间，这一问题值得深入探讨和研究。

当前，我国老年教育存在的不足之处主要有以下几个方面：一是缺少法律制度的有力保障。我国老年教育法制建设方面虽然已取得了较大的成绩，如 1994 年国家制定了《中国老龄工作七年发展纲要（1994—2000 年）》，1996 年颁布了《中华人民共和国老年人权益保障法》，1999 年成立了全国老龄工作委员会，2007 年国家发布了《国家教育事业发展“十一五”规划纲要》，但是至今没有一部专门的老年教育法。二是老年教育覆盖面较小。我国老年教育发展到今天，主要还是针对少数老年人的教育，与全部老年人口相比，参与老年教育活动的老年人的文化程度相对较高，尤其是在正规老年大学学习的老年人，大专以上学历的比例较高，学员的年龄也相对较小，身体状况较好。三是老年教育机构分布不均。研究表明，老年大学在经济发达城市和经济不发达城市、沿海与内陆、中部与西部之间分布颇为不均。在经济最为发达、老龄化速度较快的城市，如上海、北京、广州、天津等地，已基本建立起中心城市区、县乡镇、居委会、村四级老年教育网络，而一些偏远的、经济发展较为落后的地区，要想建立老年大学则较为困难。与沿海地区相比，内陆地区老年教育发展落后，与东部地区相比，中西部地区老年教育还存在较大差距。四是老年教育发展资金短缺。目前，我国政府对老年教育经费的投入尚没有列入财政预算，而是采用基金等其他变通的方式，因此办学经费紧张的状况比较突出。总之，老年教育经费得不到保障，势必会大大制约老年教育的健康发展。

9.3 公共图书馆开展老年教育的主要形式

公共图书馆是文化的殿堂，是社会公共文化服务体系的重要组成部分，是建设学习型社会的重要阵地和知识源泉。随着老龄化社会的不断发展，与其他公共文化服务设施相比，公共图书馆职能中的教育内涵也越来越丰富，老年教育在图书馆教育职能中的重要性也在不断凸显，因此需进一步强化公共图书馆社会教育职能，使其为老年教育服务。公共图书馆开展老年教育一定要因地制宜，有效利用自身资源优势和服务优势，当前主要通过建立社区老年图书馆、合作开办老年大学、举办学术讲座、制作公共课程等方式搭建老年教育平台，同时通过参考咨询、文化定制、特殊人群关怀等系列服务，深入推送公共图书馆文化资源。

1. 老年图书馆

老年图书馆既为老年读者提供丰富的资源和良好的读书环境，也是老年人休闲娱乐的理想场所，在改善和丰富老年人文化生活，提高老年人生活质量方面发挥着无可代替的作用。

（1）老年图书馆建设要求。公共图书馆是集中体现当地文化积淀和文化精神的建筑，其外观造型和室内装修，在满足功能优先、适用为本原则的前提下，应充分反映当地的文化传统和特点，塑造独特的图书馆建筑形象。2008 年，住房和城乡建设部、国家发展改革委颁布实施了《公共图书馆建设标准》，确定了公共图书馆建设项目的规模分级和项目构成，给出了公共图书馆的总建筑面积和分项面积控制指标，提出了公共图书馆建设选址、总体布局的原则要求，明确了公共图书馆建设项目实施过程中的基本要求。《公共图书馆建设标准》提出，老年图书馆主要服务于老年人这一特定人群，宜位于人口集中、交通便利、环境相对安静、符合安全和卫生及环保标准的区域；规模大小要根据区域内老年人的人数而设定，也要考虑到区域内未来老龄人口的发展趋势。根据《公共图书馆建设标准》，老年图书馆的建筑应该体现社会文明进步的水平和老年人的特质，坚持环保节约、量力而行、逐步改善的原则，统筹考虑建设和运营成本。可借鉴公共图书馆的“总馆 – 分馆”模式，发挥图书馆（室）的整体效能，由中心馆进行统一采购、统一编目、统一配送，推进街道、乡镇基层老年图书馆（室）的共建共享。

对于老年图书馆的设计与建筑要求，要考虑到以下各项因素，即图书馆的高度、空间布置、抗震级别、节能与环保设计、噪声级、通风与采光条件、文献资料防护、建筑防火、电梯和提升设备、无障碍通道等。对于给排水系统、暖通空调系统、电气系统、电话、电视与广播系统、建筑网络系统、安全防护措施等建筑设备，都要在《公共图书馆建设标准》的基础上，充分结合老年人的特点，加以合理的调整和完善，关注到更多的细节。

（2）老年图书馆的馆藏资源。《公共图书馆宣言（1994）》规定：公共图书馆是地区的信息中心，它向用户迅速提供各种知识和信息……各年龄群体的图书馆用户必须能够找到与其需求相关的资料。公共图书馆必须藏有并提供包括各种合适的载体和现代技术以及传统的书刊资料。因为老年图书馆的读者主要是老年人，所以老年图书馆的馆藏结构要紧紧围绕服务对象而构建。

根据调查和研究，老年读者的阅读兴趣一般主要集中在如下几个方面：①文化艺术。这是老年人提高文化鉴赏能力，陶冶情操，充实精神生活的需要，大致包括文史、书法、美术、音乐、摄影、棋艺等。②卫生体育。这是老年人防病治病、增强体质、延年益寿的需要，大致包括老年医学、老年常见病的预防和护理、老年营养学、老年心理学、老年运动学、气功与健康等。③家政休闲。这主要满足老年人从事家务劳动和发展兴趣、专长的需要，大致包括家政知识、烹调、儿童教育、园艺、花卉、鱼鸟等。① 为方便老年读者，老年图书馆要配备常用工具书，如常用的中英文词典字典、交通工具书等。总之，老年图书馆的馆藏资源建设，要满足一般老年读者的基本阅读需求。2010 年 4 月 23 日，浙江省温州市图书馆黎明西路老年分馆正式挂牌成立，主要为老年人提供服务。该馆是温州市乃至全国首家拥有独立馆舍的老年图书馆，馆舍面积 1809 平方米。据该图书馆网站介绍，该馆一层是老年活动中心和借阅室，借阅室内设有文学、法律法规、军事天地、投资理财、教育休闲、语言文字、艺术天地、旅游历史传记、科学普及、养生保健、计算机基础、美食等方面书籍，共计 13 个专架、4 万多册图书，56 个阅览座位及适合儿童阅读的亲子借阅区；二层是报刊多媒体阅览室，为老年读者提供

---

① 陈思．“积极老龄化”与公共图书馆［J］．图书馆论坛，2004（3）．

办证服务，也为老年人征订了各类期刊、报纸200多种，鼓词等光盘300多种，设有阅览座位84个；三楼设有多功能厅和电子阅览室，有35台电脑，供老年人免费上网、练习打字等休闲娱乐之用，同时定期举行讲座、免费播放电影和培训。同时老年分馆与总馆实现了资源共享，通借通还，读者凭统一的读者借阅证，可在总馆和分馆借阅图书、检索或预约总馆所藏图书，也可将图书归还到总馆及任何一个分馆。①

2. 老年阅览室

公共图书馆设立专门老年阅览室，并提供专门文献资源和服务设施，同时考虑到老年读者群体的特殊性，公共图书馆从满足老年读者群体的个性化需求出发，尽量排除老年读者从图书馆获取知识和信息的各种不利因素，为其提供适合其需求的高质量的文献资源和信息服务，进而实现公共图书馆为每位读者提供无差别服务的目标。

（1）设施设备。空间环境：老年阅览室应设立在公共图书馆内老年人易于到达的低楼层，方便老年读者进出，并且容易识别，有明显指引标志并设置无障碍通道。针对老年人的体质特征，在台阶和坡道上安装防滑条、上下楼梯安装栏杆扶手；在内部空间如电梯、大厅和阅览室设立指示标牌和温馨提示。基础设施：老年阅览室的基础设施设置应该适合老年人对光照、通风、声音和温度控制的要求，布置成明快、典雅、舒适的环境，以便有效满足老年人获取信息、学习以及休闲的环境需求。具体来说，阅览室的书刊架不宜过高，过高的书架易导致老年人抬头时间过长，血压升高产生眩晕；阅览室的座椅尽量设置为软椅，椅背的设置应充分考虑老年人脊椎的特点，高度适宜，最好配有小靠垫，让老年人的腰部得到适当的放松；同时配备一定数量的助听器、老花镜、放大镜及少量的急救药品。②

（2）馆藏文献。反映老年读者需求和兴趣的个性化文献是老年阅览室馆藏的主要聚焦点。公共图书馆应该基于专业判断、老年人偏好以及大众和行业认可的评论资源，选择、评估、维护老年读者文献，文献以各种形式和主

---

① 黄之宏．温州首家老年图书馆专解老有所需［N］．温州日报，2011－10－08（2）．

② 刘学华．浅谈图书馆如何更好地为老年读者服务［J］．科技情报开发与经济，2015（6）．

题领域实现。在选择老年阅览室馆藏文献时，应该明确选择以及评估的责任和标准，同时与图书馆其他相关部门做好沟通，梳理老年阅览室馆藏与图书馆其他馆藏之间的关系，确定这些文献分布的最佳位置。如有可能，尽量让老年读者参与到选择流程中来。在阅览室中，通过设置专题展示区、标签、专架等形式，帮助老年读者迅速找到他们想要的文献。在文献形式上，由于老年人普遍视力较差，阅读起来不是很方便，因而除期刊、报纸、图书外，老年阅览室还应配备有声图书和视听音像资料，同时挑选字号相对大的书报，再辅以放大镜、助听器等辅助阅读工具，以帮助他们克服阅读障碍。

老年读者有阅读惯性，喜欢收集、整理、研究某个方面的课题，所以为方便他们查找文献并集中阅读，图书馆可以设立供老年读者阅读的主题专架。通常情况下，老年读者对中外名著、人物传记、生活指南、医药保健、烹饪技术、花鸟鱼虫、娱乐消遣、书画摄影、乐器演奏、棋牌博弈、观光旅游、时事新闻、社会焦点和历史类等方面的文献比较感兴趣。

（3）工作人员。老年阅览室相比于普通阅览室，因为服务对象群体的特殊性，对工作人员的能力及素质要求相对较高。老年读者往往有行动迟缓、听力下降、语言表达能力差等情况，因此工作人员在为老年读者提供服务接待时要给予更多的耐心、细心和热心，应该充分理解和尊重老年人的身体状况及其信息教育和休闲需求。要想保持图书馆对这个年龄群体读者的吸引力，图书馆要为老年读者提供更为细致优质的服务。一名优秀的老年阅览室工作人员应具备如下能力：对老年人有一种发自内心的尊重，能够与他们建立融洽的关系；能够吸引老年读者积极参与老年阅览室阅读并为其提供优质服务的交流沟通能力；为老年读者提供专门服务项目的组织策划能力；认真研究老年人的兴趣心理和阅读需求并尽可能为其提供有针对性的指导和咨询的能力；系统整理老年读者意见建议并有效传达给上级领导及图书馆决策者的能力；对学习新技术感兴趣并且愿意用来改善老年读者阅读服务的能力等。

为了更好地与老年读者进行交流，老年阅览室工作人员在具备图书馆专业知识的基础上，还应具备有关老年人生理、情绪、体力和心理方面的广泛知识，以及有关老年读者视听文献、新兴技术、信息资源等方面的系列知识。一方面，老年阅览室可以通过对工作人员日常的业务培训、研修等途径来补充和丰富工作人员的知识储备，提高其业务技能；另一方面，建议大学图书馆专业在开设课程时将此方面知识纳入课程体系。

除了正式的工作人员外，老年阅览室还可以通过招募志愿者的方式来补充服务力量。志愿者可以协助从事阅览室常规服务项目的策划、参与和老年读者需求及服务相关的意见征集和政策起草等工作。志愿者分为老年志愿者和青年志愿者两类。老年志愿者如果积极参与到阅览室的工作中来，会成为老年阅览室的长期使用者和热情支持者，尤其在对外宣传和吸引老年读者到馆的过程中将扮演重要角色，而且可以保证老年人形式多样的阅读需求能够得到及时反馈和有效处理。从老年志愿者自身来说，他们也可以借此成为馆员与老年读者沟通的桥梁，站在老年读者的立场上，为老年阅览室完善服务献计献策，充分发挥自身专长，实现自我价值和社会价值。青年志愿者尤其是大学生志愿者，一般服务实践的热情和积极性较高，同时具备较高的素质和较为广博的知识，可以为老年读者提供阅读服务及电脑、手机基础操作等培训服务。在公共图书馆志愿者服务中，青年志愿者的积极参与，对身边长期没有子女陪伴的老人来说，会得到一些心灵的慰藉；青年志愿者长期与老年人的接触沟通，对老年人的心理、生理状态有更深刻的理解和体会，会促使更多的青年人去关爱身边和社会上的老年人。

3. 开办老年大学

公共图书馆作为人们寻求知识的重要渠道，为个人和社会群体进行终身教育、自主决策和文化发展提供了基本条件。

（1）自身优势。首先，公共图书馆一般建于人口集中、交通便利、环境相对安静、符合安全卫生条件和环保标准的地区，具有优越的地理位置，便于老年人前往学习；公共图书馆场地布局合理，设施齐全。根据住房和城乡建设部、国家发展改革委 2008 年 11 月 1 日实施的《公共图书馆建设标准》，公共图书馆的房屋建筑包括藏书区、借阅区、咨询服务区、公共活动与辅助服务区、业务区、行政办公区、技术设备区、后勤保障区 8 类用房。公共活动空间除一般阅览室、少年儿童阅览室、多媒体阅览室（电子阅览室）外，还会有自习室、学术报告厅、培训教室等向公众开放。一般而言，我国公共图书馆的场地布局比较合理，因为其充分考虑到了读者的不同需求。室内保持了良好的采光和照明，有适宜的空气流通和室内温度；馆内一楼都有楼层和各服务区分布图、安全疏散通道图，人行通道有明确的指引牌；馆内设立了无障碍设施，室外有方便残疾人进出的通道和电梯。公共图书馆有严格的安全管理制度，防火、防盗、防潮、防尘、防有害生物等设施完备，而且，公共图书馆要求自身绿地率要达到30% ~35%。总之，公共图书馆有着良好的场地环境。其次，公共图书馆有明显的馆藏优势。公共图书馆作为地区的文献信息中心，其馆藏的数量和质量有严格的标准。公共图书馆还有不断发展的技术优势，尤其是数字图书馆技术、射频识别技术（RFID）、信息网络等新技术在图书馆的广泛应用，为老年教育提供了强大的技术支持。最后，公共图书馆还有人力资源优势，公共图书馆工作人员一般都具有良好的专业素养，个人素质和专业学历都在不断提升。

（2）组织实施。从管理模式上看，公共图书馆创办老年大学首先要依托文化管理部门，通过上级部门协调获得办学资质，同时要积极与教育、民政、工会、妇联等部门系统合作，拓展办学渠道，充分发挥资源优势；老年大学的学制可从当地老年人实际需求和办学能力出发灵活设置；建立和完善包括正规教育、非正规教育和非正式教育在内的具有图书馆特色的老年教育管理体系。从课程设置上看，老年教育具有多样性、趣味性和休闲性的特点，因此课程设置不要追求系统性和完整性，也不要受正规教育的各类限制，而是要在课程时长、学习方式等方面结合老年人自身兴趣和身体状况而展开。简言之，要充分考虑公共图书馆的馆藏资源优势，把优势转化为适宜的课程，为老年教育开发出有趣的新课程。就全国情况而言，书法、绘画、诗歌、文学、微机、摄影、烹饪、器乐、声乐、舞蹈、老年模特训练、保健、家庭护理、外语等课程是老年人普遍喜爱的课程。一些能够提高认识、更新思想观念的时事政治、军事、财经、外交等课程，也受到文化素养较高的老年人的欢迎。对此，我们可以借鉴国外老年大学的课程设置。比如美国大学开展的老年教育形式多样，不拘一格，有的是课堂学习，有的是户外活动（如登山、划船、参观游览），时间可长达一学期，也可短至几天。老年教育的主要目的是寓教于乐，让老年人充分享受退休后自由地学习和交友的乐趣。老年大学的师资选择也要考虑老年人的特点，既要有较高的学术素养，能够授业解惑，也要有耐心和爱心，针对不同性格、不同程度的学员，能够心平气和地进行辅导，回答他们提出的各类问题。

（3）教学服务。老年大学的场地安排要结合老年人的身体状况，在安全舒适的前提下，尽量明亮洁净，具有良好通风条件。教学设施包括课桌椅、教具、投影仪、扩音设备（包括移动音箱）、饮水机等。伴随着科学技术的飞速发展，目前老年大学的教学也多采用现代化技术手段。因此教室里一般不再安置固定黑板，而使用移动黑板或白板，并且多媒体设备也被广泛应用于老年大学教学中，有的课程则直接使用电脑教学。公共图书馆举办老年大学，一定要根据自己的实际情况，有条件的图书馆应尽量配置现代化教学设施。这样既能丰富教师的教学内容和教学手段，也能开拓老年人的视野，拉近老年人与时代的距离。对于实践性较强的科目，如声乐、器乐、烹饪、美术、舞蹈等课程，则要根据具体课程来安排场地与教学辅助设施。公共图书馆老年大学的学员具有双重身份，他们既是在老年大学求知的学习者，又是到图书馆学习的读者。公共图书馆老年大学的工作人员既是为普通读者服务的，又是为特殊群体服务的。因此公共图书馆老年大学的工作人员所提供的既是教务服务，同时也是文化服务。工作人员面对可能比自己父母还年长的老人，管理工作必须要科学化和人性化。所谓科学化管理，一是指要优化工作流程，减少老年人无谓的付出，让他们能够通过最便捷、最舒适的方式，接受所选择的教育内容；二是要做好充分的教务准备，要考虑到老年人的健康、心理特点以及各种细节，做好可能发生问题的解决预案，在教学过程中，避免教学事故。所谓人性化管理，是指工作人员要有爱心、耐心和细心，要充分考虑到工作对象的特殊性，用热情周到的服务，善待每一位老人。

4. 举办学术专题讲座

公共图书馆举办学术专题讲座，是履行社会教育职能的重要途径，通过精心策划选题、邀请名家讲解，传播知识、交流思想，成为老年大学教育方式的重要补充。

（1）选题策划。策划老年人的专题讲座，首先要进行老年教育需求调查，充分了解老年人的年龄特征和兴趣爱好，研究老年人的知识需求和学习动机，然后在此基础上确立主题和具体内容。普遍而言，居住在大中型城市的老年人因城市文化环境和自身素养较好，对文学艺术、时事政治、社会热点、卫生保健、饮食养生等话题较感兴趣。而对于基层的老年人而言，卫生保健、饮食养生、婴幼儿培育、农业技术等话题则更为实际。因此在策划讲座选题时，公共图书馆要结合老年人自身的特点，以及公共图书馆区域内的人文环境和教育基础，策划有知识性、趣味性、针对性和娱乐性的选题。同时，也要兼顾主讲老师来自什么地方和资金成本，因地制宜，充分发挥本地的资源优势。为了使选题策划受到老年人的欢迎，工作人员可对老年听众进行问卷调查或跟踪调查，对坚持听讲座的老年人建立跟踪档案，以便了解老年人参加学习后对身心健康的影响，同时为制定完善的老年服务措施提供一手资料。除此之外，为了更好地针对老年人开设讲座，邀请的主讲人最好为德高望重、岳峙渊渟的学界名家，也可以是风华正茂、学有专长的年轻学者，或者是在行业内卓有成就的专家。不管是什么样的主讲人，都要充分了解老年人的特点，力求老年人听得进去、听得明白，做到因人施讲、力求实效。

（2）组织实施。讲座的场地可以根据公共图书馆的实际情况，因地制宜。大型公共图书馆举办老年人的讲座，可将普通听众吸引进来，在有着良好环境和音响设备的学术报告厅进行。中小型公共图书馆如果没有专门的学术报告厅，可在会议室、阅览室进行。老年人专题讲座的组织与服务，首先要注意安全问题，无论报告厅还是阅览室，要有安全防护措施；针对特殊人群，要有无障碍通道。在进场和退场时，工作人员要做好老年听众的有效引导和疏通，保障他们安全进出。在必要的路口设置指示牌，在上下台阶处设置安全提醒标志。为预防老年人的健康突发事件，应备有医药箱。为了吸引老年人来听讲座，丰富他们的文化生活，公共图书馆的工作人员也可采取适当的激励措施。如为听讲座的老年人准备一些小礼物，或者组织一些义诊，或者组织经常听讲座的老年人参加“阅读之旅”之类的文化旅游活动等。总之，公共图书馆举办的各种类型讲座，既是老年人获取教育资源的重要渠道，也是一种轻松灵活的学习方式。公共图书馆通过为老年人举办专题讲座来实施老年教育，可以说是最为便捷高效的教育措施。

5. 网络公开课

网络公开课是互联网时代保障公民基本文化权益和教育权益的一种新型的重要学习方式。公共图书馆为老年人举办网络公开课，不仅十分必要，而且有不可代替的资源优势和服务优势。开展网络公开课的具体步骤如下：

（1）策划选题。老年教育网络公开课的定位要紧紧围绕老年人的群体特征和教育需求，以传播文化知识、陶冶情操、丰富闲暇生活和精神生活、提高老年人的生命质量为宗旨，通过策划针对性较强的课程，以网络、光盘、广播、电视等形式进行广泛传播。策划老年教育网络公开课的课程，同所有老年教育项目一样，调研是所有工作的第一步。只有真正了解区域内大部分老年人的意愿，才能总结出带有普遍意义的结论，在课程设置上才能最大限度地满足老年人的教育需求。网络公开课的制作成本远远高于一次讲座，因此，老年教育网络公开课的选题策划要严肃科学。工作人员首先要预设多个选题，然后请相关专家进行论证，对课程的可行性给出具体意见和建议。同时也要征求老年人代表的意见，请他们参与网络公开课的讨论，因为他们的意见代表了大部分老年人真实的想法。只有得到老年人的认可，公共图书馆对网络公开课的投入才会有收效，才会真正服务于老年人，为老年教育发挥作用。

（2）课程制作。老年教育网络公开课的制作涉及多个岗位和工作人员，整个工作团队包括主创、现场制作、后期制作和其他辅助人员。主创团队包括导演、策划人员、学术编辑、审校人员等；现场制作团队包括导播人员、摄像师、录音师、灯光师、化妆师、制片主任、现场导演、导演助理、视频技术人员、剧务人员、摄像助理、录音助理、灯光助理等；后期制作团队包括剪辑人员、速记人员、资料整理备份人员、技术审查人员等；其他辅助人员包括助教、学术编辑助理、网络编辑、宣传人员等。大家需共同协作，才能顺利完成网络公开课的制作。

（3）选择网络公开课的形式。老年教育网络公开课要充分考虑老年人求知、休闲和娱乐的需求特点。其线上课程、线下互动与评价也要符合老年人的接受习惯。网络公开课线上课程可采用演讲、访谈、高端论坛的形式，具体发布时，可采用视频、图片、课件相结合的模式。在影片类型上，可采用专题片、纪录片、宣传片等多种方式。总之，线上课程要不拘一格，立体地推出精品。公开课线下采取互动的形式，如让老年人参与现场录像、阅读之旅和读书会等实践活动，定期举行主题沙龙和分享活动，线上线下开展交流互动。

（4）宣传与推广。老年教育网络公开课的受众群体主要是老年人，但肯定也会有不同年龄段的普通受众。这些受众既可以是个人，也可以是机构用户。那么如何激发受众的兴趣并调动其参与积极性，则需要在传播上下功夫。尽管网络公开课的收效很大程度上取决于课程本身的质量，如课程是否有针对性，主讲教师的讲解是否能引人入胜，视频制作是否具有较高的水准等，但是课程自身质量即便过硬，也不一定就能有好的收效。因此，公共图书馆一定要打破“酒香不怕巷子深”的传统观念，要主动向社会宣传课程的内容和播出时间，同时招募老年人到现场参加课程的录制，积极与相关养老部门和养老机构联系，拓宽宣传途径。

另外，老年教育网络公开课要创新传播方式。公共图书馆的网络平台只是一种推介渠道，而且大部分老年人对网络并不熟悉，还有的会受到个人能力与家庭网络的限制。因此公共图书馆要采用线上线下相结合的方式，将公开课制作成光盘、音频等，与政府机构、企事业单位、电台、电视台、老年大学、社区、养老机构、养老地产、养老团体等广泛合作，把公开课大力推介出去。而网络公开课的人力、物力和财力的成本远远高于老年大学、讲座等教育形式，只有收到良好的社会效益，所有的投入才有意义。

10　公共图书馆服务弱势群体研究

公共图书馆能否真正提供平等服务，关键在于能否平等对待弱势群体，能否给弱势群体提供人文关怀，能否使他们像普通人一样享受图书馆提供的各类服务。

10.1　服务弱势群体是公共图书馆的职责使命

1. 弱势群体的基本概念

弱势群体也可以称为社会脆弱群体、社会弱者群体，是主要用来分析现代社会经济利益和社会权利分配不公，社会结构不协调、不合理的概念。按照社会学界的共识，弱势群体主要是指在经济、政治和社会资源的分配结构中因缺乏公平的机会而处于不利地位的人群。

弱势群体有以下三个基本特征：第一，弱势群体的成因受各种因素的制约，既有可能是客观的或自然的，如社会制度的排斥，生理缺陷或健康状况低下等；也有可能是主观的或人为的，如对女性的性别歧视，对城市农民工的社会歧视。第二，贫困是弱势群体在经济利益上所面临的共同困境。“弱势群体”这个概念虽然不能完全与“贫困人口”这个概念画等号，但至少是高度重叠的。第三，在社会和政治层面，弱势群体往往处于弱势地位。这主要是因为他们表达和追求自己利益的能力较低，掌握的资源较少，尽管可能人数众多，但声音很微弱，他们对利益的表达很难在社会中发表出来，在涉及切身利益的时候，往往要靠政府和大众媒体来为他们说话。

我国的弱势群体相较于西方社会的弱势群体有所不同，他们大多不是由主观方面的能力低下或缺陷造成的，主要是受各种客观条件的限制，在权利方面、发展机遇方面、生活物质条件方面不具备优势。具体来说，我国的弱势群体就是指改革过程中在经济收入、社会地位、权益维护、竞争能力等方面均处于劣势的人群。

从形成原因看，可以将弱势群体分为三大类：第一类是个人生理性弱势群体，主要是由于年龄、疾病等生理原因处于弱势，如老年人、儿童、残障人士、长期病患者等；第二类是自然环境性弱势群体，主要原因是所处的自然环境相对恶劣，如偏远山区的居民、遭受自然灾害的民众等；第三类是社会排斥性弱势群体，主要是由各种社会原因导致的相对弱势的一类人群，包括下岗失业人员、贫困低保人员、农民工及其未成年子女、家庭贫困大学生等。从我国当前情况看，社会排斥性弱势群体占绝大多数，这种排斥更多地表现为体制性排斥。比如，城乡二元结构导致贫困人口大多集中在偏远乡村，城乡经济社会发展不均衡导致社会资源向东部地区过多倾斜；社会保障和社会福利覆盖尚不完善；就业市场不够规范导致的普通民众上升渠道受阻等。

知识贫困是现代社会弱势群体其他方面贫困的主要原因之一。所谓知识贫困是指由于获取、吸收和交流知识的能力和途径受限，人们无法获得本应享受到的获取、吸收以及交流知识的机会和选择权，从而导致个人社会能力的缺乏。根据知识剥夺方式不同，知识贫困可分为获取知识能力的贫困、吸收知识能力的贫困和交流知识能力的贫困。根据知识贫困程度，可以将知识贫困划分为绝对性知识贫困和相对性知识贫困。贫困地区的农民、城市农民工大多属于绝对性知识贫困，城市下岗失业人员属于相对性知识贫困。

2. 公共图书馆关爱弱势群体的理论依据

自从图书馆成立以来，关爱弱势群体已经成为国际图书馆界贯彻“图书馆面前人人平等”理念的重要表现，多年来形成和发展了一系列相关理论。1627 年，法国图书馆学家诺德在《关于如何创办图书馆的意见书》中明确提出：图书馆不应该专门为特权阶级服务，必须向一切研究人员开放；馆藏不应有倾向性和排他性，无论新书还是旧书、异教徒或非异教徒的书、宗教类书籍和一般图书，都应收集。印度图书馆学家阮冈纳赞在《图书馆学五定律》一书中阐述第二定律“每个读者有其书”时指出：图书馆的大门应向一切人开放，包括富人和穷人，男人和女人，城里人和乡下人等。图书馆要一视同仁地向每个人提供图书，将严格而认真地坚持看书、学习和享受机会平等的原则。1939 年美国图书馆协会通过了一项《图书馆权利宣言》，这一文件的主要精神是：图书馆必须提供有关问题的所有不同观点的图书和资料，每一个市民都有权自由地得到他所要求的资料，否定图书可以因其作者的种族、民族或信仰而受排斥的主张，并申明图书馆应当抵制私人和官方的审查。列宁为苏联的图书馆事业制定了一条基本原则，即一切图书馆都要向所有公民开放。1920 年 11 月 3 日，由列宁签署的《人民委员会关于集中管理图书馆事业的命令》第一条指出，“教育人民委员部管辖的一切图书馆，以及属于所有其他部门、机关和社会团体的图书馆，一律宣布为人人都能利用的图书馆”。

1949 年《公共图书馆宣言》首度问世，该宣言宣称：公共图书馆是平民教育的生力军，是民主教育的机构，是现代民主政治的产物，也是终身教育过程中民主信念的实证。作为一个民有民享的民主机构，公共图书馆……对其所在社区的成员，应不分职业、信仰、阶级和种族，提供平等的免费服务。1972 年，联合国教科文组织对《公共图书馆宣言》进行修订，增加了对妇女、老年人、残疾人服务的内容：公共图书馆应当随时都可让人到馆，它的大门应当向社会上一切成员自由地、平等地开放，而不管他们的种族、肤色、国籍、年龄、性别、宗教信仰、社会地位或受教育程度。公共图书馆建筑应该位于中心地点，应该便于老弱病残人士来馆。在农村和市郊区域，分馆和流动图书馆是必须设置的。寂寞的问题和一切心理上和身体上受损害的人能在很多方面得到公共图书馆的慰藉。改进到馆方式，供给机械阅读器、大字印刷的图书、录音带，到家庭做个人服务工作，是公共图书馆能把自己的服务工作扩大到那些迫切需要的人那里去的一些方法。此外，国际图联和各国图书馆还根据图书馆标准对图书馆藏书、服务、建筑、人员等进行具体规定，保证了对弱势群体服务的制度化。国际图联于 1958 年通过了《公共图书馆服务标准》，1959 年通过了《公共图书馆建筑标准》。而影响最为深远的是 1973 年国际图联颁布的《公共图书馆标准》，其中专门针对儿童、残疾人、病人、囚犯、少数民族、外侨和偏远地区居民等特殊读者群规定了在服务和设施等方面的质量标准。这些指导性的标准条款对于世界各国制定相关规定和拓展服务起到了强大的推动作用。

人生而平等，尽管可能在文化水平、社会地位方面有所差异，但都有权利受到同样的尊重和关心。弱势群体之所以被称为弱势，主要是由于经济条件上的拮据或者物质方面的不充足，但他们在精神方面并不贫乏。弱势群体几乎都在为改善当前状况而不断努力，他们希望拥有一技之长，在解决就业、学习技术、教育子女等方面的需求尤为强烈。针对弱势群体生活方面的困难和需求，政府和社会需要肩负起责任，给予他们关心和支持，这不仅可以帮助弱势群体走出困境，还有利于我国和谐社会的构建。弱势群体在精神上和非弱势群体是平等的。图书馆是给广大群众提供学习文化机会的场所，应充分发挥行业优势，肩负起社会教育责任，给予弱势群体更多的关注，注重人文精神的培养和传承。

虽然我国目前尚没有专门针对弱势群体的图书馆法律法规，但在近年来颁布的一系列涉及图书馆的法律法规中，对关爱弱势群体均进行了明确规定。如《公共图书馆法》第三十四条规定，政府设立的公共图书馆应当考虑老年人、残疾人等群体的特点，积极创造条件，提供适合其需要的文献信息、无障碍设施设备和服务等。《公共图书馆服务规范》中规定，公共图书馆服务对象包括所有公众，应当注重培养少年儿童的阅读习惯，并努力满足残疾人、老年人、进城务工者、农村和偏远地区公众等的特殊需求。

3. 公共图书馆为弱势群体服务的优势

公共图书馆为弱势群体提供服务有得天独厚的资源优势和服务优势。公共图书馆的资源优势包括硬件资源和软件资源。硬件资源包括图书馆建筑、馆藏文献、设备、经费等物质条件；软件资源包括图书馆的组织结构、管理机制、馆员素质、服务手段、文化氛围、精神风貌等精神层面的各种资源。公共图书馆地理位置优越，一般建于人口集中、交通便利、环境相对安静、符合安全和卫生及环保标准的区域，具备良好的工程地质及水文地质条件，市政配套设施条件良好，因此，便于弱势群体前往学习。

公共图书馆具有服务优势。公共图书馆服务对象包括所有公众，既要为成年人提供服务，也应当注重培养少年儿童的阅读习惯，并努力满足残疾人、老年人等社会群体的特殊需求。相较于专业图书馆和其他公益文化服务机构，公共图书馆馆员具有较高的为社会公众提供服务的素养和能力。为满足不同年龄不同个性的读者的知识需求，公共图书馆馆员要具备深厚的专业素养，在工作中需要不断参加继续教育，更新知识结构，提高业务能力；同时，也要具有强烈的服务意识与创新能力。近年来，公共图书馆馆员的素质不断得到提升，新入职馆员的初始学历普遍提高，老馆员获得高级职称者人数增加。

简言之，通过参加继续教育，公共图书馆馆员的文化水平普遍在提升。

10.2 公共图书馆为弱势群体服务的具体形式

由于第九章对公共图书馆在老龄化社会中面向老年人的具体服务方式进行了专门阐述，本节所说的公共图书馆为弱势群体提供服务主要针对残障人士、未成年人、农民工及其子女、下岗失业人员、服刑人员等服务对象。

1. 为残障人士服务

身体残疾特别是视力障碍的公众是公共图书馆服务弱势群体中最需要着力关注的群体，因此公共图书馆必须针对残障人士的不同特点和特殊需求，牢固树立无障碍服务理念，在全流程、全领域、全范围内建设无障碍服务设施，并在软硬件各个方面作出详细安排。

（1）建立残障人士信息库。通过主动与辖区政府相关部门沟通协调，了解掌握本地区残障人士的基本情况，调研不同群体的特殊需求，分门别类建立服务档案，有针对性地制订公共图书馆服务特定残障群体的工作方案；主动深入各个群体，了解实际诉求，最大限度提供适合各个群体的信息资源服务；利用现有馆藏资源，整合残障群体需要获取的知识信息，建立服务指南，收集他们的需求重点和对图书馆工作的意见建议，建立长期有效、灵活及时的知识获取系统，提供信息资源服务。

（2）完善残障人士服务制度。建设无障碍服务环境，可以从两方面入手：一方面是物质环境的无障碍。即设置适合残障人士馆舍服务设施，如坡道、盲道、扶手、盲文阅览室、残障人士专用卫生间、专用电梯、音响信号等。另一方面是信息获取的无障碍。主要是指盲文读物、盲文计算机、朗读服务、手语服务、送书上门等。公共图书馆要对原有服务设施进行梳理改造，针对不同群体需求改进服务方式。如允许视障人士携同导盲犬进馆，为视障人士提供盲文显示器、放大器、语音合成软件等；为听障人士提供听力辅助设备、手语翻译等服务。

（3）协同有关部门建立残障人士社会支持系统。政府对残障人士基本上停留在经济救济层面，缺乏社会救治支持系统。他们的教育主要靠非正式支持系统来解决，而且相关部门的经济帮助不能完全改变他们极端焦虑的心理状态。公共图书馆作为为残障人士服务的公共文化部门，要利用自身优势帮助他们树立知识改变命运的信念，让他们通过及时获取知识与信息来提高生活质量。同时，公共图书馆要主动与当地人力资源、妇联、社会福利机构、残联、工会等部门联系，推动残障人士社会支持系统网络建设，动员全社会力量关心和支持残障人士事业，解决残障人士教育问题，使其通过公共图书馆实现信息获取自由，最大限度提高生活质量。

2. 为未成年人服务

为未成年人提供服务是公共图书馆开展社会公共文化服务的重要内容，也是图书馆社会教育职能的具体体现。根据《中华人民共和国未成年人保护法》，我国的未成年人是指“未满十八周岁的公民”，下面主要从四个服务群体来说明公共图书馆是如何为未成年人提供服务的。

（1）为婴幼儿服务。专门针对 1 ~ 3 岁的儿童提供的服务。由于服务对象相对特殊，婴幼儿服务对公共图书馆的要求特别是对员工素质的要求普遍较高。图书馆还要专门购置适合婴幼儿使用的玩具、用具等，设置亲子阅读场地，需要比较大的资金投入。从世界范围看，许多国家非常重视婴幼儿服务。其中，美国是世界范围内公共图书馆最早开展婴幼儿服务的国家，其开展的“出生及阅读计划”，主要为新生婴儿提供免费的阅读大礼包，该礼包包含婴幼儿图书、早教知识、新生儿读书证、玩具等。还有专门针对新生儿父母的免费育儿培训，致力于推广早期阅读的重要性，指导父母开展亲子阅读，培养孩子阅读兴趣。英国自 1992 年开始推行“阅读起跑线计划”，为婴幼儿设计专门的阅读礼包，免费指导亲子阅读，帮助家长培养儿童阅读习惯。目前，由于我国缺乏这方面的专业人员，大多数公共图书馆尚未提供类似服务，仅仅在一些一二线城市规模较大的图书馆开展了类似活动。

（2）为学龄前儿童服务。随着优生优育的观念逐渐深入人心，社会对学龄前儿童的教育越来越重视。各个国家积极对学龄前的儿童开展阅读服务，形式也是多种多样。一是阅读指导服务，就是将图书馆的优质资源推荐给学龄前儿童，指导他们阅读适合自己身心健康发展的图书。这类服务主要包括举办故事会、朗诵会、家长育儿讲座等活动。二是益智教育服务，主要指开展适合该年龄段的手工制作、书法、绘画、歌舞、游戏等文化艺术课程，旨在培养儿童多方面艺术能力。在这方面，欧美国家开展得相对较早。比如美国社区图书馆开始提供实体玩具和数字游戏，并建立俱乐部让儿童参与其中，如乐高俱乐部、建筑俱乐部、游戏俱乐部等，极大地提高了儿童的空间想象力和逻辑思维能力，还扩大和提高了儿童的社交范围和社交能力。三是亲子活动，是指图书馆组织家长和儿童共同参与一项活动，以增进父母与子女之间的情感交流，提高家长和儿童参与的积极性，激发儿童阅读兴趣和对图书馆的认知。

（3）为中小学生服务。中小学生的学习任务逐渐增多，公共图书馆为中小学生提供专门服务要充分考虑这一群体的身心发育特点和学校教学实际，做好衔接配合，为培养德智体美劳全面发展的合格中小学生贡献应有的力量。公共图书馆为中小学生提供服务的主要形式有以下几种：

阅读指导和推广。一方面是经典阅读，当前最为流行的方式是开展少儿国学经典阅读活动，一些图书馆已经打造了自己的经典品牌，如广州图书馆的“少儿读经班”、天津图书馆的“国学冬令营”、上海图书馆的“国学阅读夏令营”；另一方面是主题阅读，最具有代表性的就是坐落在上海浦东新区周浦镇的傅雷图书馆所开展的“傅雷读书会”，其通过主题读书会的形式，展现傅雷在翻译、音乐、美术、教育等领域的造诣，以及其勤奋、正直、热心、坦荡的精神品质。“傅雷读书会”还邀请傅雷亲友、傅雷研究人员为读者还原有血有肉的傅雷形象，搭建读者、作者、译者和评者之间交流对话的桥梁。衡水市图书馆在全市各级图书馆面向少年儿童和在校中小学生开展的以“阅读红色经典 志做强国少年”为主题的阅读推广活动也比较受欢迎。

课后托管。美国公共图书馆在这方面开展得比较早，20 世纪八九十年代即开始由图书馆聘请专业教师开展课后辅导，协助中小学生完成作业。后来图书馆逐渐成为青少年课后拓展和提升自我的主要场所，比如美国休斯敦社区图书馆纷纷开辟单独空间，为中小学生专门提供科技、计算机、手工制作等服务项目，还与当地政府部门合作邀请专业人士对中小学生开展针对大学专业及职业规划设计的活动。然而我国公共图书馆开展此类活动相对较晚，目前仅有少数图书馆提供此类服务。比如江苏省常州市武进区图书馆专门成立了家庭作业辅导中心，由大学生志愿者对中小学生提供免费课后辅导；吉林省长春市宽城区图书馆专门设置公共区域，为附近小学生提供场地，让他们放学后到图书馆写作业、看书。2021 年 7 月，中共中央办公厅、国务院办公厅印发的《关于进一步减轻义务教育阶段学生作业负担和校外培训负担的意见》，对学科类培训机构过多过滥、学生负担过重问题提出了改进意见。公共图书馆可以充分利用这一契机，发挥公益文化机构的独特作用，为中小学生课后活动提供公益性服务，促进青少年健康成长。

公共图书馆还可以广泛开展兴趣培养，从科学、环保、法治、安全教育等方面进行专题设计，形成系列活动。比如济南市图书馆与本市教育部门联合开展共建“中小学生社会实践基地”活动，为学生搭建了开展社会实践、提升综合素质的平台；厦门市思明区图书馆每年利用假期开展机器人夏令营、暑期象棋夏令营、书法绘画夏令营等活动。

（4）为特殊儿童群体服务。从图书馆的角度来说，特殊儿童群体是指那些不能正常享受阅读权利，或者需要在帮助下才能在图书馆获得信息资源的儿童群体。① 主要包括残障儿童、留守儿童、流浪儿童、农民工子女、孤儿、罪犯子女和少年犯等。从世界范围来看，国外对弱势群体包括特殊儿童群体的法律制度更为健全和完善，因此公共图书馆对这一群体开展的服务活动相对更丰富。比如，美国各州利用暑期与图书馆联合开展阅读项目——“协同暑期图书馆计划”，鼓励特殊儿童积极参与阅读活动；还有一些社区图书馆安排志愿者为特殊儿童上门送玩具或特殊设备，帮助他们完成阅读和游戏活动。日本公共图书馆针对特殊儿童设立了专用书籍库，如对视障儿童每月至少开展两期读书朗读会。早在 1996 年 10 月，视障儿童文库开放了点字图书外借服务。②

近年来，我国一些地方的公共图书馆逐渐开始把对特殊儿童的服务纳入日常服务，利用特殊节日或者以主题活动的方式开展服务。但受场地、资金和工作经验的限制，大多数公共图书馆开展此活动的时间较短，缺乏持续性。只有少数公共图书馆形成了独特优势，打造出了公共服务品牌，并持续坚持。例如，首都图书馆少儿部在其儿童读者流量相对较少的时候（即寒暑假之外的工作日时间），把临近社区内的残障儿童及外来务工人员子女请进图书馆开展读书活动。辽宁省图书馆开展了“手语世界”活动，至今已持续十余年。这项活动目前已经非常成熟，其中包括：一是开办手语培训班，邀请专业手语教师教授社会志愿者学习手语；二是组织志愿者走近听障儿童，使双方深

① 王永丹．少年儿童图书馆特殊儿童群体服务研究［J］．图书馆界，2011（1）．

② 陈学锋．国内公共图书馆特殊儿童服务的不足与探讨［J］．兰台世界，2017（23）．

人了解、沟通，并借此机会为他们创造良好的阅读环境；三是为听障儿童提供更为广阔的学习、阅读、交流、活动的平台。该活动自2003年创立，每周末手语志愿者老师风雨无阻，准时来到图书馆，为听障读者以及手语爱好者教授通用手语，十多年来从未间断，深受读者欢迎，曾被文化部评为“全国基层文化志愿服务优秀项目”。“手语世界”活动反响热烈，受到社会媒体的广泛关注，近年来其他各地图书馆也效仿开展相关活动。

3. 为农民工及其子女服务

2021年4月30日，国家统计局发布的《2020年农民工监测调查报告》显示，2020年全国农民工总量为28560万人，比2019年减少517万人，下降1.8%。其中，外出农民工16959万人，比2019年减少466万人，下降2.7%；本地农民工11601万人，比2019年减少51万人，下降0.4%。在外出农民工中，年末在城镇居住的进城农民工13101万人，比2019年减少399万人，下降3.0%。在全部农民工中，未上过学的占1%，小学文化程度的占14.7%，初中文化程度的占55.4%，高中文化程度的占16.7%，大专及以上的占12.2%。[①] 作为由农村融入城市的新市民，广大农民工群体在生活适应、求职就业、子女教育等多个方面存在诸多疑问和实际障碍。公共图书馆作为国家公共文化服务体系的重要组成部分，帮助农民工群体尽快融入城市生活，满足其多样化、多层次文化需求，是其义不容辞的社会责任。从国内各地情况来看，不少地方的公共图书馆针对农民工群体也在逐渐开展专门服务，主要形式有节假日慰问、上门送书送报、在厂矿工地等人员集中地区设立流动图书馆、集中举办业务技能培训和专题公益讲座、开展互联网集中购票等。

公共图书馆要成为农民工融入城市生活的桥梁。具体做法如下：利用信息资源的优势和优雅的阅读环境，吸引广大农民工充分利用这个交流“充电”的平台，帮助其鼓起城市生活的勇气，树立对未来美好生活的信心，把被动救济式服务转变为主动融入城市环境的参与式服务；公共图书馆要有专门为农民工服务的制度，明确专门人员和机构，各部门协调配合，把工作范围和重心向农民工服务延伸和倾斜；针对农民工工作时间调整开闭馆时间，同时延长开放时间，并通过在工人聚集地区设立移动图书馆的方式，把书刊送到

① 来源：国家统计局《2020年农民工监测调查报告》。

农民工手中。

公共图书馆要成为农民工的精神家园。与其他文化场所相比，公共图书馆有着优雅的环境和良好的人文氛围，所以要发挥好公共图书馆作为“城市会客厅”的优势作用，推出适合农民工的文化休闲活动内容，满足他们的精神文化需求。公共图书馆可以定期举办各类比赛、展览、主题报告会、演讲活动及文艺演出等，在节假日和周末时间播放文艺影片、科普电影和动画片等，丰富农民工的业余生活。一方面可以通过图书馆潜移默化的影响力，使广大农民工接受城市文化、生活习惯，尽快融入所在城市；另一方面通过温馨的文化环境来温暖农民工的心灵，增强他们对所在城市的认同感和归属感。

积极开展知识帮扶。大多农民工由于条件所限无法及时抓住再教育的机会，长期从事技术水平和文化要求不高的工作，自身发展受到很大限制。因此公共图书馆应通过多种途径优化服务手段，发挥好社会教育阵地的作用，贴合农民工实际需求开展教育培训。通过实施“知识援助”，使广大农民工能够自主学习、增长见识、提升本领，实现个人全面发展。要充分利用“文化共享工程”和现代高新技术手段，整合相关信息资源和技能知识，让农民工随时运用图书馆的公共文化资源，真正做到机会均等、惠及全民。

着力做好外来务工人员子女重点服务。国家统计局的监测报告显示，2020 年义务教育年龄段随迁儿童的在校率为99.4%，与2019 年基本持平。从就读的学校类型看，小学年龄段随迁儿童 81.5% 在公办学校就读，比 2019 年下降 1.9 个百分点；12.4% 在有政府资助的民办学校就读，比 2019 年提高 0.5 个百分点。初中年龄段随迁儿童 87.0% 在公办学校就读，比 2019 年提高 1.8 个百分点；7.1% 在有政府资助的民办学校就读，比 2019 年下降 1.7 个百分点。对于义务教育阶段的随迁儿童，47.5% 的农民工家长反映在城市上学面临一些问题。本地升学难、费用高、孩子没人照顾是农民工家长认同度较高的三个主要问题。目前，我国公共图书馆通过与农民工子弟学校、幼儿园等建立合作关系，为农民工子女提供服务。如，上海市青浦区图书馆与隐贤民办小学签署了《青浦区图书馆馆外服务点协议》，开展了农民工服务日赠书活动；浙江省龙泉市图书馆针对农民工子弟推出“小候鸟学堂”服务，组织开展了丰富多彩的阅读推广活动，同时举办了“小候鸟读书日”。还有的地方图书馆通过与幼儿园、小学举办未成年人读书节，定期送书进校园及在校园办展览、放电影，激发农民工子女阅读兴趣，丰富他们的文化生活。

4. 为下岗失业人员服务

下岗失业人员包括：国有企业下岗失业人员；国有企业关闭破产需要安置的人员；国有企业所办集体企业（厂办大集体）下岗职工；享受最低生活保障且登记失业一年以上的城镇其他失业人员。从公共图书馆提供公共文化服务的角度看，本文所说的下岗失业人员除上述群体外，还包括大学毕业生、待业者等一切有求职需求的群体。公共图书馆对求职者的服务主要包括就业信息咨询和职业技能培训。就业信息咨询主要是指图书馆组织专业人员，利用馆藏文献和网络信息，收集整理符合求职者需求的就业信息，免费提供给求职者；职业技能培训是指图书馆邀请相关专业人士针对求职者群体的特点，采取讲座、实训等方式对求职者开展职业教育和培训，增加其就业的机会和就业率。在这方面，美国公共图书馆的做法相对系统完善，它们的就业支持服务主要有四种。一是提供专业化馆藏资料，即图书、期刊、视频资料、数据库、网络资源等；二是提供相关职业项目或就业活动，比如求职方面的相关课程、公益讲座、一对一培训、博览会等；三是设立就业信息中心，专门负责处理社会公众对求职的需求；四是引进志愿者和其他社会组织，合作开展就业相关服务。①

我国公共图书馆对求职者开展就业支持服务起步较晚，目前尚未形成普遍性做法，但一些地方陆续进行了有益探索和实践。最具代表性的是南京市金陵图书馆设立的“职业技能培训专区”，免费为进城务工人员提供驾驶技术、建筑施工、家政服务、物业管理等职业技能培训视频课程的点播服务，并有专门人员辅导进城务工人员学习和使用；提供专业求职信息咨询服务，及时提供就业形势、法规政策等方面信息资源，对求职者在职业生涯规划和就业创业方面进行专业指导。此外，金陵图书馆与南京市总工会签署了《“职工书屋”共建协议》，规划在未来一年双方共同为全市符合条件的基层单位及大型企业建立100家图书馆分馆或流通服务点。金陵图书馆不仅会长期提供丰富、专业的文献资料，促进员工深入学习和提高职业水平，还会不定期在

① 耿纪昌．美国公共图书馆就业支持服务的现状和发展趋势［J］．图书馆研究，2018（4）．

“职工书屋”开展职业培训和讲座，加快员工职业素养、职业精神的全面发展。①

5. 为服刑人员服务

阅读，是人的基本权利，对缓解和疏导服刑人员的负面情绪、更好地促进其改造具有十分积极的作用。服刑人员虽然被剥夺了人身自由，但依然有阅读、享有公共图书馆服务的权利。图书馆针对服刑人员的服务方式主要有六种形式。赠送图书、设立流动图书服务站点、开展分馆、举办普法讲座、进行职业技能教育培训、开展重点帮教等。我国在这方面的工作开展得相对较早，20 世纪 80 年代，部分图书馆就开始面向服刑人员开展图书借阅服务。以上海为例，上海市各级图书馆对服刑人员开展的专门服务主要有六种形式。一是送书到监狱，如浦东新区川沙图书馆、徐汇区图书馆等每 3 个月向监狱送书一次；二是把图书流动车开进监狱，如黄浦图书馆、上海图书馆、虹口图书馆等定期把图书流动车开进监狱；三是成立监狱图书馆，如黄浦图书馆在宝山监狱建立监狱图书馆，卢湾图书馆在上海监狱建立图书馆等；四是签订监狱文化建设协议书，如黄浦图书馆、长宁图书馆分别与所服务的监狱签订《共建监狱文化协议书》，主动参与对监狱服刑人员的思想改造，做到有计划、有内容、有效果地开展以“读书育人”为主题内容的监狱文化活动；五是建立读书小组，开展各种类型的读书活动；六是组织志愿者帮教队伍，与监狱服刑人员开展“一帮一”的社会帮教活动。② 2018 年 3 月，湖南图书馆和湖南省女子监狱联合开展了“文化进高墙·知识促改造”文化志愿服务系列活动，湖南图书馆湖湘文化基层行文化志愿服务点在湖南省女子监狱举行授牌挂牌仪式，双方还签订了《文化志愿服务活动联合帮教协议》。同时湖南图书馆向湖南省女子监狱赠送了 2000 册图书，并提供一台数字阅读机，该机内置 3000 余种电子图书和期刊，还含有 2400 余集视频资源数据包，这些都是湖南图书馆针对监狱需求而精心挑选的。作为系列活动的内容之一，湖南图书馆为服刑人员开设了剪纸和绘画兴趣班。来自湖南省民间文艺家协会和中国美术家

① 张磊. 奏响读者职业教育的时代篇章——论公共图书馆服务转型与创新 [J]. 图书馆理论与实践，2015 (4).

② 尹美华. 上海地区公共图书馆对监狱服刑人员的服务 [J]. 图书馆杂志，2003 (9).

协会的两位志愿者老师现场教授服刑人员剪纸和绘画，以灵活直观的方式，将传统文化精髓与思想改造有机结合，提升服刑人员的文化素养。①

10.3 公共图书馆为弱势群体服务的对策建议

公共图书馆是社会公益性文化事业机构，是公共文化服务体系的重要组成部分。作为“没有围墙的大学”，公共图书馆应当积极发挥公益文化教育传播机构和社会公民终身教育机构的职能作用，在为弱势群体服务方面发挥更多的积极作用，更好地促进社会公平，推动社会和谐发展。

1. 持续加大对公共图书馆等公共文化服务设施的全面投入

公共图书馆等公共文化设施是社会知识保障体系的重要组成部分，因此要确保自身能够及时、有效地向公众提供良好的公共文化服务，特别是为弱势群体提供良好的免费服务。当前公共图书馆的总体投入严重不足，特别是经济欠发达地区和广大边远山区，社会公众还无法及时享受到均等的公共文化服务。因此政府需要像建立社会保障体系一样，探索建立社会知识保障体系，增加对公共图书馆等公共文化设施的投入，这也是减少知识贫困、缩小地区差别的重要举措。对待弱势群体除需要全社会加大关注、关心、关怀力度外，最主要的还是要通过持续的资金投入，扩大公共图书馆免费服务的范围，提高免费服务的质量，着力解决好弱势群体获取知识的渠道。从政府角度看，要建立健全保护和促进弱势群体全面发展的政策法规，形成长效工作机制，从制度上保障弱势群体平等享受教育和公共文化服务的机会。各类社会组织也要立足本职，用实际行动为弱势群体提供力所能及的服务。

2. 公共图书馆要及时调整服务方式

弱势群体是公共图书馆的重点服务对象，只有充分了解各类弱势群体的实际需求，才能为他们提供有针对性的公共服务。因此，公共图书馆要改变传统服务理念，变被动等待为主动上门，及时了解弱势群体的群体特征和公

① 来源：徐海瑞《2000 册图书送给服刑人员》，潇湘晨报数字报。

共文化需求，因人制宜，因地制宜，向他们提供各种形式的辅助服务和延伸服务。首先，公共图书馆可以成立专门为弱势群体服务的内设机构，及时与当地劳动就业部门或民政、残联、社区、学校等机构沟通联系，主动获取本地区弱势群体的基本情况，如性别构成、年龄构成、学历构成、特长爱好等。其次，充分发挥专业优势，建立弱势群体信息资源数据库，分析研判群体需求和信息需求。再次，公共图书馆要主动走出去，深入弱势群体，接受他们、了解他们，为他们提供零距离服务，对由于自身情况无法到馆的残疾人、老年人、身体患病读者，积极开展上门服务。最后，发挥信息技术的优势，采取网上预约、线下传递的方式，提供多种形式的读者服务。

3. 公共图书馆要为弱势群体提供人文关怀

公共图书馆在日常服务过程中要强化人文关怀，带着感情做好各项工作，为不同的弱势群体提供有针对性的个性化服务：开辟专门的盲人阅览室或盲人图书馆；设立无障碍设施，如残疾人专用通道、专用卫生间等；在社区建立图书馆分馆或图书室，方便老年人就近阅读；为城市低收入群体和农民工提供免押金借阅、免费互联网服务等；开展信息咨询服务，包括查阅指导、代查、解答咨询等；建立咨询网站，健全线上咨询服务体系，方便弱势群体及时便捷地通过互联网在线交流、提出需求、获取信息资源。

4. 开展公益讲座等各类免费培训

公益讲座是当前公共图书馆提供公共文化服务的一项重要措施，其内容广泛，实用性强。公共图书馆可以根据本地区弱势群体的实际需求提供有针对性的讲座内容，邀请专家、学者对他们关心关注的社会热点问题进行解疑释惑；还可以在充分调研、了解不同弱势群体就业情况和技能需求的基础上，与相关职业学校或厂矿企业、公司协调沟通，开展专业技能培训，特别是对符合弱势群体人员务工特点的诸如插花、剪纸、手工雕刻、书画等内容进行系统培训，帮助他们掌握一定的就业技能；还可以利用公共图书馆的专业优势，提供劳动保障咨询和法律知识服务，使公共图书馆真正成为弱势群体的再教育基地。

5. 开展灵活多样的流动服务

流动服务是公共图书馆服务拓展的有效手段，是解决行动不便或偏远地区特殊人群利用图书馆的重要途径。比如公共图书馆可以联合快递公司开展有效合作，采取类似电商模式，帮助部分弱势群体读者采取网上下单、物流配送的方式，获取所需的馆藏文献。公共图书馆还可以充分利用现有信息技术手段，开展信用借阅服务，比如同支付宝开展合作，如果用户个人芝麻信用分数达到一定数额，即可免办证、免押金、线上下单、线下配送，同时享受上门服务，这可极大地方便部分行动不便或偏远地区的读者。

11　公共图书馆促进建设服务型政府

20 世纪 80 年代，西方发达国家发起了“新公共管理运动”。新公共管理运动通过在政府管理中引进企业管理常用的经济理性主义，依托新的信息技术和政府流程再造，按照“经济、效率、效益”三原则重新定义公共行政管理结构，重构政府、市场和社会关系。进入 21 世纪，从新公共管理理论发展而来的“新公共服务理论”成为推动服务型政府建设的理论基础。在这一理论基础上，我国学术界提出了“服务型政府”概念，进而总结出服务型政府的五大特征：第一，政府的作用集中于公共领域，政府的职能主要是提供公共产品和公共服务；第二，政府管理的基本哲学是实现社会正义；第三，政府是公共利益的鲜明代表；第四，政府权力是有限权力；第五，现代政府是法治政府。

改革开放 40 多年来，我国不断深化对服务型政府建设的认识，持续推进政府职能转变，取得了重大成就，积累了宝贵经验。特别是党的十八大以来，我国各级政府职能加速向服务型政府转变，大量减少对经济活动的微观管理和直接干预，更加注重加强宏观调控、市场监管和公共服务等职能建设，有力推动改革开放向纵深发展。中国特色社会主义进入新时代，我国社会主要矛盾发生转化，这对服务型政府建设提出了新的、更高的要求。公共图书馆作为公共文化服务体系的重要组成部分，是服务型政府向社会公众提供的重要公共产品，同时也要注意与时俱进，在服务型政府建设的大背景下转变工作理念，更好地促进服务型政府建设。

11.1 建设服务型政府的发展历程和成功经验

11.1.1 建设服务型政府的发展历程

随着近年来我国经济和社会的高速发展，我国原有的各级人民政府社会行政中的管理服务功能，尤其是国民经济社会行政中的管理服务功能，已经开始出现与当前我国经济和社会发展不相适应的情形。因此，必须对我国各级人民政府的管理职能进行新的准确划分和重新划定。党的十二届三中全会明确提出“实行政企职责分开，正确发挥政府机构管理经济的职能”的重大决策部署，并明确要求各级人民政府及其机构要按照政企分开、职责职权分开、简政放权的基本工作原则，加快转变经济管理职能和企业结构性体制改革。在此项改革措施的理论基础上，党的十三大明确提出“使政府对企业由直接管理为主转变到间接管理为主”。在这一发展阶段，服务型人民政府的体系建设基本上处于起步阶段。

党的十四大明确提出“建立社会主义市场经济体制”的改革目标，此后服务型政府建设进入快速发展时期，与之相匹配的是政府职能转变也在加速推进。党的十四届三中全会提出“转变政府职能，建立健全宏观经济调控体系”的改革目标。党的十五大提出“建立办事高效、运转协调、行为规范的行政管理体系，提高为人民服务水平”的举措，在突出做好政府行政管理的基础上，进一步明确政府部门为人民服务的价值导向。党的十六大提出，“完善政府的经济调节、市场监管、社会管理和公共服务的职能”。

经过不断的实践，党的十六届六中全会提出了“建设服务型政府，强化社会管理和公共服务职能”的任务，将服务型政府建设作为我国社会治理结构转变的重要抓手，明确了服务型政府建设的根本、重点及基本内容，可以说，服务型政府建设从理论上迈出了重要一步。党的十七大提出“加快行政管理体制改革，建设服务型政府”，将服务型政府建设与我国行政体制改革充分结合起来，注重政府基本公共服务供给能力的加强。在此背景下，基本公共服务均等化被提上日程，东南沿海一些发达省份进行了积极实践，并逐步建立起基本公共服务多元化供给机制，使得这些区域的公共文化服务水平得到极大提升。

党的十八大提出，“建设职能科学、结构优化、廉洁高效、人民满意的服务型政府”，进一步深化了服务型政府建设的内涵。党的十八届三中全会提出“使市场在资源配置中起决定性作用和更好发挥政府作用”，明确把服务型政府建设作为国家治理体系和治理能力现代化的重要组成部分。党的十八大以来，国务院会同有关行政部门对各级行政机关审批的许可事项受理数额大幅削减44%，非取得行政许可的事项审批受理工作基本终结，进一步充分调动了资本市场的创新活力和经济社会的创新创造力，极大向前推进了我国服务型政府改革建设的时间表。

党的十九大明确提出，“建设人民满意的服务型政府”。在这一历史关键时期，各级人民政府都紧紧抓住了简政放权这个“牛鼻子”，以全面推进“放管服”作为总体思路创新引领，加强行政监管长效机制建设，优化地方政府的公共服务流程，提高行政办事效率，加强各种基本公共服务的有效供给。党的十九届四中全会提出：“必须坚持一切行政机关为人民服务、对人民负责、受人民监督，创新行政方式，提高行政效能，建设人民满意的服务型政府。”党的十九大以来，中国政府更加注重解决体制性深层次障碍，推出一系列重大改革举措，切实解决了一批系统性问题，在诸多领域实现了结构性重塑、系统性重构。全国各地出现了一些亮点服务，比如“一站式服务”“一窗受理，集成服务”“最多跑一次”“不见面审批”“街乡吹哨、部门报到”“接诉即办”等，这些恰恰是我们在不断全面深入推进改革时的顶层政策设计与充分尊重各地基层改革首创精神要求紧密结合的必然产物。总之，通过简政放权、放管合一相结合、优化金融服务等举措，政府有力地调动和充分地释放了市场主体的积极活力。世界银行发布的《2020 年营商环境报告》明确指出，中国营商经济环境投资总量世界排名由 2018 年第 46 位迅速上升至 2019 年第 31 位。在新冠肺炎疫情大背景下，中国经济增速下行压力明显加大，但新三板上市的新兴市场主体投资更加活跃，外资仍有望继续保持适度上涨，数字共享经济、创客共享经济、孵化器创新公司、人工智能、5G 新技术综合应用、平台共享经济等各领域具有重要创新性发展意义的战略新兴产业、新服务行业、新电子商务商业模式也在迅猛增加。

11.1.2 建设服务型政府的成功经验

改革开放40多年来，我国服务型政府体系建设从无到有，从逐渐探索发展到全面推动，并且伴随着法治政府、创新型政府、廉洁型政府的建设而逐渐深入。我国服务型政府建设的发展规律也变得更为明确，理论更为成熟，实践也越来越充实。建设服务型政府的成功经验有以下几点：

（1）坚持和加强党的全面领导。改革开放以来，党充分发挥了总揽全局、协调各方领导的核心作用，在不同的历史时期为服务型政府的建设制定了路线图和时间表，增强了服务型政府建设的系统性和协同性。特别是以极大的决心和勇气，打破了利益的桎梏，解决了政府部门之间互相协同配合的难题，提升了服务工作的效率和水平，有力地促进了服务型政府的建设。实践证明，党的坚强领导是我国政府职能转变及充分发挥作用的根本保障，也是我们构建服务型政府的独特政治优势。

（2）坚持以人民为中心。服务型政府建设的最终目的就是要全心全意地为人民服务。无论是进一步加快深化改革，做好简政放权，不断提升政府各项工作的管理效能，还是进一步严格规范政府行政执法、优化政府办事管理流程，服务型政府建设关注的问题都应该是广大基层人民群众普遍遇到的社会问题。人民群众对基层公共服务的迫切需求是加快推进基层服务型政府建设的根本力量和驱动力量。在加快构建服务型政府的过程中，党和政府要始终注意在提供社会公共服务的同时，对各方行为进行有效的管理，在政府有效的管理中更好地提供社会公共服务，使二者相互衔接、相互促进，不断增强广大人民群众的获得感、幸福感和安全感。一方面，抓住重点、补齐短板、补足弱项，着力解决城乡居民最为关切、最为现实的社会民生问题。例如，推动教育资金进一步向困难领域和薄弱环节倾斜；实施“健康中国”行动，药品集中采购试点范围逐渐延伸至全国，推动高血压、糖尿病等门诊特殊用药纳入居民基本医保；聚焦消费者和企业的关切，弘扬企业家创新精神，着力为商家和消费者营造一个更加安全稳定、公平和谐的营商环境，实施“史上最大规模”的减税降费。另一方面，同步排查记录和系统地收集梳理推进服务型政府建设期间的重大社会问题目标清单，并将其逐步转化为推进国家社会治理的各项重大任务目标清单，努力为广大人民和社会团体提供更便捷、更高效的“有感服务”。与此同时，凭借我国政治制度的强大优势，总结正反两个方面的实践经验，通过大力推进改革创新攻坚，聚焦各方力量、密集启动试点、循序渐进，深入解决我国在改革开放初期实践探索中积累下来的多种类型的历史问题，积极主动地解决好我国在服务型政府建设过程中和社会主义现代化国家建设过程中的新问题新困难。

（3）坚持以服务为核心。面对社会主义经济发展进入新常态等一系列深刻的变化，政府要继续坚持“全面”“深化”两个结构性改革，并有意识地着力解决好以下问题。第一，改革的顶层设计与分层对接之间的关系。注重从系统理论角度出发积极推进各种治理体制改革，协调不同行业、不同政策在社会主义国家治理制度体系建设中的地位和作用，增强“一盘棋”的观念，防止顾此失彼，在多次治理体制改革的目标中找到动态平衡，使各种治理体制改革相得益彰，发生“化学反应”，把我国的政治制度优势转化成社会治理优势。第二，培育增强大众创新创业驱动能力与增强企业创新驱动力之间的相互推动联系。倾听多种不同利益相关者和服务主体的不同声音，寻求深化改革的最大向心力，把潜藏的改革发展潜力充分挖掘激活。第三，谋划长远与立足当下之间的互补关系。既坚持始终立足于实现中华民族伟大复兴的国家战略发展大局、世界百年未有之大变局，着眼千年大计、国家大事，又要密切关注当前我国经济社会体系建设与经济发展，从办好广大人民群众身边的小事、糟心事开始，不失时机地推出一批切口小、见效快的国家政策性改革创新举措，侧重于研究解决社会民生问题等社会领域的各种难题，增强人民群众的获得感、幸福感、安全感。

（4）着眼于政府本身的建设。一个服务型政府的建设是否有成效，很大程度上依赖于其政府自身执法能力水平的高低，取决于其运行的体制和机制是否通畅。改革开放以来，我国积极推进政府职能转变，不断加强服务型政府的制度和机制建设，针对政府管理的不同服务性事项，致力于将该管的事管到位、该放的权力要放足、该提供服务就要提供到位，实现不同阶段和时期的服务型政府建设目标。在进一步加强政府基本公共服务功能建设方面，已经初步形成并搭建了覆盖范围广、功能性较强的基本公共服务体系和对应的保障机制，同时各级基本公共服务设施持续完善，基本公共服务工程不断得到建设，基本公共服务标准不断被制定，加快了服务型政府建设的步伐。

（5）坚持不断优化营商发展环境。企业家是参与经济社会发展活动的重要参与者和利益主体，是推动我国改革开放的亲身经历者和重要推手，同时也是建设服务型政府的重要服务对象。新时代下，为了进一步构建亲清政商关系，增强企业作为微观经济主体的市场活力、推动社会主义经济高水平高质量的健康发展，我国必须继续坚持“两个毫不动摇”，同时营造各类市场主体之间公平有序竞争的良好市场经济环境、法治环境，还应该注意增强其他主体涉及民营企业的相关政策的科学性、规范性和协同性，提高其相关政策的市场稳定性、透明度和可以达到预期的执行效果，推动相关政策的贯彻落实。

（6）坚持“客户导向”的思维。要搭建听取广大企业家意见或建议的沟通交流渠道，建立健全覆盖企业意见或建议的处理与信息反馈的多层次信息沟通工作机制，同时还要努力探索构建一个多层次的企业政策宣传与信息解读工作体系。以 2021 年国务院工作为例，每一个季度召开的国务院常务会议都会邀请经济专家和企业家共同参加专题座谈，会上，各个重点企业和小微型企业的代表都能够顺畅地反映相关问题和信息，这使得政府能够不断地推动所有涉及资本市场主体的社会问题源流、政策信息源流和政治源流三者相互对流交汇，将当前市场较为急切需要解决的问题在我国现行社会治理结构下转换为改革的路径，并切实解决。

（7）主动顺应时代环境条件的变化。我国的改革开放并非走在一马平川的大道上，而是会经受各种困难险阻。面对当前的改革和发展任务，我们在推进服务型政府的建设中，既要充分考虑到世情、国情、党情，抓住关键问题，把政府职能的转变摆到更为突出的战略位置，又要坚持积极稳妥、循序渐进，鼓励广大地方人民政府积极参与到服务型政府建设的社会实践中，为形成社会共识创造条件，为持续推进深化改革创造条件。与此同时，服务型政府建设也需要主动顺应新形势，纳入新的内容，采取新的手段。例如面临新一轮科技革命的兴起，政府应积极利用新的信息科技方式和手段，推行“互联网 + 政务服务”，加强政务信息资源共享，优化政府服务流程，让广大人民群众办事更加方便、快捷，这样也会提升政府的公信力。

11. 1. 3 建设服务型政府的努力方向

近年来，我国各地人民政府大力推进自身行政体制结构改革，普遍完善和建立了政府权力清单、责任清单和负面清单，明确了权力的界限，把共同解决企业与基层人民群众生产生活中的诸多难点、堵点、困难问题作为其继续改进政府公共服务的首要目标和服务重点，简化了原先烦琐的行政审批手续，降低了老百姓的办事成本，优化了营商服务环境，激发了整个社会的创造力。但在实际工作中地方政府仍然存在一些亟待解决的突出问题，例如重行政审批、轻市场监督、弱公共服务等各种情况。一些县级政府服务机构和行政办公室中仍然存在服务效率水平较低、服务质量意识淡薄等不良现象。党的十九大报告指出："党的一切工作必须以最广大人民根本利益为最高标准。我们要坚持把人民群众的小事当作自己的大事，从人民群众关心的事情做起，从让人民群众满意的事情做起，带领人民不断创造美好生活。"这为服务型政府的建设提供了基本遵循。建设服务型政府的努力方向有以下几个：

（1）持续不断地转变政府职能。政府职能的转变始终是建设服务型政府的核心。当前，政府管理职能转移的重心是围绕如何让市场经济在资源配置中充分地发挥决定性作用、更好地发挥政府职能的目标，构建一个廉洁高效的管理体制。为此，我们要继续深化推进简政放权的结构性改革，提高经济社会资源配置的有效性，切实把为经济社会创造良好的发展条件、提供优质的公共服务、维护社会的公平正义等工作内容作为我国服务型政府建设的工作重点；进一步调整和优化政府部门的机构设置与职能分工，形成权责明晰、依法执法的综合性政府管理体系，全面提高政府的管理能力。

（2）建立健全公共服务体系。当下我国社会的主要矛盾是人民日益增长的美好生活需求和不平衡不充分发展之间的矛盾，这就要求政府公共服务供给的内涵、类型和途径都要做出及时变革。各级政府要主动作为，积极提高基本公共服务的供给能力，调动社会资源和市场组织的力量来增加其他非基本公共服务的供给，要围绕教育、卫生健康、养老等多个领域向广大人民群众提供便捷、高效、公正的基本公共服务；进一步加大农村等区域经济发展的政策扶持力度，以及对基本公共服务的投入，健全以政府为主导、社会参与、全民覆盖、普惠共享、城镇融合、可持续的基本公共服务制度体系，逐步缩小农村和城镇、中东部和西部地区之间的差距。

（3）调动政府工作人员积极性。要想建设一个服务型政府，干部队伍的能力素质是关键，同时还要调动各级政府机关工作人员的工作积极性和主动性。在政府日常评价机制上，各级政府可以针对当前我国加快建设服务型政府的基本实际和具体情况，在充分体现分层次、差异化的基础上合理设置干部绩效评价年度考核主要指标，把领导干部营造良好的经济发展环境和营商环境、提供优质的基本公共服务、保障经济社会秩序公平正义等工作内容纳入政府绩效评价年度考核主要指标体系。要不断改进业绩考核的工作手段和管理方法，增强业绩考核工作的科学性、针对性、可操作性，防止不切实际地设立考核目标。加强廉政考核数据分析和合理运用，使那些思想政治过硬、奋发有为的优秀领导班子和党员干部获得奖励，使那些不认真做事、乱搞政绩的领导干部受到惩罚。通过调动广大干部的工作积极性，打牢服务型政府建设的根基。

11.2 公共图书馆在服务型政府建设中的服务创新

服务型政府是相对于管理型政府而言的，是指一种以公共服务理念为指导、以满足公民服务需求为目标、以服务行政为特征的政府治理模式。相比于管理型政府，服务型政府的理念在一定程度上避免对服务对象的控制，代之以一种服务关系，造就一种新型的社会治理模式。服务型政府理念的提出，确立了政府的主要职能应由经济建设、社会管理转向公共服务、维持社会公平的价值指向。正是在这一背景下，公共文化服务进入文化管理学界，迅速成为文化理论界的主流话语。“构建公共文化服务体系”作为实现全面建成小康社会的重要目标，以公共产品理论、服务政府理念为支撑的服务型政府在文化行业持续推进。党的十八届三中全会审议通过的《中共中央关于全面深化改革若干重大问题的决定》提出，将“构建现代公共文化服务体系”与“促进基本公共文化服务标准化、均等化”作为公共文化领域全面深化改革的重点。党的十九大报告进一步提出，要“完善公共文化服务体系，深入实施文化惠民工程，丰富群众性文化活动”。公共文化服务的提出，既是新时代政府职能转变的体现，也是国家治理体系现代化在文化领域的体现。作为政府公共服务的重要组成部分，包括公共图书馆在内的公共文化服务是建设服务型政府、保障公众文化权益实现的主要途径。公共图书馆具备丰富的公共文化资源，是公共文化服务体系建设中的重要力量，要紧紧围绕为全体社会成员提供高质量公共服务这一目标，在服务理念、服务方式、服务结构等各个方面强化创新意识，在建设服务型政府的过程中发挥更大作用。

1. 公共图书馆服务创新的原则

（1）目标导向原则。公共图书馆的创新目标是充分利用图书馆信息资源，为更多居民提供更好的服务，使图书馆成为居民信息中心、智力中心、创新力培养中心、交流中心和文化娱乐活动中心。公共图书馆不仅能够给居民带来信息资源服务的便利，还是居民提高生活质量的重要途径。总之，公共图书馆服务创新要朝着这个目标努力。

（2）开放原则。保持开放的心态是一个组织、一个团体始终保持朝气蓬勃的不竭动力。公共图书馆在服务创新的过程中要始终秉持开放的态度，积极采取多种方式方法和工作手段，在管理、制度、运作等方面广泛吸收其他领域的先进知识和有益经验。

（3）共享原则。共建共享是图书馆充分发挥强大作用的重要途径，而构建公共图书馆服务体系必须要实现资源共享。资源共享不仅包括信息资源共享，还包括人力资源、管理模式、技术资源等各个方面。

（4）协调原则。实现公共图书馆的服务创新，必须在各个图书馆之间进行有效协调，使其相互配合、相互补充、相互依托，保持流畅的沟通和协作，保证各个图书馆的共同发展。

2. 公共图书馆服务创新的转变

要实现公共图书馆的服务创新，必须在各个方面实现转变。在服务观念上，由传统的半封闭型向现代的全开放型转变；在服务单元上，由文献服务向知识服务转变；在服务方式上，由被动式服务向主动式服务转变；在服务手段上，由传统技术向现代科技手段转变；在服务对象上，由本馆读者向网络读者转变。图书馆服务创新的转变体现在以下几个方面：

（1）服务观念的转变。图书馆传统服务观念认为，图书馆的主要功能是收集、整理、组织、保存和利用文献资料。随着时代发展，现代图书馆特别是作为公共文化服务体系的重要一环，是社会信息需求不可缺少的中心，是所在地区的智力中心，为正规教育和非正式教育提供服务。要把服务全体民众教育和为智力发展提供动力支持作为当下的服务理念，造就更具现代文明、传统文化和发展前景的新时代公民。本着这项理念开展工作就要坚持以人为本，发挥图书馆在人的终身教育中不可替代的作用。其一，要树立信息资源全面向公众开放的理念，抛弃过去“藏”的观念，积极回应读者诉求，积极推行“读者第一、用心服务”的服务理念，致力改进服务质量，建立以读者满意为核心的服务，追求“零距离”“零投诉”“零缺陷”服务。其二，在服务管理上要体现开放服务的管理理念，馆员的教育和管理更要全面体现开放理念，形成整体工作合力。

（2）服务单元的转变。传统图书馆服务是指文献服务，只需要将读者需要的文献提供给读者，让读者自行查找相关内容，而图书馆自身不提供组织和整合文献内容的服务。然而实际情况是，很多时候读者需要的并不是整个文献而是其中的部分单元或某个知识点，这就要求图书馆服务要有针对性的改进和提升，由馆员深入挖掘和整理读者需要的知识内容并准确提供给读者。服务单元的改变要求图书馆工作人员要全面熟悉文献资料，并掌握一定的文献管理和组织方法。换个角度来看，可以把服务单元的转变理解成知识服务。知识服务是以信息知识的搜寻、注释、分析、重组的知识和能力为基础，根据用户的问题和环境，融入用户解决问题的过程，提供能够有效支持知识应用和知识创新的服务。简言之，知识服务是融入用户之中、与用户决策密切相关的服务，不是基于信息机构的服务，不是游离于用户之外的服务，是专业化和个人化的服务。

（3）服务方式的转变。传统意义上的图书馆服务是坐等读者上门的服务方式，属于被动接纳式服务。现在我们要把被动式服务转变为主动式服务，将信息资源主动送到用户手上，比如采取流动图书车、物流配送上门或利用现代技术手段进行推送。要想做好主动式服务需要图书馆做好调研工作，全面了解读者需求、阅读习惯和阅读走向，根据读者需求收集相关信息资源。图书馆将这些信息推送给用户后，再根据用户需求做进一步修改完善，直到用户满意。另外，主动服务方式要求图书馆利用推广式服务来吸引更多用户。比如，针对当前热点问题、社区居民关注的重大事件举办讲座或读书会等活动，利用图书馆丰富的资源邀请专家、学者围绕热点问题进行交流讨论，进而使用户对图书馆其他服务产生认识和兴趣，从而实现图书馆社会效益最大化。

（4）服务手段的转变。由于网络信息技术的发展，克服了时间和空间的局限性，因此公共图书馆的服务手段也要及时适应新形势新变化，转变以往人工整理、人工服务的方式，通过网络预约借书、网上续借、网上参考咨询、网上资源推介和网络导航等方式为用户提供进一步的深层次服务。预约借书的方式不仅能够使用户及早获得所需的信息资源，还能进一步加快馆藏文献流转，提高文献利用效率；网上续借更是极大方便了用户，实现了足不出户；网上参考咨询强化了图书馆工作人员与用户之间的交流互动，用户可以更方便更直观地表达自己的诉求，以便于图书馆工作人员快速了解用户需求，从而提供更有针对性的咨询服务；网上资源推介和网络导航都是网络环境下的图书馆新的服务方式，其主要针对网络资源进行一定的组织加工，从而能够引导用户更深入地了解和利用网络资源。

（5）服务对象的转变。传统意义上的图书馆用户主要是其覆盖范围内的社区居民，但随着网络技术的发展，网上用户可能来自不同的地方且数量会不断增加。因此图书馆必须针对这种转变把服务重心转移到网络用户的需求和体验上来，建立完善的服务网络，保证网络用户可以不受时间、空间的限制来使用图书馆的信息资源。在基础服务方面，用户可以利用网络联机目录来查找书目；可以网上预约借书、网上续借以及推荐书目等；可以通过网上留言提出意见建议。网络版数据库和远程提供信息服务是当前图书馆吸引用户的特色之一，但是需要图书馆对信息资源进行分类组织，设立多库联合检索的统一平台，这样才会对用户产生更大的吸引力。

3. 公共图书馆服务创新的特点

（1）服务的个性化。随着图书馆用户群的扩大，网络用户的增加，用户需求的专业化和个性化差别越来越大。个性化信息服务是指能够满足用户个人信息需求的一种服务，它能根据用户的个性特点及特定需求主动向用户提供有针对性的经过集成的信息内容或系统功能。

实际情况是，不同性别、不同年龄、不同职业、不同专业的用户要求公共图书馆所提供的服务五花八门，信息需求深浅不一，要求服务的单元和层次也存在很大的区别。有些用户要求面对面服务，甚至谈话、交流本身就是他们所需要的一种服务；有些用户要求网络在线咨询，或者电话服务，追求时间和速度；有些用户需要的信息要求确保全面；有些用户则强调信息的准确性；有些用户希望得到图书馆工作人员的培训和帮助，以提高自身的信息能力；有些用户只是希望得到本次需要的信息而已。

综上所述，公共图书馆服务要了解用户的不同需求，以用户需求为中心，想方设法地满足其需求。例如，公共图书馆可以为儿童提供玩具或者载体丰富的幼儿读物；为老年人提供健康、休闲、娱乐方面的信息服务；为中青年提供职业学习、心理健康等方面的信息服务。值得注意的是，开展服务应从用户的客观信息需求出发，以满足其全方位的信息需求作为组织服务的基本出发点。

（2）服务的多样化。公共图书馆服务应该是多样化的，有馆内的阅览、导读咨询、展览讲座和培训；也有馆外主动上门服务，包括借还书、信息咨询、导读、培训、学术论坛等；还有通过网络进行的各种讨论和交流等。随着服务方式的电子化，图书馆通过网络提供在线电子信息资源、电子出版物和数字化馆藏利用的服务，可以快捷地为用户提供内容丰富、形式多样的新型电子信息服务，并根据用户需求不断开拓新的服务内容。

（3）服务的品牌化。并不是每个公共图书馆的每一项服务都是出类拔萃的，或者能给人留下深刻印象的。借阅流通是一般用户常用的基本的图书馆服务，并且很难给用户留下突出的印象。为了扩大图书馆的宣传面，让更多的潜在用户充分利用图书馆，公共图书馆需要创造一种能代表自身水平的、区别于一般服务的品牌服务。例如上海图书馆的讲座短信服务，首都图书馆的北京记忆、健康课堂以及送书到监狱服务等。这些图书馆的品牌服务，使不少用户认识了公共图书馆，并开始利用公共图书馆。公共图书馆的信息传播功能由于品牌服务而有了长足进步。

（4）服务的一体化。公共图书馆提供的服务不仅包括传统的文献信息查询服务，还包括网络信息技术支持下的数字参考咨询、全文数据库检索、电子文献传递等新的服务。公共图书馆是用户学习和研究的场所，用户需要图书馆一体化的信息服务。所谓信息服务一体化，对用户而言，是指能够集参考咨询功能、文献检索功能和全文提供功能于一体的信息服务体系。对公共图书馆而言，它包括信息浏览、数据文献下载、信息传递和专门信息咨询，还包括信息发送、网页制作等。在同一时间、同一空间将用户需要的不同资源和服务提供给用户是公共图书馆服务一体化的关键所在，这就要求公共图书馆有熟练的参考咨询馆员，能够指导用户熟练使用各类检索工具和软件工具，满足用户不同需求。

12 公共图书馆与新时代中华优秀传统文化传承

中华文明作为四大古文明中唯一没有中断的文明，在长期历史发展中产生和形成了优秀的传统文化，是中华民族的独特标识，是中华民族的“根”与“魂”。公共图书馆作为我国现代公共文化服务体系的重要组成部分，是中华优秀传统文化得以继承和展示的重要窗口，也是以文化人、以文育人的重要场所。2019 年，习近平总书记在给国家图书馆老专家回信中指出：“图书馆是国家文化发展水平的重要标志，是滋养民族心灵、培育文化自信的重要场所。希望国图坚持正确政治方向，弘扬优秀传统文化，创新服务方式，推动全民阅读，更好满足人民精神文化需求，为建设社会主义文化强国再立新功。”① 习近平总书记对国家图书馆提出了殷切期望，也为全体图书馆人在新时代接续奋斗指明了方向。

12.1 新时代中华优秀传统文化的精神内核

中华优秀传统文化具有悠久而深厚的精神内涵，是以孔子为代表的儒学为中心，是与其他思想文化相贯通的综合体，是一个包含许多相辅相成的子系统的复杂思想体系。“讲仁爱、重民本、守诚信、崇正义、尚和合、求大同”，这些思想构成了中华优秀传统文化的丰富内涵，彰显出新时代中华优秀传统文化的精神内核。

---

① 习近平给国家图书馆老专家的回信强调：坚持正确政治方向 弘扬优秀传统文化[N]. 人民日报，2019－09－10（001）.

1. 仁者爱人

“仁爱”是中华民族道德精神的核心部分，是中国人民具有的一种至善美德。在长期的历史演进过程中，“仁”的内涵逐渐丰富，涵盖了道德、政治、事功等诸多方面的具体内容。儒家思想追求仁义，以“仁”为思想核心，“仁也者，人也”被孟子视为最普遍、最高的德行标准和品质。墨家的“兼爱”思想、“先人后己”思想，与儒家思想一同实现了对中国古代社会生活秩序伦理化、道德化的提升。在此基础上，习近平总书记对传统文化中的仁爱思想进行了升华和突破，摒弃了儒家“爱有等差”的思想，赋予其平等的时代内涵，将其作为人们社会生活的基本遵循和处理各种关系的基本准则，有利于规范主体的道德修养，调解人际关系，进而促进社会有机体的良性运转。

2. 以民为本

民本思想是中国传统文化基本精神的重要内容，传统的人本主义始终坚持以人为本，把人看作一切问题的核心和根本。儒家学说主张民贵君轻，将“民”置于首位，道家、墨家、法家也提出一系列的重民贵民思想。习近平总书记从为政之道出发，强调“得民心者得天下，失民心者失天下”，“人民拥护和支持是党执政的最牢根基”，把密切联系人民群众视为我们强党兴国的最大底气和根本所在，把脱离人民群众看作中国共产党面临的最大危险。习近平总书记将孟子“得天下有道，得其民，斯得天下矣”的思想与“以人民为中心”的发展思想相结合，维护人民的现实利益、根本利益和整体利益，做到真正贯彻落实党的群众路线。

3. 讲信修睦

中华优秀传统文化一直强调“诚”与“信”这两种相通的德性，《中庸》有言，“不诚无物”。孔子将诚信视为立身处世的根本、治国为政的准则，指出“人而无信，不知其可也”（《论语·为政》）。在孟子看来，“诚者，天之道也，思诚者，人之道也”（《孟子·离娄上》）。荀子把“养心莫善于诚”（《荀子·不苟》）作为自己的追求。诚信是中国传统道德体系的重要范畴，也是现代中国的核心价值理念，蕴含着中华优秀传统文化的思想精髓，彰显着古圣先贤的理想人格。习近平总书记在肯定、继承中华优秀传统文化的同时，重点要求做好诚信内涵的新拓展、新发展，构建新时代的社会主义诚信观，建立健全覆盖社会各领域的统一联合征信系统，通过不断完善守信行为褒奖机制及失信行为惩戒机制，促进社会有序良性运转。习近平总书记一方面强调人与人的交往力求言而有信；另一方面站在国际社会的高度严正指出，国与国合作也要“坚持互商互谅，破解信任赤字”，唯有如此，才能促进国际社会的和谐与发展。

4. 崇尚正义

以义为先的价值取向是中华民族伦理文化的重要基元，传统义利观的核心要义指的是“先义而后利”。孔子是传统义利观的开创者，并将“见利思义”视为君子与小人相区别的根本标志。孟子也说：“生，亦我所欲也；义，亦我所欲也。二者不可兼得，舍生而取义者也。”（《孟子·告子上》）习近平总书记汲取了传统义利观的主要内容和合理内核，奉行并贯彻正确的义利观，即“义利并举，先义后利”。中国人讲究“先义而后利”，历来带有强烈的原则性和正义感，秉持公道、伸张正义，绝不唯利是图。习近平总书记从人民群众的根本利益出发，通过推动改革沿着促进社会公平正义的方向深入发展，着力解决维护公平正义面临的现实挑战，通过司法体制和制度创新，实现真正意义上的公平正义。正义既是全体人民的普遍共识，也是联合国的崇高目标，在构建新型国际关系这一问题上，习近平总书记提出要坚持正确的义利观，呼吁国与国之间要以义为先、义利兼顾，构建命运与共的全球伙伴关系。正确的义利观，对于新时代践行落实公平正义理念，实现社会乃至全球范围内的公道正义具有重要指导意义。

5. 贵和尚中

贵和谐，是中国传统文化的核心价值和显著特征，也是中华优秀传统文化基本精神的重要组成部分。中国古代所谓的“和同之辨”，是指多样性的统一，即强调不同要素、不同方面彼此相配合，使矛盾平衡统一，从而达到和谐的效果。中国传统文化追求和推崇宇宙与自然的和谐、人与自然的和谐，以及人与人的和谐，着力用和谐的方式化解矛盾和冲突。有子曰，“礼之用，和为贵”（《论语·学而》），其将和谐看作最高的价值准则。孟子也有言，“天时不如地利，地利不如人和”（《孟子·公孙丑下》）。传统文化中“贵和尚中”的哲学睿智，主要体现在争取和维护本民族独立自主之际，从不制造冲突、引发动乱。在“贵和”思想以及“和平与发展”时代主题的指引下，习近平总书记提出要坚持贯彻团结和谐的原则要求，促进各民族之间和睦相处、和谐发展，以及不同国家之间的和谐共处、合作共赢，共同营造稳定有序的国内环境以及和平安宁的国际环境，推动构建人类命运共同体，建设人与自然和谐共生的新格局。

6. 共享大同

求大同，是古代仁人志士最高的社会政治理想，也是中华民族从古到今的殷切期盼。在我国早期的论述中，《礼记·礼运》里关于大同的内涵主要包括三个层面的内容：一为“天下为公”的政治思想；二为“选贤与能”的治国方略；三为“讲信修睦”的良好秩序。习近平总书记以更长远的眼光对大同思想做出新概括，对决胜全面建成小康社会以及推进中华民族伟大复兴中国梦的实现进行总体部署。“大同”“小康”和“中国梦”三者的内在追求是高度统一的，“小康”是对“大同”的丰富和开新，而“中国梦”则是向大同社会的又一步迈进。基于全球视野，习近平总书记倡导构建各国人民共有共享的人类命运共同体，生动体现了中华优秀传统文化的天下情怀。

12.2 新时代中华优秀传统文化的价值定位

1. 涵养社会主义核心价值观的重要源泉

核心价值观是决定文化性质和方向的最深层次要素，是文化软实力的灵魂，是一个国家的重要稳定器。在当代中国，我们应该坚守什么样的核心价值观呢？习近平总书记强调：“一个民族、一个国家的核心价值观必须同这个民族、这个国家的历史文化相契合，同这个民族、这个国家的人民正在进行的奋斗相结合，同这个民族、这个国家需要解决的时代问题相适应。”这实际上指明了确立当代中国核心价值观的两条标准：一是要同中国历史和传统文化相契合；二是要同中国人民正在进行的中国特色社会主义事业和实现中华民族伟大复兴的中国梦的实践相适应。培育和弘扬社会主义核心价值观的要求，正是基于这样的标准提出的。习近平总书记指出，“我们提倡的社会主义核心价值观，就充分体现了对中华优秀传统文化的传承和升华”；“中华优秀传统文化已经成为中华民族的基因，植根在中国人内心，潜移默化影响着中国人的思想方式和行为方式。今天，我们提倡和弘扬社会主义核心价值观，必须从中汲取丰富营养，否则就不会有生命力和影响力”。因此，社会主义核心价值观只有根植于中国优秀传统文化的源泉之中，才能成为中国人民的价值追求和行为规范；同样，中国优秀传统文化只有为社会主义核心价值观所继承和升华，并服务于中国特色社会主义事业，才能彰显其当代价值，激发其时代活力，使之传承下去。

2. 中国特色社会主义植根的文化沃土

中国特色社会主义道路的开辟不是凭空、偶然产生的，而是由我国的历史传承、文化传统、基本国情决定的，是马克思主义基本原理与中国具体实际包括历史文化实际实现有机结合的产物。所以说，中国特色社会主义根植于中国文化沃土、反映中国人民意愿、适应中国和时代发展进步的要求。正如习近平总书记2013 年3 月在第十二届全国人民代表大会第一次会议上的讲话所指出的，中国特色社会主义“是在改革开放30 多年的伟大实践中走出来的，是在中华人民共和国成立60 多年的持续探索中走出来的，是在对近代以来170 多年中华民族发展历程的深刻总结中走出来的，是在对中华民族5000 多年悠久文明的传承中走出来的，具有深厚的历史渊源和广泛的现实基础”。因此，我们理应对我们正在从事的中国特色社会主义事业充满信心。

3. 治国理政的重要思想文化资源

历史是最好的老师。习近平总书记反复强调，要从传统文化中寻找治国理政的经验借鉴和智慧启示。今天遇到的很多事情都可以在历史上找到影子，历史上发生过的很多事情也都可以作为今天的借鉴。要治理好今天的中国，需要对我国历史和传统文化有深入了解，也需要对我国古代治国理政的探索和智慧进行积极总结。中华优秀传统文化的丰富哲学思想、人文精神、教化思想、道德理念等，可以为我们认识与改造世界、治国理政和道德建设提供有益启发。因此，各级领导干部要重视对中华优秀传统文化的学习，努力挖掘和掌握其中的各种思想精华，以学益智，以学修身，为治国理政提供借鉴。

4. 实现中华民族伟大复兴的中国梦的重要精神支撑

实现中华民族伟大复兴的中国梦，是近代以来中国人民的共同夙愿，它既体现了当代中国人的理想，也承继了中华民族悠久的历史文化传统。习近平总书记强调，“一个国家、一个民族的强盛，总是以文化兴盛为支撑的，中华民族伟大复兴需要以中华文化发展繁荣为条件”。中华民族伟大复兴的中国梦，需要强大的精神力量作为支撑，没有中华文化的繁荣兴盛，没有中国人民精神世界的极大丰富，没有中华民族精神力量的不断增强，就没有中华民族的伟大复兴。中华优秀传统文化中蕴含的中华民族宝贵的精神品格、崇高的价值追求、丰富的思想精华，支撑着中华民族历经险阻而生生不息、薪火相传。在实现中华民族伟大复兴的中国梦征程中，中国人民需要传承和弘扬中华优秀传统文化，需要中华优秀传统文化的滋养和支撑。

12.3 公共图书馆传承中华优秀传统文化的优势和不足

中华优秀传统文化作为提高国家文化软实力和人民融于骨髓的文化自信源泉，受到党中央高度重视。2017 年 1 月，中共中央办公厅和国务院办公厅联合出台了《关于实施中华优秀传统文化传承发展工程的意见》，要求充分发挥图书馆等公共文化机构在优秀传统文化传承中的作用。

1. 公共图书馆在中华优秀传统文化传承中的作用和优势

图书馆是应保存和传承人类宝贵文化遗产的需求而产生的。正是图书馆的出现，才让人类在社会实践中总结的经验、汇聚的文化知识得以较为系统地保存并传承下来，成为今天人类宝贵的文化遗产和精神财富，创造了当今高速发展、日新月异的崭新人类文明。同时，作为人类优秀传统文化的承载者和收藏者，图书馆自诞生之日起就担负着传承人类优秀文化成就和科技成果的使命，加之其所承担的教育职能和信息服务职能，公共图书馆更应该充分发挥其在培养服务人才、助力科学研究、提供社会服务和传承优秀传统文化等方面的前沿阵地的作用。同时，公共图书馆可通过帮助读者汲取优秀传统文化中的价值内涵、精神内涵，引导他们吸收传统文化中的精髓，激发广大读者的阅读兴趣和热情，以达到推广目的。总体来说，公共图书馆在优秀传统文化传承中具备职能优势、渠道优势、文献资源优势和实践优势。

（1）职能优势。从图书馆的定义可以看出，图书馆的主要职能首先是服务读者，为他们提供各种可利用的科学文化教育信息资源，其次是保存人类文化遗产，其中也包含保存传统文化。公共图书馆通过为读者提供传统文化知识，弥补读者传统文化的缺失，同时在促进读者学习传统文化的过程中还能促进读者人生观、价值观、世界观的改变，帮助他们形成正确的价值取向。此外，在吸收传统文化精髓的过程中，读者还能产生民族认同感和自豪感，创造性地运用前人智慧，解决现实生活中存在的各种问题。这不仅能有效保护和传承中华优秀传统文化，还能促进中华优秀传统文化在现代生活中大放异彩，发挥重要的应用价值。

（2）渠道优势。公共图书馆是国家公益性文化传播机构，可以为广大人民群众提供海量的免费图书资源，通过阅读公众不仅可以净化心灵，还能够提升自身道德修养，这对于提升全民文化水平来说可谓大有裨益。借助公共图书馆的力量去传播中华优秀传统文化，将传统文化融入各类阅读推广活动项目中，如此便可有力提升全民阅读热情，使广大人民群众更为深入地掌握传统文化内涵。公共图书馆作为广大读者的第二课堂，在现代社会已成为继续教育乃至终身教育的承载所在，已担负起诸多知识普及和文化灌输的教育职能，这为其在中华优秀传统文化阅读推广方面提供了渠道优势。

（3）文献资源优势。公共图书馆的主要工作目标和内容是为社会大众提供文献查阅、学习及教学科研服务，要实现这个目标就需要图书馆大力推广文献资源建设，配备丰富的文献资源，为读者提供良好和全面的服务。传统图书馆多以纸质文献资源为主，随着我国信息技术的不断发展，为顺应时代和读者阅读的需求，现代图书馆借助大数据技术不断强化数字文献资源建设，不仅拓宽了图书馆文献资源建设的深度和广度，还便于读者更好地查询、学习和利用各类文献资源。此外，公共图书馆采用数字化方式传播中华优秀传统文化，更能契合现代读者的需求，从而推动中华优秀传统文化得到更好的保护和传承。

（4）实践优势。公共图书馆馆员的文化程度普遍较高，且不乏中华优秀传统文化的研究者和学者，他们认真学习习近平总书记在党的十九大报告中提出的“坚持创造性转化、创新性发展，不断铸就中华文化新辉煌”指示精神，不断深度挖掘和丰富中华优秀传统文化的底蕴和内涵，努力探索中华优秀传统文化发展路径，利用馆藏资源并结合地方特色文化，推动中华优秀传统文化由单纯的理论传播向实践推广转变，可有效提升广大读者对中华优秀传统文化的阅读积极性、接受认可度和普惠度，这就是公共图书馆的实践优势。

2. 公共图书馆在中华优秀传统文化传承中的现实困境

（1）体系建设不完善，推广效果持续性难以保证。通常情况下，公共图书馆在开展中华优秀传统文化传承工作时，主要的关注点在相关文献的收集、读者活动的开展方面，而在适宜的推广体系构建和完善方面及常态化、标准化的管理方面是相对欠缺的。体系建设不完善的原因诸多，主要体现在两个方面：一方面在于顶层设计者仅关注规划性和理论性，缺乏实践执行层面的相应实施细则，或指导性不强，从而造成各级公共图书馆在中华优秀传统文化阅读推广中处于各自为政的局面，缺乏统一协调的推广指导系统；另一方面体现在推广系统缺乏系列性、连贯性，公共图书馆在推广和传播中华优秀传统文化时举办的活动缺乏系列性和连贯性，无法充分调动广大读者的积极性，也无法引导受众群体主动学习中华优秀传统文化，从而难以保持他们的参与度和推广效果。

（2）资源投入有限，难以形成品牌效应。公众社会教育作为公共图书馆最基层的职能属性之一，直接体现在公共图书馆是广大人民群众无门槛获取文化知识的场所和课堂，更在于其公益属性。但是，随着近年来国家新型城镇化进程的迅猛发展，地方政府的公共预算支出更多地倾向于直观改善城市形象的基础设施建设和维护方面，尤其是欠发达地区的市县两级政府对文化软实力推广和发展方面的投入长期处于基准水平以下。在此情况下，公共图书馆受限于资源的投入不足，首要考虑的问题是维持其基本功能的实现和运转，无法针对中华优秀传统文化开展有效的探索研究和推广活动。同时，对于一些基层图书馆，特别是县（区）级及以下的地方图书馆，受限于中华优秀传统文化研究领域的学者和专家资源的匮乏，推广活动开展较少、质量也难以保证，容易造成群众普惠面较窄、参与度较低和知识理解错位的现象，难以形成宣传推广的文化品牌。

（3）实用主义导向性差，中华优秀传统文化传承意识淡薄。近年来，伴随着我国国民经济的飞速发展，人民整体生活节奏日趋加快，不同年龄群体面临的升学、就业、工作压力极大。在此背景下，越来越多的读者把更多的阅读精力放在了应试和专业技能提升方面，更加倾向于实用主义。例如，我国某知名高校图书馆网站统计的图书借阅排行榜相关数据显示，借阅排行榜前10 位均无我国传统经典文化典籍，诸如经史子集、四大名著、古典诗词等中国古代典籍，甚至在排行榜前 100 位中都难见其踪影。此外，传统经典文化阅读一直以来都不被重视，从基础教育阶段的推荐书目即可看出传统经典书籍所占比重明显偏小，仍侧重于技能和科普类书籍。很显然，在实用主义思想的影响下，中华优秀传统文化的社会传承意识淡薄，阅读推广难度较大。

（4）互联网技术的迅猛发展，使传统文化受到“舶来文化”的强烈冲击，使原本广袤的天地变成了“地球村”，世界各地的人文交流更加便捷，文化渗透更加深刻。面对外来文化的强势涌入，部分读者特别是年青一代普遍以开放和新奇的心态去接纳，在充斥着消费主义、娱乐主义、享乐主义、自由主义的“舶来文化”中他们的心态日趋浮躁，他们逐渐失去了学习中华优秀传统文化的耐心和兴趣，丢弃了跋书山涉学海的传统阅读精神，导致熟悉和懂得中华优秀传统文化精髓的人越来越少，经典阅读推广越来越难。

12.4　公共图书馆保护和传承中华优秀传统文化的现实路径

《图书馆学百科全书》将图书馆定义为收集、整理和保存文献资料并向读者提供可利用的科学文化教育机构。从这个定义可以看出，图书馆是保存、传承、传播中华优秀传统文化的重要场所，具有保护与传承传统文化的义务和责任。

1. 强化传统文化的宣传推广

随着经济全球化的深入发展和外来文化的影响，我国传统文化的传承和发展经受了猛烈的冲击，导致不少人的思想观念发生了巨大的变化，认为传统文化已经无法适应当前社会发展的需要，社会价值观念发生了根本性的改变，在文化领域上的“崇洋媚外”已经成为当前的突出问题。因此公共图书馆需要加大对传统文化的宣传力度，利用各种读书日或传统节日、纪念日等宣传我国传统文化的优势以及保护和传承中华优秀传统文化的重要意义，促使更多的人认识和认同传统文化，并积极参与到传统文化的保护与传承工作中。

2. 加强传统文化的收集、整理、保存

公共图书馆要充分发挥专业优势，大力采集和整理具有地方特色的传统文化资源，尤其是一些手稿、孤本、非物质文化遗产等宝贵的文化资源。在采集这些文化遗产的过程中，图书馆需要选派有一定采集能力的工作人员深入各地区，采用实地调查、采集的方式获取与传统文化相关的第一手资料或实物，并对这些资料或实物进行深层次加工，使其成为可直接被利用的文献资源，从而促进传统民俗文化得到良好的开发、保护和传承。

3. 营造传统文化的学习氛围

公共图书馆具有浓厚的文化和学术氛围，是帮助社会大众学习和传承传统文化知识的最佳场所。在引导读者学习传统文化的过程中，公共图书馆精心营造传统文化的学习氛围，会让读者更好地融入传统文化的学习中。如通过张贴传统文化海报、历史名人画像等营造古朴典雅的阅读环境，促使读者更好地感受传统文化的内涵，从而达到保护和传承传统文化的目的。

4. 举办丰富多彩的传统文化活动

为激发读者学习传统文化的热情，使他们充分感受到传统文化的魅力，公共图书馆还需充分发挥自身教育职能，结合自身实际情况，举办丰富多彩的传统文化活动，如举办国学讲座、“中华传统文化百部经典”典籍推介图文展、传统文化知识竞赛等。公共图书馆通过一系列丰富多彩的活动不仅能将传统文化的精髓展现在读者面前，提升传统文化的影响力，还能促使读者真正领略传统文化的思想内涵和人文精神，更好地开展传统文化的保护和传承工作。

5. 积极构建传统文化数字资源库

随着信息技术的快速发展，我国已经进入信息化时代，在这样的时代背景下，公共图书馆只有积极构建传统文化数字资源库，才能更好地开展传统文化的保护和传承工作。以纸质资源为主的传统资源保存方式保存周期有限，因此，公共图书馆需要利用现代化技术手段存储传统文化资源，延长传统文化资源的保存期限。同时公共图书馆还需积极构建传统文化信息共享平台，借助该平台推动传统文化资源的共享和交流，推动传统文化的传承和弘扬。此外，公共图书馆可以充分依托科技元素，开展内容新颖、形式多样的阅读服务，如开展馆藏中华优秀传统文化资源的线上展示、“学习强国”国学经典栏目的动画音像推广、线上国学朗诵比赛、国学知识线上 PK 竞赛、经典文化话题社区（网上）辩论、优秀文化学习征文的线上展示等活动，都是借助科技元素构建便捷高效的推广平台，使读者足不出户即可参与中华优秀传统文化的推广和传播，接受中华优秀传统文化的洗礼。

6. 多方合作，提升传统文化推广成效

公共图书馆务必要谋求多元化的合作，从而实现对传统文化的高效传播及优质推广。因此，公共图书馆需要与其他利益相关部门展开合作，从而达到预期的传统文化阅读推广目的。比如公共图书馆可以和青年学者论坛展开合作，开展“传统文化推广”等一系列活动，聘请国学讲师现场讲授，为广大人民群众讲解和传统文化有关的经典故事，从而进一步增强传统文化的阅读推广效果。通常来说，公共图书馆还可以和社会中的高校、文博部门、非遗组织等展开密切合作，共同致力于传统文化的推广。从推广成效的角度来说，公共图书馆通过和不同网络媒体之间达成合作，以“线上 + 线下”的方式推广传统文化阅读，其范围更宽广，从而也会让更多人参与其中，更好地继承和发扬传统文化。

7. 积极开展文创研究

公共图书馆要最大限度地发挥馆藏优势，还要彰显出地方特色，日渐拓宽传统文化和文创产品结合的研发思路，比如进行善本古籍复制品、文化周边衍生纪念品、3D 打印文创产品等开发。现在一些公共图书馆的文化产品开发仍处在初级发展阶段，其间存在着创意不足、种类不多、性价比不高等问题，致使消费者购买意愿不强烈。公共图书馆当务之急是深挖传统文化的深刻内涵，将传统文化中蕴藏的古典知识和美学意境等融入文创产品的开发中，而且不能单一地注重表层信息的复刻，还要让创意和实效相结合，从而实现经济效益和社会效益的双丰收。

13　公共图书馆与法治社会建设

13.1　法治社会建设的基本概念和发展历程

1. 基本概念与基本内涵

（1）法治的概念。亚里士多德认为法治是相对于人治而言的。他认为法治包含两重意义：已制定的法律应获得普遍的服从；而人们所遵从的法律本身应该是成文的和良好的。也就是说，法在全社会应该具有至高无上的权威，社会的治理应该遵从良好的法律。我国出现“法治”一词最早源于古书的记载。史书《晏子春秋》记载：“昔者先君桓公之地狭于今，修法治，广政教，以霸诸侯。”①《淮南子·氾论训》记载：“知法治所由生，则应时而变；不知法治之源，虽循古，终乱。”在史书记载的那个年代，“法治”仅仅是作为一个词或词组出现，并非现代意义上的法治。② 现代意义上的法治，指的是在推行民主政治后，以民主的政治形势作为基础，拥有完善的法律制度，在管理党和国家的事务、办理社会事务的过程中，严格地依法办事，其权力的制约内容包括社会行政管理机制、社会行为活动方式及其所处的社会秩序等。提到“法治”，我们就会不由自主地联想到“人治”，人治与法治是相对来说的，它们是不同的行政管理国家模式。人治一般出现在封建的落后国家，而法治一般出现在我们现代的相对发达的国家，在其实施各种国家治理的过程中，属于不同的管理国家理念。法治在实施的过程中明确地强调了国家所有的政府机构、经济组织和人的所有活动都必须按照国家相关法律条款的规定

① 赵学法．泰山文化举要（下）［M］．长春：吉林人民出版社，2016.

② 胡岩岩．浅谈新时期我国法治建设存在的问题与对策［J］．法制博览，2020（17）.

和程序进行；人治则是强调了个人的权力可以凌驾在法律之上，国家按照每一个人的意愿进行自身的管理和发展，由此可以清楚地看出法治和人治的本质区别。在加快推进法治国家建设的过程中，我们必须充分发挥每个人的社会主观能动性，发挥每个人的积极作用，因为我们所制定的各种相关法律和体系在其实施的过程中始终离不开每个人的遵守。

（2）社会主义法治的根本含义。“法律至上”既是社会主义法治的基本内涵，又是社会主义法治的基本原则，不论我们是在古代，还是在当代，社会主义法治的根本性和实质都要求社会主义国家的所有管理活动、经济活动和社会主义人民的活动与其他国家之间的各种社会活动应该依据法律规则来进行。从法治的历史根源角度来讲，法治的存在意味着我们把法律的规则置于第一位，法律的权威性应该说是最神圣的，法律的主体地位应该说是最高的。在法治国家中，一切社会活动的主体导向都应严格地遵循法律指引，包括各级政府的行为、司法仲裁、经济活动等，都只能以法律的规定为准，在法律所规定的时间和范围内进行。另外，在所有需要解决的争议和纠纷中，都必须依照法律的程序来接受法律的监督和处理，也就是要做到“法律面前没有特权，法律面前人人平等”，“法律没有授予的权利不可任意行使”。

（3）法治社会的基本含义。法治和人治是两个相对的概念，它的主要目的是专门指导和维护一个国家的司法权力和社会关系应按照明确的国家法律和社会秩序规则来正常运行，并且根据严格、公正的国家司法程序处理和协调带有各种目的的人与他们之间的经济交易活动关系，以及处理和协助解决各种人在社会上的争端。法治社会要求在法律面前人人平等是法治的基本内涵，而不是直接依靠执政者或党员的各种不同个人利益偏好以及各种亲疏关系去决定国家社会生活中包括政治、经济、社会等各个方面的各种公共事务。一个成熟的现代法治社会，必须同时具备从法治思想、制度两个层面综合考虑的基本因素，即一个具备现代法治社会精神和一个能够充分反映现代法治社会精神的制度。简而言之，法治社会精神的核心内涵就是指整个人类社会对于法律的至高无上性和主体性的地位已经形成了普遍的法律认可和坚定的支持，养成了社会成员自觉严格地遵守相关法律法规，并且始终认为能够通过法律或其他各种司法管理手段来协助解决有关政治、经济、社会和民事等诸多社会方面可能发生的法律纠纷的一种良好习惯和法律意识。在这种走向法治民主的广义市场经济法治社会中，法律和其他相关行政法律法规等都是从规范的法治市场民主行政程序中得以诞生和被广泛研究并制定发展起来的，并且它们的法律司法和行政实施管理过程也通过规范的法治市场秩序得以广泛接受，并被全社会公众广泛监督。

2. 我国法治社会建设的历史进程

中国是一个具有五千年文明史的国家，中华法系源远流长。早在公元前21世纪，中国就已经产生了奴隶制法（习惯法）。公元前770年—公元前221年的春秋战国时期，中国制定了成文法，逐步出现了自成体系的成文法典。618—907年的唐朝时期，中国形成了较为成体系的封建法典，并为以后历代封建王朝所传承和发展。中华法系在世界法系中别具一格，为人类法治文明作出了重要贡献。

1840年鸦片战争后，中国逐步沦为半殖民地半封建社会。为了能够彻底改变民族和国家的苦难命运，一些中国仁人志士尝试把近代西方发达国家的传统法治发展模式迁移拓展到中国，以此来彻底实现他们变法强国、变法图强的远大法治梦想，但是他们最终还是失败了。

在中国共产党的领导下，中国人民先后经过大革命、土地革命、抗日战争、解放战争，最终建立了中华人民共和国。中华人民共和国的成立，开创了中国法治建设的新纪元，我国各项建设、改革和发展突飞猛进，逐步走上了社会主义法治道路。

1949年到20世纪50年代中期，是中国社会主义法治初创时期。可以说具有临时宪法性质的《中国人民政治协商会议共同纲领》和其他一系列法律、法令都是在这一时期制定的，这些对巩固新生的共和国政权，维护社会秩序和恢复国民经济，起到了重要作用。1954年中华人民共和国第一届全国人民代表大会第一次会议制定的《中华人民共和国宪法》（以下简称《宪法》），以及随后制定的有关法律，规定了国家的政治制度、经济制度和公民的权利与自由，规范了国家机关的组织和职权，确立了国家法治的基本原则，初步奠定了中国法治建设的基础。

20世纪70年代末，中国共产党充分研究总结了自己的历史发展经验，作出将党和国家的工作重心从根本上完全转移到社会主义现代化国家建设上来的重大战略决策，提出实行改革开放的重大政策，并且基本明确了一定程度上应坚持一切依靠民主法治制度来规范治理经济社会和建设国家。为了保障人民民主，必须加强法制，必须始终坚持中国特色社会主义法治体系建设正确方向，使民主纪律制度化、法规化，使这种民主制度和法律法规能够具有更高的法律稳定性、连续性、权威性，使之完全能够不因国家领导人的政治观点方向的改变而间接发生任何法律改变，也不能因其他领导人的政治观点和群众注意力的方向改变而直接发生任何法律改变，应做到有法可依、有法必依、执法必严、违法必究，使之成为我们在深化改革和对外开放新的历史时期继续推动民主法治的关键所在。在当前我国坚持大力发展中国特色社会主义民主、健全中国特色社会主义法治的思想路线和重大方针政策指引下，我国现行的《宪法》以及《刑法》《民法典》《刑事诉讼法》《民事诉讼法》《行政诉讼法》等一批基本法律法规都已经出台，中国特色社会主义法治建设进入了全新的历史发展时期。

20 世纪 90 年代，中国政府已经开始在民主法治下全面深入地推进中国特色社会主义和中国市场经济的基本建设，由此进一步夯实了推进法治国家建设的社会政治和市场经济理论根基，也对我国法治建设工作的开展提出了更高的政治要求。1997 年 9 月召开的中国共产党第十五次全国代表大会，将“依法治国”的指导思想重新确立为党领导人民治理国家的基本方略，将“建设社会主义法治国家”的指导思想重新确定为加快推动社会主义法治国家建设现代化的重大发展战略目标，并将建设中国特色社会主义法律体系作为我国法治建设的重要任务。1999 年 3 月，将“中华人民共和国实行依法治国，建设社会主义法治国家”的指导思想写入国家根本大法。中国的法治建设再次开启了崭新的篇章。

新的世纪开启后，中国法治建设不断向前推进。2002 年 11 月召开的中国共产党第十六次全国代表大会将“社会主义民主更加完善，社会主义法制更加完备，依法治国基本方略得到全面落实”，作为全面建设小康社会的重要目标。2004 年，将“国家尊重和保障人权”载入国家根本大法。2007 年中国共产党第十七次全国代表大会明确提出“全面落实依法治国基本方略，加快建设社会主义法治国家”，并对不断加强我国社会主义法治化和国家法治体系建设及其工作开展做出了全面的工作安排。

2012 年 11 月，党的十八大作出了全面推进依法治国的战略部署，法治是治国理政的基本方式。从基本方针到政策、方式，从加强法治建设到坚持依法治国，再到发展为全面依法治国，我们党对推进全面依法治国与进行改革开放的伟大实践、与中国特色社会主义现代化建设、与中国特色社会主义伟大事业之间密切关系的认识不断增强，对于社会主义法治建设规律的认识也日益提升。以习近平同志为核心的党中央，围绕全面建成小康社会的战略目标，确立全面深化改革、全面依法治国、全面从严治党的三大战略举措，形成“四个全面”战略布局。中国特色社会主义的基础是全面依法治国，这是中国法治建设新的篇章。党的十八届三中、四中全会分别对推进法治中国建设、全面推进依法治国作出新的具体部署，全面推进依法治国各个领域的改革重点和重大法制改革，解决了过去许多长期都在思考却未能解决的困难，办成了过去许多长期思考却未能办成的伟大事业。

在2020年11月16—17日召开的中央全面依法治国工作会议上，习近平总书记以“十一个坚持”的系统性重要论断深入阐述了新世纪关键时期我国加快深入推进全面依法治国的重要理论思路和重大战略部署，深入研究解决了关于我国建设社会主义新型法治国家的一系列重要法治理论和实际实践问题，形成了一个哲学内涵丰富、科学合理系统的习近平法治思想，为我国建设社会主义法治国家提供了遵循。这在研究、推进、指导中国特色社会主义法治国家建设过程中具有很强的思想性、理论性及政治指导意义，是对推进马克思主义法治理论中国化的最新实践发展成果，是习近平新时代中国特色社会主义思想的重要组成部分。

13.2 法治社会建设中公共图书馆的应对优势和作用

党的十八届四中全会明确提出了建设“法治中国”这一新的目标，要求坚持“法治国家、法治政府、法治社会一体建设”。其中，法治型社会的构建旨在充分强调人民和社会公众的普遍的自觉守法。它是相对于一个国家、政府各级层面的公权力守法而言，指的是法律在整个公民协商制度体系中应该具有至关重要的权威，得到公众的普遍认可、尊重和严格遵守。这一理论和观念的引入表明了党中央充分意识到倡导全民守法已经发展成为社会主义法治型国家建设必不可少的重要组成部分，是能够让法治真正扎根于人民群众心中并且生发壮大的先决条件。当下我国法治社会建设存在诸多问题，比如如何引导公民守法、如何在大学生群体中开展法治教育、如何在广大农村地区开展普法工作，这些都亟须解决，所以要加强法治社会建设多管齐下。

（1）转变普法教育的形式，将法律知识培养教育与法治精神培养教育紧密地结合起来。传统的法制宣传只是注重广泛地宣传法学知识，但缺少对法治精神的培养。然而法治精神的培养既能够促进普通群众深刻地理解法律的文本和字面意思，更能够从中体会到法律的存在意义，一方面，能够使他们以心中的观念和眼光去接受、认可法律，进而主动地遵守法律；另一方面，也可使人民群众在法律知识存在严重不足时，能够依据法律的原则和社会正义观念进行各种活动，使其行为依旧处于社会的合理性范围之内。对中国法治精神的认同与信念是我国大多数人发自内心地遵守法律的根本性观念。

（2）促进法制教育和实践有机地融入我们的学习中，在日常生活中理解法律，践行法制。要大力推动我国的法制教育走向实践化，让更多的普通人积极地参与到法律服务的全过程，比如旁听立法的辩论、评判过程，参加听证会，参与到行政执法的过程中，评选人民陪审员、人民监督员、监督者或保护证人。在生动的法律实践中体验法律、认可法律中的道德，尤其是通过自己在法律制度中充分运用法律权力的行为来影响社会，从中找到法律的存在价值和遵纪守法所能带来的好处。这样我们才能促进每一个人在他们的日常生活中真正做到自觉遵纪守法并且去影响身边的其他人，逐步促进大家法治意识的提升。

（3）推进法制服务的均衡发展，促进法制与法律援助均衡普及。首先，通过提供专业的法律服务来帮助公民依托法律生产生活，解决争端。其次，要进一步加强对西部地区、贫困地区、乡镇和农村当地居民的法制化服务，实现县县有律师、村村有法律服务。最后，在弱势群体中积极开展有效的法律援助，广泛地推进专门的法律援助组织和机构的建立，简化援助手段、降低救助门槛、扩大援助的范围。特别重要的是鼓励和支持在大中城市建立公益性律师事务所，在政策和资金上提供帮助。引导律师对在大中城市居住和生活的劳动力弱势群体尤其是农村务工人员提供良好而又便捷的法律服务，这些做法能够从根本上消除和化解一些社会矛盾。

（4）积极推进依法行政。健全对权力的制约和监督机制，明确权力实施和行使的方式、程序及其适用范围，推进权力实施运行的公开化、透明化、信息化，进一步压缩自由裁量权的空间；对于涉嫌违规执法的公职人员实施严厉查处和严肃惩罚，杜绝选择性执法；要求各级政府普遍设立法律咨询制度，建立重大事件的法律顾问服务及合法性评估审查等管理机制，同时通过建立科学规范的法治指标框架来考核各级党委、政府的政绩。

（5）深入开展基层法治队伍建设，全面推动法治建设落地。多主体、多级别、多行业领域全方位地推进基层的法治队伍建设，特别要重视在与人民群众直接打交道、和人民群众切身利益密切相关的地方政府部门中率先开展法治建设，如基层的政权组织、各种医疗教育服务机构、食品生产企业、各类药企、社会慈善公益团体等，推进法律事务的规范化、合规化，在整个社会中形成普遍遵纪守法的良好风气和认同，推动我国尽快进入法治社会。

公共图书馆在推进法治教育中具有一定的优势和作用，主要表现在以下四个方面。

（1）公共图书馆基本具备了组织开展法治宣传教育服务工作的软硬件配套设施。馆舍内外空旷的、可充分利用的活动场地，还有浩瀚的藏书库、优雅舒适的阅览室、功能完善的学术研究室和报告厅，可以同时容纳很多人进行各类读书活动，方便举办各种与法治教育领域相关的报告会和学术活动。图书馆本身是一个法律知识丰富的文化宝库，蕴含着许多关于法律、法规等方面的专门的特色知识文献以及信息材料资源，是广大读者平时学习法律知识、学习社会科学、促进社会法治、净化人们身心的最佳学习场所。海量的网络藏书和方便快捷的各种网络藏书查询检索系统，以及数字图书馆检索系统对于读者快捷地获取知识具有重要作用，而且通过各种网络藏书查询检索系统，广大读者可以从浩瀚的数字图书馆海量藏品中迅速准确地寻找到有用的信息，这是数字图书馆区别于传统纸质检索方式的优势。

（2）公共图书馆具备一支专门的人才梯队。图书馆拥有大量的图书管理专业技术方面的人才，为推进法治教育，要积极组织和开展法律法规相关知识的培训，提高图书馆馆员的思想道德素质和普法宣传技能；要在图书馆馆员中开展各项法治思想宣传与教育培训等活动，拓宽法治思想教育的阵地。在当前互联网环境下，广大人民群众的法治意识、知识能力基础、心理特点等诸多因素已经发生了翻天覆地的变化，这就要求图书馆与时俱进，针对不同年龄层的广大读者群体，可以通过举办法治文化周，开展一系列内容健康、形式多元的法治文化活动，其中包括以展览方式宣传推荐的法治文化方面的优秀图书，以及举办法治知识讲座等活动，引导广大读者正确认识法律。广大读者通过这些活动，不仅提升了自身的人文素养、培养了正确的世界观，更重要的是提高了法律文化水平，增强了自觉应用法律的能力，积极地预防了违法犯罪心理的产生。

（3）公共图书馆是青少年法治教育的第二课堂。青少年既是祖国的未来，又是我们法治社会建设的重点对象。为了更好地帮助社会上的未成年人利用公共图书馆，我们可以在学习设备、图书馆开放时间等方面进行有针对性的调整。比如在节假日期间延长公共图书馆的开放时间、设置青少年馆藏图书管理员专员，专门为他们提供服务，最大限度地使青少年充分利用和体验公共图书馆这一丰厚的资源，让他们真正意识到公共图书馆与他们的工作和生活是密不可分的。我国有的地方在这些领域已经开展了有益的探索和实践，例如黑龙江省鸡西市图书馆从功能设计上对青少年图书馆进行了特别的调整，新增了影视资源播放室和学习功能室，同时扩展了自助图书室和学习功能室，还设立了电影的播放区以及更多的大型报道室，成功地吸引了青少年的光临。

（4）公共图书馆的各项社会法治教育服务功能与针对未成年人的社会法治教育服务功能必须紧密结合。公共图书馆人员应当充分利用青少年学生在校期间学习到的新信息技术、新科技形态和较强的基础知识，以及当今先进的信息科学和信息处理技术，改善公共图书馆的服务方法。而数字化就是一个很好的突破口，通过数字化平台可以 24 小时在线，全天免费开放，有利于未成年人随时在线浏览。相比于传统纸质图书而言，费用也因此节省很多。公共图书馆的装修设计风格偏于现代化，更易受到未成年人的喜欢，因此，公共图书馆可以成为未成年人独特的精神家园，为他们创造享受阅读的文化氛围，使他们能够拥有一种内在心理上的安全感、亲切感。

13.3　公共图书馆推进法治建设的主要路径

党的十八大以来，党和国家对法治教育的重视空前加强。党的十八届三中全会要求健全社会普法教育机制；四中全会要求坚持把全民普法和守法作为依法治国的长期基础性工作，深入开展法治宣传教育；五中全会要求弘扬社会主义法治精神，增强全社会特别是公职人员尊法学法守法用法观念，在全社会形成良好法治氛围和法治习惯。为推进全民法治宣传教育深入开展，2016 年 4 月，第十二届全国人民代表大会常务委员会第二十次会议通过了

《全国人民代表大会常务委员会关于开展第七个五年法治宣传教育的决议》，该决议拉开了“七五”普法工作的序幕，从而使法治宣传教育更好地满足了群众需求。公共图书馆作为公共文化服务机构，有着丰富的文化优势、场地优势和管理服务优势，理应顺应时代潮流，在强化全民普法、促进法治社会建设中发挥重要作用。

1. 更新观念，创新服务

我国公共图书馆界一定要转变思想观念，牢固树立开展普法服务意识是公共图书馆履行社会责任的重要体现，是公共图书馆开展创新服务工作的一个撬点与特色发展的新动力。我国公共图书馆尤其是中西部地区的公共图书馆要充分利用自身的资源与服务优势，对普法知识宣传教育进行有效的开展，通过采取多种手段进行法治宣传，让公共文化的福祉惠及更多民众。各级政府有关部门要主动要求公共图书馆积极参与开展普法服务工作，充分发挥其规划、部署、组织、推动、协调和考核评价等相关方面的促进作用，统筹安排本地区法治宣传工作各个机构的分工和职责。

2. 转变服务发展方式

我国应加快建立一批具有一定法律实效性的公共图书馆，并为公共图书馆参加国家法治社会建设提出一个系统的、长期的发展战略规划及发展战略目标。从整合法律文献服务信息网络资源、服务实施手段、人员安全措施保障、活动开展计划、组织协调等多个环节狠抓落实并加快深入推进，把开展经常性法律普法服务同“3·15”国际消费者权益日、“12·4”全国法制宣传日等多个关键时间节点活动相结合；把各项宣传教育服务活动有机地融合在一起，从政策机制上维护公共图书馆的普法化和服务业的常态化。我国公共图书馆开展普法咨询服务时要把法律实效性作为基本服务要旨，禁止搞普法形式化，真正使我国广大人民群众从公共图书馆的普法咨询服务中获得更多法律上的知识，领会中国法治理念，感受中国法治文化。

3. 实虚结合，打造品牌

从实际情况来看，公共图书馆是一个具有较高规模和独特优势的公共文化服务组织，其中有大量的馆藏资源、实体空间及工作人员，但是当下互联网高速发展，所以普法也应该与时俱进，做到线上线下相结合。从传统的实体空间延伸到网络空间，再扩展到虚拟世界，普法服务形式变得更多样、更活泼，更容易被广大群众接受，进一步拓展了普法阵地。

近年来，随着我国对网络普法信息化基础工程建设的不断深化和投入，我国大多数公共图书馆已经成功地建立自己的普法网站，并且拥有相应的网络资源、技术、人才等综合资源，具备广泛开展网上普法咨询服务的必要性。为了更好地做好普法服务工作，首先，公共图书馆馆员可以在专属网站上设置普法服务或者各种法律相关文献咨询服务等专栏，将关于本馆的各种法律相关文献服务资源书目简介、法制宣传工作博览会视频及图片等各种法律相关文献资料及时发布到网上，供社会广大读者随时免费浏览、学习和咨询。其次，各个公共图书馆也要切实做好信息资源共享工作，在网页主要位置设置国家普法教育网站或当地的普法教育网站链接，拓展其信息服务空间。最后，有条件的大型公共图书馆可以将自建的法律专题信息数据库全部整合并发布到相关专题网页，还可以与本地知名律师事务所开展合作，在网上开设一个法律资源和服务专栏，让读者足不出户便能够直接享受到大型公共图书馆的普法服务。值得注意的是，公共图书馆在组织开展普法咨询服务时，要根据单位实际情况，研究并形成自身独有的普法特色，努力创建自己的普法品牌。事实上，部分城市的公共图书馆在提供普法咨询服务的同时，已经或正在逐步形成和发展自己的文化特色和服务品牌，比如广东省深圳市图书馆的“深圳市公民法律大讲堂”“法律义务咨询与法律文献推介活动”，佛山市图书馆与佛山市公民法律援助服务中心联合举办的“佛山法律咨询点”等服务品牌。

4. 创新形式，增强体验

公共图书馆要充分发挥自身优势，在创新法治宣传教育形式上下功夫。比如可以与人民法院等其他相关司法机构在学习交流的基础上获得支持，组织开展一系列模拟案件活动，通过现场观看模拟案件的审判过程，进一步加深参与人员对于法律知识和相关司法程序的认识和了解，使他们在实践中更好地增强辨识能力和有效掌握适用于法条的概念。这样就可以促使读者从被动地接受学习转变为主动参与。另外，公共图书馆还可以组织在校学生开展法律知识比赛和普法知识比赛，比赛的内容主要有客观题和主观问卷，其中客观题是知识性的题，主观问卷是创造性的题。再如，与律师协会共同举办法律顾问沙龙等公益性活动，并邀请法学方面的专家、律师、法律工作者及法律爱好者对社会中的热点问题、民生事件以及日常生活中的相关问题进行探索和研究，分享讨论后的心得体会。为中小学生举办法制知识教育理论实践班，讲解法制小说和故事；在社区居民中组织开展学法知识心得活动及其征文，以调动他们学法的积极性；同时结合发生在大家周围的真实案件，深刻剖析违法行为产生的思想和根源、违法行为的本质和影响及其造成的法律后果，就如何增强他们的法律意识，如何有效地利用法律进行自我保护，如何与违法犯罪分子斗争这几个方面进行普法教育。公共图书馆还可以根据实际情况组织一些相关的法制课程，如演说、辩论与研究性的比赛、摄影比赛、征文竞赛、手抄报等各种体验式的教育活动，扩大体验式活动的成效。

5. 联合共享，形成合力

公共图书馆之间还需要进一步加强与普法文化服务机构的沟通和合作，将各种公共图书馆普法文化服务的亲身经历与优良做法互相交流、分享，使其价值能够被有效地利用和传递，从而能够真正达到较为深入的普法实际效果。另外，政府及其有关主管部门特别是全国图书馆行业协会，在如何实现政府联合管理分享资源方面也需要建立起规划、组织和协调推进机制。具体而言，政府可以建立一个专门的网站，来负责全国公共图书馆普法电子服务的学术实践理论交流、人才素养培训、资源整合、信息共享、服务促进等，可将全国公共图书馆普法电子服务的理论实践交流动态数据资料、服务发展经历、相关行业新闻报道、各馆普法电子服务行业品牌及各馆电子信息数据资源等集中梳理整合，并发布到该信息平台。通过这个信息平台，可以有效加强全国公共图书馆普法电子服务的共享，进而形成社会合力，促使广大公共图书馆馆员能够通过普法咨询服务、法律知识文献查询服务，在积极开展各类全民性的科学法治宣传教育实践活动中起到更大的示范推动作用。

6. 着眼长远，健全机制

建立健全党委和政府统一领导，以公共图书馆为基础，以学校家庭为依托的法治教育机制。为了推动全民法治教育基地建设，政府要充分利用公共图书馆的馆藏资源、专业人员队伍、广泛的覆盖范围、灵活的教育形式等有利条件，加快建立以公共图书馆为主要阵地的法治教育基地；积极筹措资金，吸纳社会捐赠，设立法治教育工作专项基金，为我国法治教育事业的可持续发展提供经费保障。

14 公共图书馆与大众艺术教育

14.1 大众艺术教育现状

14.1.1 大众艺术教育简介

阿尔弗雷德·诺思·怀特黑德（Alfred North Whitehead）[1] 曾经说过：教育只有一个主题，那就是生活的各种表现形式。因此，在能够理解和欣赏艺术本身之前，举办面向全体社会的广大群众的基础艺术教育显得尤为重要。许多年前，赫伯特·里德（Herbert Read）[2] 受第一次世界大战和第二次世界大战中所见所闻的影响，写下了他最著名的巨著《通过艺术的教育》（*Education Through Art*）。在这本书中他对生活中的艺术进行了阐述。赫伯特建议，我们对和平感兴趣的人必须从小事开始，以不同的方式，互相帮助，发现自己内心的平静，努力并等待这种理解在平静的心之间相互传递。这样，我们将独立形成的个体相互连接，从而发展出新的社会组织形式和新的艺术类型。艺术能够让大众脱离抽象去认识生活，并进一步提高精神层次。因此，大众艺术是最简便的、可以促进人们对自己以及他人了解的方式之一。

狭义的艺术教育主要是指专业的艺术类院校为了培养专业艺术人才而开展的各种理论和实践教育。从普遍意义来说，它的根本目的是培养全面发展的人，强调基础知识和艺术基础的普及，原则是通过对优秀艺术作品的欣赏和评价，提高大众的审美修养和艺术鉴赏力，陶冶大众情操，使人们在枯燥

---

① Alfred North Whitehead. *The Aims of Education and other Essays*. New York: Macmillan, 1929.

② Herbert Read. *Education Through Art*. London: Faber and Faber, 1945.

的日常生活之外变得有趣，生活变得丰富多彩。北京大学艺术学院向勇教授认为义务教育和高等教育并不属于文化产业范畴，而非专业教育和培训才属于文化产业体系。让广大群众了解并学习艺术，已经成为提升国民素质，改善社会氛围的基本要求，可以说大众艺术教育肩负着文化普及和发展的重要任务，是我国文化产业的重要组成部分。

14.1.2 大众艺术教育发展形势

随着人民物质文化生活水平的逐步提高，人们对艺术教育越来越重视，艺术教育市场得到了空前发展，市场规模从2008年的64亿元发展到2016年约532亿元的规模，并且正以每年接近20%的速度迅速增长。① 各种经营性的艺术培训机构应运而生，并发展成为具有吸引力的行业。但艺术培训机构的普遍现状是数量多、规模小，“大市场、小作坊”现象突出，品牌难建立，竞争力不强。

1. 线下艺术教育

线下艺术教育有两种类型：

（1）社会艺术教育机构。在过去的几年里，得益于大众对艺术学习需求的日益增加，以市场需求为主导发展方向的艺术类（音乐、美术）培训机构出现了爆炸式的增长。然而，过快的扩张速度导致不少专业水平不足的机构鱼目混珠，扰乱了市场环境。一般来说，人们把社会艺术教育机构分为专业类艺术教育机构和兴趣类艺术教育机构。

专业类艺术教育机构主要针对艺术类专业开展教育，辅助大众进行艺术类专业的学习，范围从学前教育覆盖至高中教育。相对来说，这类机构具有专业的师资力量以及完备的教学体系，有较高的办学效益且针对性较强。然而，在面对儿童艺术教育时，这类机构需要注意对儿童兴趣的引导，以避免专业课程过于枯燥，使儿童失去兴趣。当儿童对艺术产生足够的兴趣后，再去引导其对于技艺方面的自发性学习，才能达到事半功倍的效果。

与之相反的是，兴趣类艺术教育机构则更加注重儿童艺术教育，以培养儿童兴趣为主要目的。但是由于其过快的发展速度以及缺乏市场监管，这类

---

① 吕军．基于社群的在线大众艺术教育探析［J］．艺术教育，2018（12）．

机构通常有教师资源不均衡、教材质量差、培训平台不足等缺陷。这类机构在青少年美术教育中有着强大市场，由于其数量众多，在地点选择上非常灵活，充分满足了家长接送方便的需求；并且由于这类机构的主要目的是以艺术启蒙和兴趣培养为主，使得它能相对灵活地设置课程，更加贴切地满足受众需求。但是这类教育机构也存在一些问题，它们更加注重以市场需求为经营导向，为了达到营利目的不惜实施填鸭式、临摹式艺术教育，使儿童丰富多彩的创造力变得僵化，并被限制。这样不但不能达到艺术兴趣启蒙的目的，反而扼杀了儿童的想象力及其艺术天分。事实上，儿童需要个性化的表达，这些艺术教育机构应该注重培养儿童良好的审美情趣。对于儿童来说，艺术本应是他们更好地认识世界的一种方式，不应被当前浮躁的社会风气影响，不应被等级考试以及所谓的技艺限制住。所以说流水线模式的艺术教育并不可取。

（2）学校艺术教育。相比于专业性质的艺术院校，在普通高等院校（以下简称“普通高校”）举行艺术教育有着美育与德育两方面相辅相成、同步发展的天然优势。蔡元培先生曾说：“美育者，与智育相辅而行，以图德育之完成者也。”由于思想引导和课堂教学的原因，学校在德育方面有较好的表现，但由于学校本身的局限性，也需要社会与家庭同时做出在德育方面的补充教育。

目前，传统的课堂教学方法还是大多数普通高校的主流艺术教育方法，并且强调艺术教育应优先为学校活动服务，具有舍本逐末，机械、僵化的局限性。但是由于普通高校本身有着对艺术资源高度集中的特性，因此为艺术教育提供了天然的优质平台，能够较好地实现不同种类艺术项目间的合作发展。

通过以上分析，笔者认为在普通高校范围内所开展的大众艺术教育应当将学生作为圆心，寓教于乐，真正地尊重学生，深度了解不同学生的艺术能力以及发展潜力，认识到不同学生个体之间的差距。只有开展真正适合学生的，以及学生真正感兴趣的艺术教育，才能真正达到通过普通高校进行艺术教育的目的。因此，普通高校大众艺术教育应当具有三层含义：

首先，普通高校应尊重和支持每个人接受艺术教育的权利。许多学生在九年义务教育和高中期间都没有接受过完整的基础艺术教育。因此，促进普通高校艺术教育基本理论和基本技能的全面发展是普通高校教育的目标。此外，对于大多数人来说，大学是他们接受艺术教育和实践艺术的最后机会。从这个角度来说，普通高校为每一个大学生提供艺术教育机会，是其“以人为本”在大众教育实践中最重要、最生动的体现。

其次，普通高校要积极开展兴趣导向的艺术教育。如果学生对艺术活动没有兴趣，即使是最动人的旋律和最优美的画面也无法激发起学生对艺术活动的热情。然而，总是有一些东西可以激发学生对广泛的艺术活动和多样化的艺术形式的兴趣。普通高校需要做的是发现并培养学生对艺术的热爱。

最后，普通高校应当将以人为本、因材施教作为教育的基本理念。由于先天遗传、地理和环境的差异，以及对艺术的理解不同，每个学生艺术活动能力和艺术潜力的发展水平也有所不同。因此普通高校大众艺术教育要培养学生感受美、表达美、欣赏美、创造美的能力，帮助学生树立正确的审美观念，同时注重提高学生的艺术水平。普通高校在艺术活动中要注重促进学生个性的自由发展，鼓励学生以独特的方式表达对艺术的热爱。

2. 线上艺术教育

在科教兴国、互联网强国战略背景下，国家高度重视云计算、大数据、物联网的作用，而移动互联网等新兴技术有着促进经济社会发展和培养“双创新”人才方面的作用。“互联网 +”作为一项国家发展战略，随着科技的发展和移动设备的普及，已经对经济社会各行各业产生了巨大影响，并成为发展的重要动力。有统计数据显示，2013 年约 56% 的用户表示愿意对手机在线教育 App 付费。① 同时传统的线下教育和培训机构也致力于开发在线渠道。通过线上线下相结合，艺术教育机构聚集了足够多的用户，实现了多元化的利润渠道和巨大的利润空间。通过现代技术的应用，艺术教育实现了从面对面的实物展示性教学到包括图像、视频、检索等线上教育的飞跃，极大提高了学习者的学习兴趣和学习效率。互联网技术的进步使得艺术教育能够突破时间和空间的限制，学习者可以自由选择时间来接受艺术教育，充分利用了碎片化时间。新媒体技术的发展使教育机构获得了更广泛的传播领域和更多的客户。因此，线上艺术教育在当前社会和技术环境下经历了一次全新的变革，并迎来巨大的发展机遇。

---

① 吕军．基于社群的在线大众艺术教育探析［J］．艺术教育，2018（12）．

14.2 基于公共图书馆的大众艺术教育模式

1. 公共图书馆开展大众艺术教育的优势

目前为止，我国在公共图书馆艺术教育方面的探索还处于起步阶段。但是由于公共图书馆本身具有文化资源高度集中的特殊属性，其为公众提供了非常丰沃的，能够促使大众艺术教育成长的土壤。作为公共文化传播平台，公共图书馆所能做到的不应只是为公众提供纸质资料，更应该为推动开放的大众艺术教育作出贡献。

（1）资源优势。公共图书馆除了藏有丰富的文献典籍，还藏有各种艺术类共享资源。共享促进交流，交流成就发展，在来回不断的互通有无中，人们曾经实现了审美的进步，完成了艺术的飞速发展。在过去，人们主要通过线下小规模的交流活动完成艺术教育，虽然这类活动起到了一定的艺术启蒙作用，但是由于其规模与传播效率的局限性，艺术并没有成为大众教育的一环。如今，随着“互联网 +”时代的来临，线上艺术交流已经成为艺术教育重要的组成部分。越来越多的公众开始选择参与线上艺术展览以及线上艺术课程。可以说互联网开创了一个跨时代的交流平台，实现了人与人之间的零成本沟通，开创了新的艺术教育模式。公共图书馆应做到能为大众艺术教育提供自助餐式的资源，并利用自身丰富的资源来实现跨学科交流，打破传统艺术教育模式，结合新时代背景与时俱进，为大众艺术教育作出积极的贡献。

（2）美育教育优势。美育是指培养观众理解美、热爱美、创造美的能力的教育。它是教育全面发展不可缺少的组成部分。目前，人们所熟悉的美育教育主要指音乐、舞蹈、美术、戏剧、影视等。国务院办公厅印发的《关于全面加强和改进学校美育工作的意见》指出，“美育是审美教育，也是情操教育和心灵教育，不仅能提升人的审美素养，还能潜移默化地影响人的情感、趣味、气质、胸襟，激励人的精神，温润人的心灵。”在我国实行“双减”政策之前，艺术或美育尚未引起家长和学校的重视。许多人仍将舞蹈、戏剧、音乐和美术视为锦上添花。事实上，美育、德育、智育和体育是相辅相成的。公共图书馆等文化机构可以将艺术教育升华为美育，更好地利用公共教学资源，将审美意识融入各个学科中。

2. 公共图书馆开展大众艺术教育所处的困境

虽然公共图书馆为大众艺术教育提供了极好的平台，但是我国目前对于公共图书馆资源并没有充分利用，对大众艺术教育也没有做到足够的普及。据笔者分析，当前公共图书馆大众艺术教育处于困境有以下几点原因：

（1）对大众艺术教育的重要性认识不到位，无法实现大众艺术教育目标。推行大众艺术教育的根本任务和目标是培养全面发展的人才，大众艺术教育对提高人的综合素质具有不可替代的作用。然而，整个社会对大众艺术教育的重要性并没有充分认识到。因此，在大众艺术教育中，目前社会上仍存在类似的思维惯性，即不认同大众艺术教育在人才培养中的重要作用。在没有相关部门的有效监督和指导的情况下，大众艺术教育仍无法引起学校的高度重视，大部分学校并不能做到科学严谨地开展艺术类课程，并且过于追求完成教学指标，从而忽视了对学生的艺术培养。这些问题的存在导致许多学校艺术教育停滞不前，违背大众艺术教育规律，达不到大众艺术教育的预期效果，进而影响普通高校教育实现培养全面发展的人才的目标。

（2）大众艺术教育师资短缺，且整体素质参差不齐。目前，我国整个社会对大众艺术教育重视不够，这意味着决策层无法对文化教育进行全面的研究，总结并提出有效的解决方案。这种失误导致了师资短缺和大众艺术教育整体质量的参差不齐。虽然一些高校拥有大量的艺术人才，但其培养体系复杂而混乱：部分教师艺术知识不足，难以完成普通高校大众艺术教育的重要任务；一些职业学校毕业的教师虽然有一定的技能，但由于长期受重理轻文的影响，导致人才缺乏文化底蕴和从事大众艺术教育所必需的知识和技能，严重影响学生艺术兴趣的培养和艺术水平的提高。此外，大众艺术教育长期存在着专业化和工具化的功利主义趋势，这对提高艺术教育质量也有一定影响，导致大众艺术教育质量参差不齐，从而不能满足大众艺术教育发展的需要。

（3）大众艺术教育资源短缺，大众艺术教育环境不完备。目前，我国大部分公共图书馆没有重视大众艺术教育资源体系的建设，既缺乏实际的大众艺术资源馆藏，又缺乏开放灵活的大众艺术教育网络资源，所具备的资源与大众艺术教育环境的要求相去甚远。一方面，网络资源缺乏系统性，因此其不能作为学生提高艺术文化水平的资源来源，不能实现教师之间的个人交流。从学生角度而言，网络资源不能满足其艺术需求和大众艺术教育的需求。另一方面，大多数公共图书馆没有充分利用现有的艺术资源。为了更好地利用自身的艺术教育资源，公共图书馆要以不同的形式组织各种艺术展览、会议和其他活动。而这些活动是群众获得艺术教育的有效途径之一。它们可以作为教师和学生进行文化艺术培训、实现和促进艺术教育、提供艺术教育平台以及获取材料和信息的重要场所，对大众艺术教育的推行尤其重要。

3. 破除当前公共图书馆开展大众艺术教育所处困境的可行性分析

（1）“互联网＋”思维与“互联网＋图书馆”思维。在我国当前科教兴国、加强网络建设的宏观战略背景下，国家对于云计算、大数据、互联网等新兴网络技术极其重视，而物联网和移动互联网在促进经济社会发展和“创新创业”人才培养中有着非常广阔的应用。“互联网＋”作为国家发展战略的科学技术，对经济社会各部门产生了巨大影响，已成为国家发展的重要动力。然而，公众对其仍存在分歧，对“互联网＋”有不同的解释。从信息传播的角度看，“互联网＋”是基于新一代互联网技术的信息革命；从经济转型的角度看，“互联网＋”是互联网与实体经济深度融合的经济形态；从社会治理的角度看，“互联网＋”是推动社会治理创新的有效手段。① 可以说“互联网＋”和各行业的深度融合，可以激活经济实体，为改革创新注入新的活力。利用“互联网＋”可以形成各行各业的深度融合，比如“互联网＋图书馆”就是互联网与图书馆事业深度融合形成的，意味着图书馆可以依托互联网技术优化资源配置，更新业务系统，实现互联网与传统图书馆业务的深度融合。“互联网＋图书馆”不仅可以提高图书馆的业务水平和服务效率，还可以实现以“以人为本”和“双创”人才为目标的新型图书馆生态系统，从而在图书馆中实现真正的“以用户为中心”的公共艺术教育。②

（2）大众艺术教育困境的破解。在新时代背景下，为了顺应时代对于全能型人才的需求，图书馆必须转变观念，利用自身优势来破解大众艺术教育中遇到的难题。笔者对于当前图书馆大众艺术教育中面临的困境进行破解的可行性分析如下：

针对大众艺术教育人才培养目标无法实现的问题，在“以人为本”、培养

---

① 张岩．“互联网＋教育”理念及模式探析［J］．中国高教研究，2016（2）．

② 宁家骏．“互联网＋”行动计划的实施背景、内涵及主要内容［J］．电子政务，2015（6）．

创新人才的理念下，艺术教育在“人的全面发展”和“互联网 +”背景下具有较强的针对性。因为“互联网 +”强调尊重人性，将人性视为推动社会进步、经济增长、科技发展和文化繁荣的根本力量；大众艺术教育的目标是实现人的全面发展，这本身就体现了对人性的尊重和敬畏。通过开展艺术教育，提高文化艺术素养，树立正确的审美观念，抵制不良文化的影响，促进人的全面发展。因此，我们应该高度重视大众艺术教育在普通高校教育中的重要地位，从思想认识上突破大众艺术教育发展的障碍。

针对师资短缺、教育资源短缺、课程设置不合理等问题，公共图书馆可以利用“互联网 +”的特点，促进优质资源的开放，优化资源配置。公共图书馆可以通过实施“互联网 + 行动计划”，从而进一步促进“互联网 + 教育”。通过云计算、大数据、移动互联网等新兴技术在艺术教育中的支撑作用①，促进优质教育资源的共享和利用；整合网络上的各类艺术教育资源，构建大规模智能学习平台，打造全面的艺术教育资源公共服务共享体系；充分利用线上课程和丰富的互联网艺术教育产品，满足用户线上学习和个性化的艺术学习需求，解决普通高校美术教育师资短缺、教育资源短缺、课程设置不合理等问题。

针对高校艺术教学设施不完善的问题，公共图书馆要充分利用“互联网 +”，跨界融合、创新驱动，并充分利用先进的技术手段，来完善普通高校艺术教学设施。比如针对大部分普通高校缺乏美术馆的现实情况，有条件的公共图书馆完全可以利用先进的网络技术与手段，创造基于三维动态视景的仿真系统和虚拟空间，如虚拟美术馆、虚拟艺术长廊等，来解决高校艺术教学设施不完善的问题。

14.3 公共图书馆对大众艺术教育发展的构思与对策

公共图书馆应充分利用人才、资源和空间优势，优化不合理的资源配置，更新现有业务体系，重构服务模式，借助物联网等新兴技术，构建“以人为

① 张岩.“互联网 + 教育”理念及模式探析 [J]. 中国高教研究，2016 (2).

本”的公共艺术教育新生态，实现图书馆的转型升级。

1. 线上与线下相结合

公共图书馆应该为读者提供一个艺术创作的空间，通过创立以用户为导向的艺术中心来打造公共艺术教育“双创”服务平台。借助该平台，读者可以产生创意，获取技能，完成创意设计到产品制造的全过程，这将使读者跨越艺术门槛，将自己的设计理念通过探索创造转化为产品，从而促进读者想象力、创造力的发展，让艺术设计的大门向每一个人开放。另外，图书馆应该利用自身的空间、人才、资源优势，鼓励探索创新，这与我国政府倡导的“大众创业、万众创新”国策相契合①，对培养大众创新创业实践能力具有积极意义，也彰显了图书馆的价值、责任和使命。

公共图书馆应将尊重人性、开放生态的“互联网+”理念贯穿图书馆馆藏资源建设的全过程，以适应不同层次、不同信息利用习惯的用户需求，从而构建全方位、多层次、立体式的艺术教育资源体系。一是充分开发利用传统线下馆藏资源，加强珍稀馆藏资源的二次信息利用，开展更广泛的信息增值业务，比如可以高清还原中西方经典绘画，让珍稀资源为更多用户使用，以扩大资源受众面，使读者在馆舍环境中能方便地接触艺术资源，享受艺术熏陶；二是引进国内外优秀的艺术类数据库或者自建艺术类资源平台，为读者提供网络环境下的艺术教育资源服务，使读者能够突破时空限制来访问艺术资源；三是综合利用图书馆内外艺术资源，借鉴国外优秀的互联网学习模式。在移动互联网快速发展的背景下，O2O（online to offline）模式能够为用户提供更为优质和准确的信息服务，可以说线上服务是对线下服务的有效整合和进一步的拓展深化，可以满足用户信息需求多样性、时效性和交互性的特点②，对图书馆业务的扩展和读者服务体验的提升具有重要意义。

对于线上服务，如关于App的开发，公共图书馆可以充分借助移动终端的计算功能和交互功能，实现更高级别的个性化知识服务和资源信息的价值升值；微信公众平台是公共图书馆和读者的最佳交流渠道，也是信息时代读

① 王宇，孙鹏．高校图书馆创客空间建设与发展趋势展望［J］．图书情报工作，2018（2）．

② 邸春姝，张雪梅，过仕明．“互联网+”背景下高校图书馆“O2O”微信服务模式研究［J］．情报科学，2017（10）．

者最习惯使用的交流沟通渠道之一，因此在微信公众平台嵌入信息资源服务，方便读者随时随地访问图书馆的馆藏艺术资源，满足读者移动学习和获取服务信息的需要。总之，通过构建全方位、多层次、立体化的艺术教育资源体系，以及优化整合各种艺术资源，可以为学校人才培养、信息化建设及校园文化建设打下坚实基础。

2. 传承与创新相结合

技术发展有利于公共图书馆在“互联网 +”环境下突破信息孤岛，缩小距离，最终实现信息共享。公共图书馆可以借助云计算、大数据等技术手段和平台，将物理馆藏资源转化为虚拟馆藏资源，在互联网上存储、发布信息，通过云图书馆信息平台构建开放的、可扩展的艺术云库，真正实现跨境融合、互联互通。可以说，技术的发展使得读者享受的服务不再局限于实体图书馆，而是实现了立体化的网络信息服务，从而最大限度地提高公共图书馆资源的利用效率。比如普通高校图书馆，通过加强馆际合作，整合各方资源；或通过校企联合，构建开放、可扩展的艺术云库，然后利用云计算平台实现馆际资源共建共享，扩大读者可利用的资源量，解决了大多数高校美术教具和美术教学参考书不足的问题，为学生提供了个性化的美术信息服务。

2010 年，为保护敦煌莫高窟的珍贵文化遗产，敦煌研究院在“数字敦煌”项目中，采用数字手段制作 4D 体验式电影《梦幻敦煌》，使游客可以详细深入地了解敦煌莫高窟；来自香港城市大学、敦煌研究院等多家专业机构的 30 名专家利用 2D、3D 动画和虚拟实景技术，以 1∶1 的比例，耗时半年多，全景再现敦煌莫高窟壁画，使游客足不出户即可欣赏世界美景。① 由此可以看出，新技术的发展和应用给图书馆艺术学习空间的建设提供了借鉴。在经费允许的情况下，图书馆可以利用 3D、VR、AR、MR 等新兴技术，创建沉浸式、可交互的虚拟艺术教育学习空间，比如通过建设数字艺术画廊、360 度虚拟教室、VR 美术馆等，带给大众身临其境的体验，并使其从中感受科技和艺术碰撞所带来的双重魅力。

随着互联网技术、通信技术的发展，语义网、云计算、大数据、物联网等技术与公共图书馆的传统业务深度融合，改变了图书馆文献资源的组织方

---

① 王晓雨 . 沉浸式虚拟 3D 敦煌莫高窟场景重现技术研究［D］. 西安：西安工程大学，2016.

式，信息资源检索获取方式，以及文献借阅、咨询服务及活动开展等公共图书馆的传统业务，公共图书馆的业务面临着从图书馆 1.0 时期以文献服务为主，到图书馆 2.0 时期以用户交互为主，再到图书馆 3.0 时期以知识服务为主的转变。① 这说明在推动图书馆创新服务发展的同时，图书馆的管理与服务也面临着从传统思维到创新思维的转变，而要想实现转变，人才是关键。随着技术的发展日新月异，公共图书馆馆员也要不断更新知识结构，赶上新技术的步伐，在"互联网+"环境下为读者提供智能的知识服务，保障在"互联网+"环境下公共图书馆服务质量和水平的提升。

① 陈燕方，周晓英．"互联网 +"时代公共图书馆 3.0 的服务创新［J］．情报理论与实践，2017（2）．

15 公共图书馆与职业文化建设

职业文化，是劳动者素质的精神内核，决定着一个国家的现代化发展进程。习近平总书记指出："技术工人队伍是支撑中国制造、中国创造的重要基础，对推动经济高质量发展具有重要作用。"作为一座城市的文化和教育中心，公共图书馆被赋予"市民学堂"的美誉，一直担负着重要的社会教育职能。随着国家对职业教育支持力度的加大，公共图书馆理应抓住机遇，以开展职业教育为契机，加强理论探索、寻求实践突破，从职业教育的社会角色中努力实现图书馆的服务创新与转型，为公共图书馆自身的发展拓宽路径，为社会亟须培养人才和加快城市发展进程作出贡献。

15.1 职业文化概述

1. 职业文化的概念、特征和功能定位

（1）职业文化的概念。职业文化是人们在长期职业活动中逐步形成的价值观念、思维方式、行为规范以及相应的习惯、气质、礼仪与风气，其核心内容是对职业使命、职业荣誉感、职业心理、职业规范以及职业礼仪的自觉体验和自愿遵从。任何职业都是在一定的社会文化环境中形成和发展起来的，因此职业文化既受制于整个文化环境，同时也影响着其他文化生活。职业文化概念有广义与狭义之分。其狭义概念经常被用于某一具体职业，如教师、医务人员的职业文化等。广义的"职业文化"是指在多种现代职业中形成的具有普适意义的文化。这种职业文化的形成至少基于三点要素：①现代职业有共同的经济制度、政治制度与社会文化基础；②现代职业有别于传统行业的高度一致性；③全球化使现代制度跨越政治与国度边界，具有普适意义的职业文化最基本的内容，应是职业社会与职业单位的制度、习俗与道德，具

体包括职业道德、职业精神、职业纪律和职业礼仪等。

（2）职业文化的特征。对职业文化的特征一般应作如下表述①：

稳定性和动态性的统一。从稳定性角度看，职业文化的形成是一个长期的过程，一旦形成便不容易改变。一方面，这种稳定性是因为职业的内外环境发生变化时，员工的认知和行为不会同时发生变化，往往带有滞后性。职业文化改变时，通常最容易改变的是外在的符号层要素——制度文化，然后是行为文化，最后才是内在的理念要素——精神文化。另一方面，稳定性表明职业文化中深层次文化的改变不是一朝一夕之功，而是需要数年甚至更长时间。从动态性角度看，职业文化是历史的产物，这表明它具有时间性，也就是说在特定的历史时期和特定的地域，职业文化具有变化性。

个异性和群体性的统一。世界上没有两片完全相同的树叶，同理，任何两个不同的职业不会有完全相同的职业文化。职业文化的这种个异性，是由不同职业的使命和社会责任不完全相同、出现和发展的过程不完全相同等因素决定的。可以说职业文化的个异性是职业文化的生命力所在。这种个异性要求职业文化建设要从职业自身的历史和现实出发，在遵循职业文化发展普遍性规律的基础上，要注重其特殊性。职业文化是群体文化，既表现为不同的职业群体意识，又表现为维护职业群体利益及规范的文化制度，具有很强的集体性，因此，一个员工不能随心所欲地想干什么就干什么，而是应该受到群体文化的约束。

有形性和无形性的统一。职业文化特别是理念层次的文化会对员工的行为产生无形的、潜移默化的影响。在正常情况下，员工很难感受到自己所处的文化环境，而只有环境发生变化，才能比较明显地感受到和体会到原来职业文化的环境。制度文化对员工的影响是非常明显的，只要制度改变，员工的工作和生活就会受到影响。

封闭性和开放性的统一。狭义的职业文化是集团文化或者团体文化，其鲜少与外界发生物态交流，甚至鲜少互通有无，往往处于相对封闭的自然状态，但是职业文化产生于一定的社会环境中，并受制于一定的社会环境，而社会环境是变动的，因此职业文化一定会受到外界环境的影响。狭义的职业

① 董显辉．职业文化的内涵解读［J］．职教通讯，2011（15）．

文化只有与时代发展保持平衡，才能体现自己的价值，并获得生存和发展的空间。

自觉性和强制性的统一。职业文化中的职业纪律也是一种行为规范，它是介于法律和道德之间的一种特殊的规范。它既要求人们能自觉遵守，又带有一定的强制性。就前者而言，它具有道德色彩；就后者而言，又带有一定的法律色彩。也就是说，一方面，遵守纪律是一种美德；另一方面，遵守纪律又带有一定的强制性，具有法令的要求。例如，工人必须执行操作规程和安全规定；军人要有严明的纪律等。因此，职业文化有时又以制度、章程、条例的形式出现，让从业人员认识到职业文化具有纪律的规范性。

（3）职业文化的功能定位①。对员工潜移默化的教育功能。职业文化包含目标文化，即追求的目标。一个没有理想的民族是没有希望的民族，一个没有目标的组织同样是没有希望的组织。在激烈的市场竞争中，如果组织没有一个自上而下的统一的目标和愿景，就不能形成强大的竞争力。② 在制定职业文化目标时，把员工个人目标蕴含其中，能够使职业道德内化为员工的价值观、行为准则，让员工感受到工作的价值和人生的意义，使员工在潜移默化中接受共同的价值观和目标。

对员工思想和行为具有约束和规范的功能。“倘若没有相应的道德纪律，任何社会活动形式都不会存在”，这说明职业文化对员工的思想和行为具有约束和规范的作用。职业文化的规范作用从本质上说，是对相同职业文化环境下的人建立起的一套约束人的标准，每个生活于其中的人都必须遵守这种标准。对一个组织来说，制定规章制度是必要的，但是即使有了千万条制度，也很难规范每个员工的行为。职业文化通过特有的规范体系，使人们认识到在特定的职业位置上应享有的权利和应尽的义务，从而形成人的社会角色意识，使个人的活动与社会的要求协调一致。因为职业文化能使信念在员工心中形成定式，同时形成心理自治机制，所以这种机制可以缓解自治心理与被治心理的冲突，削弱心理抵抗力，从而产生更强大、深刻、持久的约束效果。

激发员工搞好本职工作的功能。职业文化形成的过程是使员工形成共同价值观的过程，同时在组织中形成人人受重视、受尊重的文化氛围，并且这

① 董显辉．职业文化的内涵解读［J］．职教通讯，2011（15）．

② 张德．企业文化建设［M］．北京：清华大学出版社，2009．

种氛围使员工的心理和精神得到满足。一旦他们心理上得到满足，他们的内在动机就会转换为外在的搞好职业文化建设的行动，即为职业文化多做贡献，形成强烈的使命感、持久的驱动力，并自觉树立主人翁意识。有了这种责任感，员工就会为组织的发展而勇于奉献和奋力拼搏，并且会在自己的努力中感受到日益进步所带来的舒适感。

构建和谐人际关系的“黏合”功能。一个组织的凝聚力是通过物质、情感和思想三条纽带来完成的。在所有政治中，许多个体都拥有共同的观念、利益、情感和职业，他们感到彼此相互吸引、相互追求、相互联系，紧密结合在一起。他们情不自禁地依附于这个整体，与其休戚与共，用行动去报答它。① 这句话表明对超出个体范围所依附的整体是一个组织的价值观被组织成员认同，并且从思想、情感上把成员团结起来，形成巨大的向心力和凝聚力。职业文化的凝聚力来自文化认同中相同的思维模式、相同的道德规范、相同的价值观念和相同的语言与风俗习惯所产生的巨大的认同力量。

2. 职业文化的发展演变

马克思主义认为，经济基础决定上层建筑。职业文化作为上层建筑的组成部分，也是在劳动中产生并由职业行为决定的。我国职业文化建设从自发到自觉纵贯几千年，在不同的历史时期有不同的表现形式，也有不同的历史功能和现实功能。职业文化跟上时代发展、符合时代要求时，能够促进经济的快速发展；反之，保守、愚昧、落后的职业文化会阻碍经济社会发展。中国自古以农立国，在长达万年的农耕历史进程和耕耘畜养的生产生活过程中，形成了人与自然、人与他人、人与自我相处的独特伦理智慧，培育出了中华民族特有的优秀传统农耕文化。对于中国人而言，传统的农耕文化绝不仅限于单纯的技术或产业，而是深深浸润和影响着人们的言行举止、思想观念，有着丰富而深刻的本质内涵。先民记录了“春候地气始通：椓橛木长尺二寸，埋尺，见其二寸：立春后，土块散，上没橛，陈根可拔。此时二十日以后，和气去，即土刚。以此时耕，一而当四。和气去耕，四不当一”（《氾胜之书》）的农耕规律。坐落于云南省哀牢山区的哈尼梯田，是首个以民族命名的世界文化遗产。历史上的哈尼族是一个没有文字的民族，千载梯田生产生活

---

① 〔法〕爱弥尔·涂尔干．职业伦理与公民道德［M］．上海：上海出版社，2001.

的艰辛历练，给予哈尼族先民关于自然万物生存发展的渊博认识和丰富经验，然而哈尼族的先民们通过言传身教的世代传唱，将与自然相处的伦理规约和实现生存发展的传统智慧汇集为一部《哈尼族四季生产调解读》①。传统的家庭慈孝伦理在农耕生活中生根发芽并逐渐成形，先民以“耕”开新，以“读”固本——不仅追求以“耕”养家糊口，勤劳致富，还懂得以“读”知书达理，修身养性。农耕民族依赖耳濡目染加之谆谆教诲使得农法技艺得以传承，同时生成了农耕民族独有的家庭文化——对“长辈”“兄弟姐妹”“儿女”的家庭角色的精确定位，以及对家庭责任和义务的直接诠释，更有对家庭成员和谐关系的深层理解。

中华传统农耕文化关于社会生活共同体的解读，也体现为对乡邻成员关系的处理。对于农耕民族而言，人不是孤立的劳动者，“同甘共苦、团结互助”的现实具象随处可见——遇到困难，集体出谋划策；迎来丰收，众人把酒言欢。简单朴素的生产生活方式生成了和谐的乡邻关系。淳朴的民风成为传统乡村道德文化的根基，潜移默化地浸润、规范着乡民行为。② 随着社会生产力的不断发展，社会分工不断细化，社会劳动细分出了大量的职业。这其中既有享誉古今中外的陶瓷工艺、玉器雕刻，也有笔墨纸砚等文房四宝的传统加工与制作，这些数不胜数的传统文化产业，集中反映了我国古代劳动人民的聪明才智，更是我国劳动人民集体智慧的结晶。随着时代的发展，文化不断被注入新的生机和活力，迄今已有许多传统文化内容被列入世界文化遗产的名录当中。在中国古代社会，农耕经济时代的职业教育主要是以生存、生产为目的的劳动技术教育。劳动是这一时期的主要教育活动，职业技术教育也由此萌芽。在中国教育史上，这种以解决人类生存为主要目的的教育形式被视为中国最早的、最原始的职业技术教育的表现形态。进入奴隶社会之后，教育被统治阶级控制，形成了“学在官府，学术官守”的局面。因此官学成为当时职业教育发展的重要方式，其主要的学习内容是“礼、乐、射、御、书、数”六种技能。到了春秋时期，井田制瓦解，养士之风盛行，私学

---

① 张红榛．哈尼族四季生产调解读［M］．昆明：云南出版集团有限责任公司，云南美术出版社有限责任公司，2010.

② 曹东勃，宋锐．农耕文化：乡村振兴的伦理本源［J］．西北农林科技大学学报（社会科学版），2020，20（3）.

应运而生，并成为培养职业技术人才最直接的形式，可以说职业教育大大促进了当时社会生产力的发展。

中国现代职业文化建设的主要内容包括以下几个方面：一是培养和提高职业尊严和意义追求。二是确立和健全新型职业制度和职业规范。通过制定法律和行政法规，充分保障各种职业的权利，明确各种职业的社会义务；以社会主义人本思想和人文精神为基础，科学构建具有中国特色的职业制度文化体系；建立并逐步完善职业制度，包括职业资格认证制度、录用制度、考核制度、奖惩制度、培训制度、交流制度、回避制度、辞职辞退制度、退休退职制度等，使各种职业普遍得到尊重，合法权益有法制保障。三是充分发挥行业协会的教育、培训、监督和规范作用。由于现代社会已经形成了一个庞大的职业网络，法律和政府不可能制定一套全面细致的行业规范，所以必须充分发挥行业组织的作用，包括制定相应的职业规范和职业礼仪。四是建立评价职业的公共机构。①

3. 职业文化的影响因素

决定职业文化走向的有时间、地域、社会制度、职业特点等多重因素，归根结底取决于具体的社会劳动。恩格斯认为，“劳动不仅创造了社会财富，而且劳动创造了人本身”。用自己勤劳的双手认识和改造客观世界，创造丰裕富足的物质生活和多姿多彩的精神生活，从而使人自身得以不断发展和全面提升，这是人类社会的最本质特征和最伟大之处。正是在这一基点上，马克思明确指出：任何一个民族，如果停止劳动，不用说一年，就是几个星期，也要灭亡。② 不同的职业，在具体劳动过程中形成了不同的职业特征，并留下特有的文化烙印。对于司法人员，公平正义是其价值追求；对于技术工人，精益求精是其核心价值。习近平总书记在党的十九大报告中强调指出，要建设知识型、技能型、创新型劳动者大军，弘扬劳模精神和工匠精神，营造劳动光荣的社会风尚和精益求精的敬业风气。在注重培养不同职业的价值追求的同时，我们还需要在全社会塑造跨行业、跨领域的普适性职业精神、职业

---

① 王文兵，王维国．论中国现代职业文化建设［J］．中共长春市委党校学报，2004(4).

② 中共中央马克思恩格斯列宁斯大林著作编译局．马克思恩格斯选集：第4卷[M].北京：人民出版社，1995.

道德、职业价值观，引领职业文化的社会认同和健康发展。

15.2 公共图书馆推动职业文化建设的价值和途径

公共图书馆自诞生以来一直发挥着极其重要的社会教育职能，现在，其有责任、有义务从各类院校的手中承接职业教育的接力棒，为全体社会人员提供优质的职业教育，包括职业技能、职业道德、就业指导等全方位的服务，为社会全面发展提供强有力的人才支撑作出应有的贡献。这是现代公共图书馆即将面临的挑战，但同时也是公共图书馆应当履行的职责。《国际图联关于图书馆与发展的宣言》强调公共图书馆要在社会发展的参与中实现自身的价值。由此看出，其业务发展重心将逐渐从阅读向包括阅读在内的更广泛的素养转移，而且更加突出信息素养和技术素养，让更多的人增加工作机会，提高创业能力，提升生活品质。公共图书馆推动职业文化建设的价值和途径有以下几点：

1. 活化馆藏资源，提升信息素养

公共图书馆在开展信息资源服务的过程中，非常重视信息素养的教育与培养，将其作为优先项目置于图书馆业务工作当中。针对传统的纸质阅读，公共图书馆为法律工作者专门开辟了“法律文献专区”，便于他们到馆查询相关资料；为艺术类从业人员开辟了“艺术设计阅览室”，其中包含艺术设计类图书及数字资源，便于他们从中获取艺术的灵感。针对现代化的数字阅读和学习，公共图书馆购置了与职业教育相关的数字资源，免费为企业工作人员提供职业生涯规划、创业指导等教育课程。目前，全国各地的公共图书馆在数字资源建设方面对职业教育起到了积极的推动作用，如沈阳市图书馆采购了“职业全能培训库”，该数据库中包含职业解读、求知技能、名师课堂等内容；杭州市图书馆采购了“正保会计视频数据库”和“爱迪科森就业培训及终身学习库”，前者为会计从业人员提供学习视频，后者则包含职业资格考试、就业培训等在内的5000余课时的海量视频。

公共图书馆利用丰富的馆藏资源开展职业教育，能够有效提升相关从业人员获取和掌握信息的能力，为他们拓宽求职视野、培养竞争意识、掌握岗位技能起到积极作用，但在服务形式上还要进行更多的尝试和创新。针对城市中的弱势群体，公共图书馆在电子阅览室设立“职业技能培训专区”，免费为进城务工人员提供驾驶技术、建筑施工、家政服务、物业管理等职业技能培训的视频点播服务，并安排专门的工作人员对其进行辅导，帮助他们提升工作技能和综合素质，增加就业机会。

2. 开展跨界合作，丰富教育平台

曾经的图书馆热衷于业界内的交流，今天的图书馆则倾向于走向社会，与其他各界携手进行“跨界合作”。可以说，跨界合作为图书馆发展打开了视野。以南京市金陵图书馆为例，该图书馆以开展职业教育为出发点对传统的讲座培训模式进行创新，与南京市司法局、市教育局、市委教育工委开展跨界合作，分别创办了“法律大讲堂”和“名师公益大讲堂”。其中，“法律大讲堂”在全国范围内邀请资深法官和法律研究专家前来授课，课程内容以解析新出台的法律法规、讲解经典的案件实例、传播案件的处理经验为主，为南京的法律工作者提供了最及时、最优质的职业培训平台。而“名师公益大讲堂”则以“传导正确的教育理念，引导正确的教育行为，传递教育的正能量”为宗旨，邀请省、市教育系统中拥有较高声誉的名师以及教育专家作为志愿讲师团，帮助青年教师获取教学经验、丰富教学方法。另外，武汉市图书馆在职业教育方面的做法也有别出心裁之处，其通过“武图学堂”这一平台长期面向社会招募公益培训志愿者，为从事艺术类、社科类等类别的工作人员长期提供职业教育培训服务。总之，公共图书馆通过整合社会上的各种资源来提升自身职业教育平台的服务水平，一方面有利于扩大受教育者的类别和数量，另一方面则可以从职业道德、职业技能、职业行为、职业作风、职业意识等方面全方位地提高受教育者的职业素养，让他们牢固树立精益求精的职业精神，扎根立足于自己的工作岗位之上。

3. 创新开放形式，打造学习空间

图书馆被誉为城市的“第三空间”，不仅是静态知识的交流中心，更是动态知识的交流中心，即人和人的交流中心。因此只有提高公众的参与度，加强与其他相关机构的合作和共享，才能有效地体现图书馆的空间价值。在打造创意学习空间方面，国外图书馆的做法值得我们学习和借鉴，如英国伦敦概念店（Idea Store）堪称图书馆界的典型代表。该店有不同类别的教育和职业培训课程可供有需求的成人选择，采取正规和非正规课程兼顾的学习方式，并且结合就业开展专业性和系统性的就业技能培训等。该店还通过舒适的环境和优质的教育服务，为促进社区就业及社区的经济发展作出了一定贡献。总的来看，公共图书馆通过发展“第三空间”有利于扩大社会教育职能的覆盖范围，但是，公共图书馆打造学习空间时应当遵循三点原则：一是“为书找人”的文献资源配置原则，即依据员工的职业特点以及实际需求对文献资料进行深度加工和分配，为受教育人群提供丰富、专业的文献资料，促进员工深入学习和提高职业水平；二是舒适、灵活地布置空间格局原则，即采用“人与人交流”“人与信息交流”的舒适、灵活的布局，促进领导、员工、用户之间平等、自由地交流，以及数字资源的有效利用，从而形成一个集智慧与信息于一体的共享空间；三是上门服务原则，在服务方式和内容上可以不定期地上门开展职业培训和讲座，以便促进员工职业素养、职业精神的全面发展，为员工的劳动再学习增添动力和活力。

4. 提供职业咨询，开展就业指导

随着网络智能化以及社会化问答系统的发展，公共图书馆传统咨询服务已略显单调且缺乏互动，因此需要改变自身服务理念和服务方式，让公共图书馆的参考咨询服务重新焕发活力，并为我国的职业教育提供帮助。具体来说，公共图书馆除被动地接受电话和网站咨询外，还应该将参考咨询服务主动推向市场，针对不同需求的企业和不同专业的个人，开展信息深加工服务，如代查、代检国内外相关行业的最新科技信息、研究报告等，再通过文本或邮件的形式发送给用户。而诸如微博、微信等新媒体平台正好为图书馆开展信息咨询服务提供了便利条件，如在官方微博、微信公众平台中开设“职业教育”专栏并适时推送最新书目、职业信息、行业动态、培训预告及职场情报消息等。同时，微博、微信的互动性还有利于加强馆员与用户之间的交流和沟通，能有效地把用户迫切需要的内容作为重点推广内容，进而开展有针对性的服务。

公共图书馆在职业教育发展的浪潮中开展多元化的参考咨询服务，其目的就在于增加虚拟参考的互动性，尽可能满足用户的学习需求和职业需求，让图书馆为教育和培养职业人才作出贡献。而职业教育的关键在于坚持以就业为导向，因此公共图书馆在开展职业教育的同时需要提供完善的就业指导服务，这也是目前国际图书馆发展的一个新趋势。

在美国，有75%的公共图书馆提供软件及其他资源来帮助读者填写求职申请，或者寻找求职信息；有90%以上的公共图书馆提供正式或非正式的技术培训。如美国纽约皇后区公共图书馆最早于20世纪70年代创办了“就业信息中心”，对读者提供就业应聘和就业培训的免费辅导服务。美国公共图书馆为民众就业提供信息服务的实践表明，公共图书馆在促进城市转型和扩大就业方面是有所作为的。目前，我国开展此项服务的公共图书馆寥寥无几。因此，改变思路，顺应国际图书馆的发展潮流，积极开展满足社会需求、市场需求、企业需求的就业指导服务势在必行。公共图书馆可以利用馆舍硬件资源开创“城市就业指导中心”，根据读者、市民提供的个人信息资料，为他们提供符合自身兴趣特点、技能特长的最新就业和创业信息，给予他们合理的意见和建议。

参考文献

[1] 于良芝，许晓霞，张广钦．公共图书馆基本原理［M］．北京：北京师范大学出版社，2012.

[2] 杨玉麟，屈义华．公共图书馆资源建设与服务［M］．北京：北京师范大学出版社，2013.

[3] 刘杰民．公共图书馆全免费服务：发展框架与策略研究［M］．北京：科学技术文献出版社，2013.

[4] 汤更生，全根先，史建桥．公共图书馆与中国老年教育［M］．北京：国家图书馆出版社，2015.

[5] 黄小平．公共图书馆社区服务［M］．北京：国家图书馆出版社，2020.

[6] 束漫．公共图书馆服务研究［M］．北京：国家图书馆出版社，2009.

[7] 褚树青．社会力量参与公共图书馆事业建设研究［M］．北京：国家图书馆出版社，2019.

[8] 冯国权．国家公共文化服务体系示范区（项目）创建与公共图书馆发展研究［M］．成都：西南交通大学出版社，2014.

附　录

1.《中华人民共和国公共文化服务保障法》（略）

2.《中华人民共和国公共图书馆法》（略）

3.《关于加快构建现代公共文化服务体系的意见》（略）

4.《文化部 财政部关于开展国家公共文化服务体系示范区（项目）创建工作的通知》（略）

5.《公共图书馆宣言（1994）》（略）

6.《图书馆服务宣言》（略）

7.《公共图书馆服务规范》（略）

8.《社区图书馆服务规范》（WH/T 73—2016）（略）

9.《“十四五”公共文化服务体系建设规划》（略）